软文营销

那些让人拍案叫绝的创意文案

陈卫峰　编著

電子工業出版社
Publishing House of Electronics Industry
北京·BEIJING

内 容 简 介

本书全面阐述了软文营销的终极目的、核心点、受众定位、正文的撰写、配图排版，以及软文发布与发布后的效果评估，软文写作中应该避免的误区。为了配合理论知识的讲解，本书选取最新最热的商业事件、软文营销案例，并添加最新统计数据、流程分析图等，帮助工作、生活中需要应用软文的读者充分了解软文撰写的最新发展形势，力求与时俱进。

本书实用性强，既是企业、广告公司营销策划部产品经理的实用宝典，又是微商微店店主、推广专员的指导手册和网站站长的操作指南。

图书在版编目（CIP）数据

软文营销：那些让人拍案叫绝的创意文案 / 陈卫峰编著 .—北京：电子工业出版社，2016.8

ISBN 978-7-121-29401-3

Ⅰ.①软… Ⅱ.①陈… Ⅲ.①市场营销学 Ⅳ.① F713.50

中国版本图书馆 CIP 数据核字（2016）第 164074 号

策划编辑：李　冰
责任编辑：李　冰
特约编辑：田学清　彭　瑛等
印　　刷：北京季蜂印刷有限公司
装　　订：北京季蜂印刷有限公司
出版发行：电子工业出版社
　　　　　北京市海淀区万寿路173信箱　　邮编：100036
开　　本：720×1000　1/16　　印张：23.25　　字数：410千字
版　　次：2016年8月第1版
印　　次：2016年8月第1次印刷
定　　价：59.00元

凡所购买电子工业出版社图书有缺损问题，请向购买书店调换。若书店售缺，请与本社发行部联系，联系及邮购电话：（010）88254888，88258888。

质量投诉请发邮件至zlts@phei.com.cn，盗版侵权举报请发邮件至dbqq@phei.com.cn。

本书咨询联系方式：libing@phei.com.cn。

前言

软文营销并不是一个新鲜的概念。随着人们对电视、报纸的硬性广告关注度下降，软文营销成为企业推广产品品牌的不二之选，尤其是在互联网时代，软文营销有着极强的生命力。但是，不同平台和渠道上流传的软文营销知识繁多且杂乱，缺乏系统而成熟的理论体系。同时，软文营销也是一门应用性极强的技术。掌握软文营销的理论和实际操作能力是企业推广人员面临的双重困难。如何克服这种困难，如何在一本书中既讲清基本的、必备的理论知识，又能够使读者快速、从容地上手操作，成为一名软文营销达人，是本书要解决的问题。

作者多年的知识积累和实务工作经验，浓缩成本书奉献于读者面前。本书采用了大量的图表与案例分析，行文深入浅出、图文并茂，将枯燥生硬的理论知识用诙谐幽默、浅显直白的口吻娓娓道来。本书抛开深奥的理论化条文，除了必备的基础理论知识介绍，绝不贪多求全，特别强调实务操作、快速上手，绝不囿于示意与演示，更注重实战展示——从如何进行软文与硬广的整合营销，如何做好营销之前的市场背景分析，到软文标题、内文的撰写，再到配图、排版、发布、发布之后的效果评估——读者学到的是完全真实的、步进式的软文营销实战操作全过程。相信跟随本书的介绍，读者的软文营销学习之旅一定会成为一种难忘的幸福体验。

因受作者水平和成书时间所限，本书难免存有疏漏和不当之处，敬请指正。

本书特色

1. 内容实用实在、详略得当，讲授符合初学者的认知规律

本书内容涵盖了软文营销受众定位、软文撰写、配图排版、发布、效果评估

等软文营销操作流程所必须掌握的知识，从内容结构上非常注重知识的实用性和可操作性。必须掌握的细节处绝不吝惜笔墨，手把手细致到每一次的鼠标点击；仅需要大致了解处绝不铺张浪费纸张，整体结构的描述提纲挈领。这样的安排不仅适合处于初学阶段的读者深入了解必备知识，也能让读者掌握系统化的理论和实战知识，这种由浅入深、循序渐进的讲授完全遵循和尊重了初学者对软文营销知识的认知规律。

2．行文幽默诙谐，以实例引导全程，特别适合初学者阅读

本书介绍的基本理论知识、软文营销市场背景分析、软文撰写、配图排版、发布与发布后的效果评估等，都采用了大量的实例引导，避免了重理论不重实践造成的知识脱节，具有实际的指导意义。在学习这些知识时，作者的讲授绝不是死板教条式的，而是以幽默诙谐、贴近时代的语言进行生动、通俗的讲解，帮助读者缩短成为软文营销达人的时间。纵观全书，作者将软文营销的理论知识、实战技巧与最新最热的实例结合起来，这就使得整个学习过程变得简单、生动起来。

3．独有的热点事件案例解析特色，完全激发初学者的兴趣和智慧

本书各个章节都有最新最热的商业事件案例解析，并以全新的关系图、统计图、对比图等帮助读者理解软文营销的基本理论知识和实战操作方法。本书为避免一般同类书籍无图、配图过时、信息陈旧等问题，选用的案例和配图都是最新最近发生的事件。本书列举的统计数据也拥有最新来源，能够保证书籍的时效性和对现实的指导性。时效性、指导性二者并举、相得益彰，激发了读者的思维，点燃了读者的兴趣。

本书内容及体系结构

第 1 章　软文营销的终极目的

本章从提升产品曝光度、增强品牌可信度、提高搜索引擎排名、把读者带

进企业营销圈，以及营造良好的企业氛围五个方面，介绍企业进行软文营销能够实现的终极目的。在实例部分，主要以Facebook的企业文化、团购电商平台美团为代表，引导读者明确软文营销的目的。

第2章　软文营销的六大核心点

本章对软文营销的本质、突破口、宗旨、关键点、着力点和特性六大核心点进行了介绍，引导读者根据软文营销的核心点之间的内在联系掌握其规律、熟悉其特征，进而逐步在自己的头脑中建立一个立体的、系统的、体系化的、相互联系的软文营销知识群。读者对软文营销核心点的认识，为全面、系统、有序地掌握软文营销实战技巧奠定了前提和基础。

第3章　软文与硬性广告整合营销

本章引领读者领略了复式思维的大美，第一次正面认识了软文与硬广整合互动、相互配合，以及黄金分割法则的运用。将本章与前两章结合起来学习，就更能深刻理解软文营销的产生、基本理论知识和发展。学习本章，读者应有意识地培养自己的复式思维习惯，强化对整合营销的理解消化。

第4章　营销之前的市场背景分析

本章以软文营销的受众为切入点，以简明的配图讲解，全面介绍了软文营销之前的市场背景分析所面临的各类问题，介绍了软文营销准备阶段应做的思想和物质上的准备。通过本章的学习，读者能够深刻体验到从找出受众，到如何通过运用因果思维、用类比找共性、创造中间关系，想方设法让受众“接球”这样一系列的市场背景分析流程。

第5章　好标题的八大类型

本章以作者的实践经验总结出好标题的八大类型，包括常规型、特定型、数字型、疑问型、附攀型、稀缺型、不合常理型、制造恐慌型。从本章开始，读者可以了解具体的软文撰写步骤。而标题是一篇软文的眼睛，承担着吸引读者的重任。通过本章，读者可以了解标题的画龙点睛之妙。

第 6 章　内文撰写八部曲

本章正式进入软文正文的撰写阶段。本章以四种方法为例介绍开头第一句如何引导读者阅读全文，确保软文说的是重点以符合读者需求、借助热点事件的东风在评论中对读者进行意向引导、与读者分享经验技术等干货。同时，本章讲解了软文需要以新闻词汇做伪装，诉诸故事的魔力，并在原创与伪原创之间做好抉择，以及收尾的 6 个小技巧。

第 7 章　引爆新媒体的配图六大样式

本章介绍了在微信、微博等新媒体上，如何巧妙运用配图吸引读者注意，包括信息图风格、分析报告封面样式、纯配色打底、卡通漫画形式、栏目的固有图标，以及品牌识别特色 +Logo 的形式。本章提供的配图样式可以为读者提供参考。

第 8 章　排版风格设计

本章介绍了软文排版风格设计的方法，比较了斜向排版与竖向排版这两种形式，以及创意、数字、形状、图像、文字等要素在排版中的重要性。以加多宝凉茶软文营销、即时用车软件优步（Uber）的创意营销为例，具体说明软文排版与风格的实战技巧。

第 9 章　写软文要避开的误区

本章介绍了在软文发布之前需要避免的写作误区。认为软文的撰写相当于创作普通文章，必须遵循创作规则，认为软文写得越长越好，把“情”字用得过火，一心卖弄文笔而忘了推销产品，为了标新立异而标新立异，这些都是文案创作者在实践中容易陷入的误区。同时，本章也介绍了软文发布的一个误区——将软文发在行业版面。读者需要引以为戒。

第 10 章　怎样成为“高分享量文章”

本章从原始发布点、发布的时效性、最佳时间点出发，介绍软文发布之后如何成为“高分享量文章”。包括如何从热点事件转化为商业热度事件、引爆朋友圈、如何运用软文推广网站、实现病毒式扩散。

第 11 章　软件发出去之后的效果评估

本章介绍了软文发出去之后，从品牌认可度、销售情况、网站流量、电话咨询量、网络口碑五个方面进行效果评估，以及针对广告屏蔽做好应对措施。案例部分介绍了传统媒体《华盛顿邮报》如何整合线上线下营销，以及估值最高的 90 后创业项目 Keep 的打造过程。

第 12 章　移动互联网时代，软文的路该怎么走

本章针对软文面临移动互联网的新形势，介绍了传统媒体不得不实施转型。在移动互联网时代，“内容为王”的教条地位受到了冲击，SEO 也可能朝不保夕，而部分媒体平台更是对软文深恶痛绝。面临种种严峻形势，软文营销该何去何从？本章提出了一个开放式问题，引发读者深思。

本书读者对象

- 软文营销初学者。
- 企业公关策划部门产品经理。
- 广告公司策划人员。
- 网站运营专员、站长。
- 淘宝、微店微商等电商平台店主、推广专员。
- 博客、微博、微信、QQ、论坛用户。
- 其他对软文营销有兴趣爱好的各类人员。

关于作者

陈卫峰　毕业于西北大学经济管理学院，经济学硕士，现执教于西安文理学院经济管理学院。经常为企业提供网络营销方面的策划、咨询和诊断服务，O2O 实战经验非常丰富。熟悉传统互联网、移动互联网生态关系，对微信 O2O 营销、移动互联网营销有着独到的见解。

目录

01

软文营销的终极目的

软文是一种相对于硬性广告而言的“文字广告”。作为生命力极强的一种广告形式，软文的精妙之处在于一个“软”字，绵里藏针、以柔克刚，无形中将消费者带进企业的营销氛围中。例如，同一时间段密集发布软文，提升产品的曝光度，引发人们对产品的关注。同时，在软文中增加有效外链，可以吸引读者点击，为运营者带来基础流量，从而提高被搜索引擎收录的概率和排名。

1.1 提升产品曝光度

可口可乐公司是目前全球最大的饮料厂商，每天吸引17亿人次的消费者尽享旗下产品，每秒卖出1.9万瓶饮料。可口可乐公司全球雇员人数达到12.9万人，以惊人的1790亿美元市值排名2015年财富世界500强企业第232位。作为当今全球最古老的知名品牌之一，从1886年在美国佐治亚州亚特兰大市诞生之初，可口可乐公司就知道软文营销对于提高产品曝光度的重要性。

1.1.1 神秘的7X配方

可口可乐公司前CEO罗伯特·伍德拉夫明确表示，可口可乐99.61%是碳酸、糖浆和水。如果不进行广告宣传，根本不可能有市场。成立之初，可口可乐的广告预算已达10万美元，如今可口可乐每年在全球的广告费超过6亿美元。

可口可乐创始人阿萨·钱德勒神圣地宣布，可口可乐之所以有如此独特的风味，是因为其研发出了一种秘密配方。这种秘密配方的主要成分是一种名为“7X”的特殊物质，让可口可乐与众不同。

为了营造这份秘密配方的神秘性，可口可乐公司假借众人之口，在各大报纸上散布各种关于获取秘密配方的方法。一种说法是，可口可乐的秘密配方被存放在世界某地一家信用极佳的银行里，世界上只有 7 人知道具体是哪家银行。而且，这 7 人之中，有 5 人持有存配方的保险柜钥匙，而另 2 人知道密码。因此，只有当 5 把钥匙同时转动，并对准密码后，保险柜才能被开启。

还有一种说法是，可口可乐的秘密配方被收藏在一个保险库里，安保措施极其严密，超乎世人想象。如果可口可乐公司的内部员工想要查询这个秘密配方，首先必须向上级提出申请。得到信托公司的董事会全权批准后，这名员工才能拿到保险库的钥匙。当然，获得批准的条件并没有那么简单，因为迄今为止，查看过这一秘密配方的人用 10 个手指头都能数得过来。因为可口可乐公司严密规定，要开启保险库的门，必须符合以下两个条件：第一，有当地政府最高级官员在场；第二，在指定的时间内打开。此外，关于可口可乐的这个秘密配方还有各种版本，可谓众说纷纭。

一时间，无论是街头巷尾，还是各大新闻媒体，甚至是美国高校的研究机构，都在议论这个神秘的“7X”到底为何物，“7X”到底藏在世界的哪个角落。可口可乐也在这场全美“解密”中迅速提升了知名度，博得了无数消费者的关注。

不过，无数次对可口可乐成分的分析表明，所谓的“7X”根本难以找到。可口可乐公司又说，“7X 不可破译”，“7X 是永远的秘密”。于是，神秘性和公众性使得“7X”这种可口可乐的秘密配方成为新闻媒体永远的谈论焦点，可口可乐的神秘与魅力也冲出美国，在全球收获了不计其数的忠实粉丝。

1.1.2 无处不在的可口可乐

2014 年 2 月 11 日，《扬子晚报》在网站首页的新闻版面发布了一条企业资讯：“关注留守儿童，可口可乐助力弱势儿童新年团圆梦。”可口可乐以数量庞大的中国留守儿童这一社会问题为切入点，该则新闻报道了可口可乐公司帮助中国留守儿童与其在大城市务工的父母于春节期间团圆的情形，自然而然地提升了可口可乐公司的产品曝光度，也提升了可口可乐公司的品牌美誉度。

在电话亭，为了传递幸福，迪拜可口可乐与扬罗必凯广告公司合作，研发出了一种能够用可口可乐瓶盖充当通话费的电话亭。一只可口可乐瓶盖可以打三分钟国际电话。许多到迪拜打工的南亚劳动力在这种电话亭前排起了长队，听到家人的声音，工人们都露出了开心的笑容。

在建筑工地，可口可乐公司联合新加坡奥美广告公司，共同打造了一项传递快乐的活动。为了让新加坡2500名建筑工人分享快乐，各大工地出现了无数架装载着红色箱子的遥控飞机，带着可口可乐和激励人心的话语从天而降。

在公交站台，可口可乐将温暖带给北欧城市瑞典乌普萨拉。当乘客走到乌普萨拉街头的可口可乐公交站台时，旁边的可口可乐自动售货机便会在黑暗中亮起明亮的红光。可口可乐的广告牌会播放瑞典夏季草甸美景，伴随着欢乐的鸟鸣和一朵朵鲜花的投影，以及有加热功能的广告灯，让人感觉阳光明媚、温暖如夏。

可口可乐公司的广告远不止以上几个方面，如果您有时间，可以多留意一下可口可乐公司还在哪里有广告。

1.1.3 品牌公关维护产品知名度

有时，软文所宣传的产品品牌会产生口碑效应，不过这是一种提升产品曝光度的相对缓慢的过程，不过一旦拥有传播性，软文的生命力将大大超过硬性广告。当硬性广告只能被用来包薯条的时候，软文仍将屹立不倒。

因为一篇优质的软文无论是发布在网站、微信、微博，还是纸媒上，都可以被大量转载传播。借助于各发布平台和传播途径，软文能让企业和产品的曝光度大大增加，最终形成病毒式传播，产品推广效果成倍增长。

同时，软文营销是品牌公关的一部分，具体关系如图1-1所示。

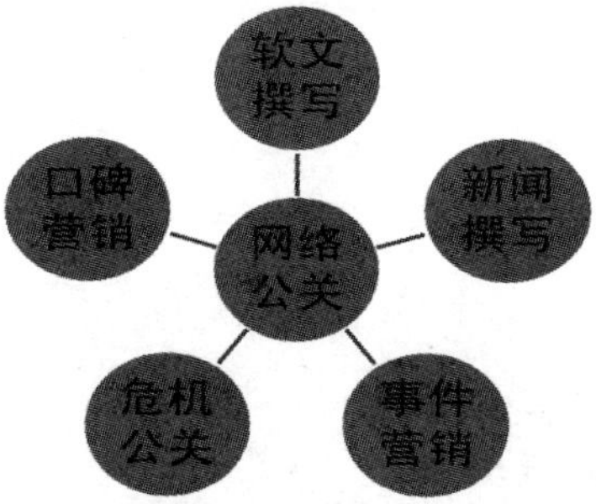

图 1-1　网络公关的整体关系图

作为一种网络公关形式，软文也是一种营销手段。与硬性广告一样，软文必须推广产品。然而，与硬性广告不同的是，软文不会像麦当劳的“我就爱它”那样，把自己的产品功能或形象以硬文化的模式直接推销给消费者。软文将产品的信息穿插其中，润物细无声，提升产品的曝光度及公关效果。

1.2 增强品牌可信度

既然软文的目的也是营销推广，那么相比于硬性广告，软文自然有其不可替代的存在价值。销售过程的建立基于信任，在相同的情况下，人们倾向于同自己的朋友做生意，在不同的情况下，人们仍然倾向于同自己的朋友做生意。

销售人员把东西卖给亲朋好友总是会比卖给陌生人来得容易，因为比起陌生人，亲朋好友更愿意选择相信对方。而软文营销正是通过一篇篇软文的输出，制造出消费者对品牌的信任感。当消费者愿意相信某个品牌的时候，只要消费者有这方面的需求，就会选择他所信任的品牌。

1.2.1 品牌应该怎样传播

软文的初衷是为了摆脱硬性广告的影子，因此，软文广告之软在于其隐蔽性。软文于无形中推广产品，建立起消费者对品牌的信任，最终影响消费者的购买决策。人们对大街上比比皆是的广告牌，以及电视、网站上满屏的广告早已产生抵触情绪。根据专业调查，读者对硬性广告的反感率已经达到93.5%。

为了提高消费者对产品的知晓度，广告营销成为产品制造与消费者购买过程中不可或缺的一个环节。经过了近一个世纪的发展，这种硬性广告在21世纪达到前所未有的巅峰。不过硬性广告的口碑并没有迎来繁荣，而是引起了消费者空前的反感。

硬性营销广告一次又一次地重复企业的品牌，希望通过重复的方式让消费者听到自己的品牌，并被动地记住自己的品牌。然而软文营销广告则更多地利用一些能够抓住消费者眼球的公益或者隐身广告，让消费者主动记住这个品牌。

肯德基有一则有关秘方的故事。1963 年，桑德斯上校从军队退伍。不同于同龄人，桑德斯上校不希望过着碌碌无为的平凡生活。于是，他拿出一个祖传秘方，四处寻求合作伙伴。1964 年，桑德斯上校终于找到了合作伙伴，以 200 万美元将秘方卖给了一个财团，秘方才第一次为外人所知。

此后，财团指定由玛西负责肯德基的运营推广，佩尔斯特负责配制调料和改进一系列的工艺。财团获得肯德基秘方后的第 7 年，肯德基品牌经营权被以 2.87 亿美元卖给了奥博雷恩公司。

关于肯德基秘方的传说是否真实，人们早已无从考证。不过有一点可以确定，肯德基利用秘方的故事将“肯德基”这一品牌迅速推广，获得了消费者的信任。

只要是秘密，必定会引起人们的兴趣，而人们对于秘方的设定是与众不同的，独特性使得消费者更愿意选择相信这个品牌。类似的消息让消费者看一遍就不会忘记，这就是软文营销的主动品牌认知超过硬性广告品牌营销的原因。

企业传播品牌借助于“秘方”或“故事”，这属于主动认知的范畴。心理学把人的认知分为主动认知和被动认知。在被动认知的情境下，即使一段文字被人们背诵了 30 遍，还反复抄了几十遍，最终仍然会被忘记。

这也是许多企业投入巨额广告资金却仍然收效甚微的原因。消费者的认知习惯是，对于自身感兴趣的和主动记忆的事物往往会保留长久记忆，而对于那些无关紧要的事物则仅仅是一种“左耳进，右耳出”的瞬间记忆。

1.2.2 让消费者主动认知品牌

如果企业选择被动的认知方式，即使提升产品的曝光度，也不能带来推广结果的改善。而企业应该采用的根本方法是，借助于软性营销策略，于无形中全面增强品牌的可信度，让消费者主动认知品牌，并接受品牌。

有一个微信公众号的作者写过一篇《她的人生全是 Easy 模式》的软文。软文这样介绍 Reese："Reese 7 岁开始拍广告，15 岁即获'最佳艺人奖提名'，进入斯坦福大学读英国文学，后来又成为奥斯卡和金球奖双料影后。生活上，Reese 与高富帅经纪人一起，有三个子女，一家人看起来其乐融融。穿衣打扮上，Reese 也颇有心得，看起来时尚干练。"

文章 80% 的篇幅都在证明 Reese 是好莱坞的人生赢家。然而接下来峰回路转，作者这样写道："最后，来看 Reese 的车……"

这时，读者恍然大悟，这是一篇"凯迪拉克"的广告，但不经意间也接收到了"凯迪拉克是人生赢家好品位的选择"的定位。

其实，要学会这种营销方法并不难。想要增强品牌可信度，企业必须在自己的软文中体现"WHY-HOW-WHAT"黄金圈法则。即：消费者为什么要选择这个品牌而不是其他品牌，消费者应该怎样利用这个品牌，以及这个品牌到底是什么？

只有具备价值的品牌才能得到人们的关注，最终为人们所接受。因此，在软文营销中，企业需要描述自己的品牌能够带来的积极结果，同时向目标消费者解释它是怎样影响最终用户的，并进一步阐述品牌对于整个行业、社区、群体、社会等更大尺度上的正面影响。

而且企业需要为自己的品牌提供一些额外的信息和细节，这样能够更有力地说服人们相信品牌，认为这是一家值得信赖的企业。例如在软文中，企业可以向读者说明企业的经营策略、诚信制度、员工投资、道德商业行为，以及一些保护环境的策略等，虽然这些内容看起来与企业的产品和服务毫无关联，却可能正是人们关注的点。因为企业树立起的积极的品牌形象，有助于人们对企业的品牌形成更好的看法，进而爱屋及乌。

日用消费品巨头联合利华重磅推出了可持续行动计划，不仅在全球各大新闻媒体版面正式对“可持续发展”这一名词做出详尽解释，还制定了公司到2020年间需要实现的三大目标：“帮助超过10亿人采取行动来提高其健康和幸福水平；在实现业务增长的同时，使生产和使用我们产品所产生的环境足迹减少一半；在实现业务增长的同时，提高数百万人的生活水平。”在软文中，还特别提到联合利华目前已经完成的各项任务，包括植树造林1万棵、为山区孩子捐建了10万个操场等。

由于发布在新闻源等大型知名权威平台，因而软文通常具备较高的透明度和第三方公立性。在软文中，通过分享测试或试验结果，或者以学者、相关领域的专家、技术专家等的名义传播，以及邀请具有第三方性质的社会化媒体、自媒体、第三方媒体等传达企业的商业信息。企业通过引用第三方来源的细节信息，能够极大地增强消费者对品牌的信任度。

要了解外链，我们就要从它的定义着手。百度百科解释说：“外链是指从别的网站导入到自己网站的链接。外链是互联网的血液，是链接的一种。没有链接的话，信息就是孤立的，结果就是我们什么都看不到。在一个网站内部，许多网页需要互相串联在一起，组成一个完整的信息站点。这是因为，一方面，一张网页是根本不可能承载所有信息的，所以需要分成一个主页和各个分页；另一方面，一个网站是很难做到面面俱到的，因此需要链接到别的网站，将其他网站所能补充的信息吸收过来。发外链不在于数量，而在于发出去的外链的质量。”

1.3
提高搜索引擎排名

搜索引擎排名是指，用户在搜索引擎里输入一个关键词，通常会得到多个搜索结果，而且这些搜索结果的排名有先后之分。网络爬虫像使用一般用户的浏览器一样，在数据库中访问已知的网页，并抓取文件。

经过对搜索词进行处理，搜索引擎排名程序正式开始工作，在索引数据库中找到全部包含搜索词的网页，然后根据排名算法，计算出哪些网页应该排在前面，并按一定的格式返回“搜索”页面。最后，搜索引擎排名程序进行排序过程，这个过程通常只需要 1~2 秒，之后会自动返回用户所需的搜索结果。

软文是网络营销的重要组成部分。一篇好的软文不仅可以为网站带来流量，还可以通过引流的过程提高搜索引擎排名，进而转化为商业价值。在提高产品和品牌的搜索引擎排名上，软文具有极大的真实性。

1.3.1 外卖行业的黑马：饿了么

“饿了么”是中国目前最大的网上餐饮服务平台之一，由上海交通大学硕士张旭豪创立于 2009 年 4 月。目前，“饿了么”网站已进入超过 260 座城市，用户超过 4000 万人，日均交易额超过 6000 万元，日均订单达 100 万单，年交易额达 12 亿元，以 60% 的市场份额排名全国网上订餐行业第一位。

“饿了么”的盈利模式主要是收取加盟餐厅的后台管理系统及前台网站页面的年服务费，进行交易额的提成，并获得竞价排名费用。

2013年，“饿了么”网站完成A、B、C三轮融资，共融资5亿美元。2014年，“饿了么”网站获得大众点评8000万美元的投资，双方结成深度战略合作伙伴关系。2015年1月，“饿了么”网站完成E轮融资，获得包括中信产业基金、腾讯、京东、大众点评、红杉资本在内的3.5亿美元的联合投资。同年8月，“饿了么”网站获得华联股份9000万美元的增资。2015年8月28日，对于“饿了么”网站和全球网上订餐行业来说都是非比寻常的一天。因为这一天，“饿了么”网站获得6.3亿美元的融资，创下世界网上订餐行业的最高纪录。

之所以能够成为外卖行业最大的一匹黑马，冲出美团外卖、百度外卖、口碑外卖等外卖网站设置的重重包围圈，软文在提高“饿了么”网站的搜索引擎排名上功不可没。最早，“饿了么”网站在多篇软文里讲述创业者团队“极致、激情、创新”的创业故事。

当时，在上海交通大学机械与动力工程学院的宿舍里，张旭豪和康嘉、汪渊、邓烨几个室友打电脑游戏，一直玩到凌晨，感到肚子饿了。于是，几个人决定叫外卖，可是打了几家外卖店的电话，发现根本打不通。几个人开始探讨，为什么晚上不能送外卖？大家你一言我一语，纷纷发表自己的想法。

几个研究生一年级的学生越聊越兴奋，创业兴趣一触即发。每个人都开始讨论和设计自己的外卖模式，一直聊到凌晨5点。天一亮，几个人便开始正式行动。首先是做市场调研，通过暗访一家家饭店，张旭豪一行了解了每家饭店一天之内接到多少外卖电话、送多少份餐。

之后，张旭豪和室友主动与校园附近的饭店沟通，包揽其订餐、送餐业务。几个人的宿舍成了工作室，包括一台热线电话，两个接线员、调度员，同时找来了十几个送餐员。对于接到的每一个电话，接线员必须告知客户几家饭店的菜单，并完成订单。然后由送餐员到饭店取餐，并送到客户的宿舍，完成付款。这样的模式运行了几个月，“饿了么”积累了学校周边大大小小17家饭店的外卖资源。

上面的故事从营销的角度来说就是一篇软文。对于提高搜索引擎排名的软文方式大致可以归结为以下几种：

第一，创业过程性软文。如上述“饿了么”团队讲述创业故事，就是创业过程性软文的主要形式。软文可以从创业艰辛、创业成果等方面进行讲述。这类软文具有很强的纪实性，容易引起读者的共鸣，从而带来一定的关注和转发量。

第二，情怀性软文。罗永浩是锤子手机的创始人，他喜欢讲情怀，把做一款手机的目的升华到精神的高度，这就为产品赋予了灵魂。

第三，产品性软文。这方面，显然乔布斯做得最好。苹果手机在推出时，通过大量软文讲述乔布斯是如何选择材料的，为了将苹果手机做到极致而放弃了……

上述三种软文都有比较成功的营销案例。从运营的角度来讲，这三种形式的软文分开或组合使用效果最好。

1.3.2 “饿了么”搜索永远排前三

我们继续回到“饿了么”的主题，因为“饿了么”还采用了另外一种软文推广方式：事件性软文。

真正让张旭豪意识到自己创办的“饿了么”外卖网站改变了人们的日常生活习惯的是 2011 年 6 月 25 日的上海交通大学毕业典礼。这场毕业典礼通过微博进行了现场直播。在这场颇具互联网时代印迹的毕业典礼上，校长张杰将“饿了么”外卖与 BBS、“交大那些事”相提并论，可见其对上海交通大学学生的生活有多重要的影响。

从创办“饿了么”网上订外卖网站的第一天起，张旭豪就知道自己要做一家伟大的公司。于是，“饿了么”走出上海交通大学，成为覆盖所有上海高校的网上订餐网站。不久后，“饿了么”获得硅谷的青睐，金沙江创投一次性给出了 100 万美元的风险投资。

之后，“饿了么”陆续出现在各大媒体报道中，甚至普通员工也开始接受

《创业家》的采访。2014 年 5 月，《网易科技》报道了“饿了么”接受大众点评 8000 万美元的战略投资。同年 8 月，《南方日报》以“‘饿了么’20 万免费午餐发起白领市场总攻”为标题，报道“饿了么”面向上海所有的写字楼工作人员送出 20 万份免费午餐。同年 10 月，《i 黑马》百亿美元平台以“外卖 O2O 平台‘饿了么’如何实现半年 10 倍增速”为标题，报道“饿了么”网上订餐迎来的“大裂变”，以及 CEO 张旭豪提出的“下沉”战略。

2015 年 3 月，一篇名为“饿了么：一群大学生的奇幻之旅”的软文在各大网站广为流传，“饿了么”网站搜索引擎排名一举冲上各大外卖网站第一位。此外还有“经纬合伙人丛真：湖南菜馆里发现‘饿了么’，馄饨小店里决定要投”、“‘饿了么’邀王祖蓝代言，CHUANG 大会和‘你一起拼’”、“‘饿了么’获 6.3 亿美元融资创全球外卖行业最高纪录”等各种报道。

“饿了么”被张旭豪称为“中国互联网历史上增长最快且没有垮掉的公司”，原因在于其对数据平台的掌控。为了优化数据平台，“饿了么”从各大知名公司，如 IBM、唯品会、腾讯等引进数据分析人才，为“饿了么”带来一整套大数据打法。

“饿了么”根据用户偏好、区域性市场投放及产出等，研发出一套数据调度系统，搭建大数据平台，并在此基础上深挖客户端网络用户的搜索习惯。只要用户搜索“外卖”、“订餐”、“饿”等关键词，“饿了么”绝对会出现在前三。此外，“饿了么”网站还运行了搜索副词，只要用户搜索“最好的外卖网站”、“十大外卖网站”等，“饿了么”通常名列榜首。

1.4 把读者带进企业营销圈

作为 iPhone 的中国版本，小米手机创办之初，创始人雷军就描绘了一幅小米前进蓝图。以互联网培养粉丝，以顶级配置和超高性价比吸引用户，只通过互联网销售手机，利用互联网的商业模式，先积累口碑建立品牌，从而把小米手机变成渠道。在小米手机成功的秘诀中，最重要的一点是利用软文营销，把读者带进小米的营销圈，把读者变成粉丝。

1.4.1 打造出来的中国乔布斯

关于雷军的创业故事数不胜数，一篇篇讲述雷军的传奇经历的软文无疑把雷军打造成了一个神话。而在这个神话中，名头最响的当属“中国乔布斯”的称号。此外，雷军还有不胜枚举的桂冠傍身：仅用两年修完大学全部课程的高材生，著名的天使投资人，中国经济年度人物，中国互联网年度人物，十大财智领袖人物，等等。

雷军身上的光环成功吸引了第一拨“米粉”——一群技术和创业爱好者。这群人身兼多职，既是雷军的消费者，又是雷军的义务宣传员，还是甘愿忍受极低薪酬的半义务雇员。这第一批粉丝，成了小米手机的起点。然后，小米手机开始铺天盖地宣传其“高性价比”的特性，一篇篇软文把小米手机打造成了性能和口碑的代名词。

小米手机曾发表过一篇软文，下面是小米创始人描述的软文创作时的细节：

“在小米手机2发布之后，我们需要输出一张给框架广告的海报。2代手机的核心卖点是性能翻倍，全球首款四核。所以在海报表达上倾向突出高性能的特性，‘快’是核心关键词。当时有‘唯快不破’、‘性能怪兽’等十几个方案，但最后我们选择了‘小米手机就是快’，主要是够直接、够大白话。广告的信息输出是需要编码的，到消费者那里需要解码，中间会有干扰和耗损，所以最有效的是编码简单、解码直接，保真度最高。”

雷军的“教父”称号，软文营销功不可没，塑造出雷军与乔布斯一样关心用户体验的形象。互联网时代，社交媒体一统天下，消费者通过互联网渠道购买手机，可以获得从实体店购买同等的体验。

同时，小米秉持着“和米粉做朋友”的信念，将其发挥到极致。小米科技成立了一个由400名内部员工组成的呼叫中心。小米呼叫中心专门负责与米粉在小米社区、微博及米粉来电的互动和反馈，以此与米粉建立起直接联系，并加深米粉对于小米的体验。

基于“软件＋硬件＋互联网服务”的小米模式，在推出小米手机之前，小米科技便推出了手机操作系统MIUI，以及专门服务于移动终端的社交通信工具“米聊”。小米社区吸引了大批刷机发烧友发帖讨论如何刷机、揭露MIUI系统存在的一些漏洞等。正是这些刷机发烧友和米聊用户，成为购买小米手机的最大潜在客户。

小米科技把网络打造为培育米粉的平台，而把微博作为聚合米粉的法宝。由于新浪微博的Alexa流量（到访量、页面访问量等指标信息）在星期二到星期四达到最大，因而小米科技全部的转发有奖活动都设置在工作日。由于微博传播转发的半衰期为3小时左右，因而小米科技每两小时发布一次奖品。由于每天晚上10点是流量的最后一个高峰，因而小米科技于晚上10点结束抽奖。

雷军的微博粉丝已经突破1246万人。在微博平台上，雷军不仅是小米手机的掌门人，而且是一个防止小米品牌受损的保卫者，还是一个为米粉排忧解难的客服。而米粉也在微博上对小米给予热烈的反馈，无疑最大限度地增强了小米的宣传效应，同时减少了小米科技的营销成本。

1.4.2 小米科技全媒体营销

小米科技初尝微博的甜头是在进军微博之初。小米发起了第一个活动——“我是手机控”，雷军在话题下展示了自己的“藏品”，以此激发用户的怀旧情绪和尝试心理。这次活动吸引了 100 万用户参与。

而经典案例“盒子兄弟”也起到了“四两拨千斤”的作用。还有在推出小米手机青春版之前，发起了“我的 150 克青春”的话题，引发了微博用户的大讨论。几个合伙人用了一下午拍摄了一组青春系列照片，短短两天时间，这条微博的转发量就超过 200 万次，评论多达 90 万条。

小米科技还将战场开辟到其他社交媒体上，形成“论坛 + 微博 + 微信 +QQ 空间”的软文营销组合武器。

我们仅以微博为例。在小米的官方微博上，其软文发布的频率和数量非常高，我们随意选择了一个。

“大家好，我是 # 小米 5#！有几句话想说！我，很轻狠快，集十余项黑科技于一身。3 月 1 日上午 10 点，标准版、高配版首轮发售。我的美，唯有亲手体验才能感受。预约传送门：O 小米年度旗舰手机小米 5。初来乍到，感谢大家的宠爱与肯定，转发点赞里选 10 个亲加关注！爱你们。”

此外，作为新媒体营销的线下延伸，小米科技借鉴苹果公司的“天才吧”（Genius Bar），在全国开设了 32 家“小米之家”。用户可以在“小米之家”自取手机，完成手机的售后维修。

同时，“小米之家”也会不定期地为当地米粉举办一些活动，并且借鉴了车友会的模式，直接将米粉的消费方式升级为聚会娱乐方式，让米粉抱团。于是，即使在创业初期，小米手机面临着多方“打压”，不被市场所认可，米粉们仍然采取更为紧密的抱团行为，坚决捍卫小米品牌。

利用软文把读者带进企业的营销圈，首先要进行产品定位。尤其是在产品初期，如果企业只关心销售量，则只会招致致命危险。一个新品牌要形成口碑，必须要确保第一批用户对产品有着极高的满意度，以此为实用主义者提供产品选择的参考。之后，这个品牌进入主流市场，继续以口碑影响实用主义者和保守消费者形成购买决策。这是科技产品在互联网时代取胜的方程式。

小米手机的产品定位是“为发烧而生”，因此，所有相关的软文都是为了吸引这部分手机发烧友的关注。通过描述发烧友的神奇举动，小米手机迅速积聚起数量庞大的手机发烧友。雷军说：“米粉评价小米就两个字——厚道。小米公司坚持做厚道的公司，以坚持超越米粉的预期为目标。”

在一篇软文中，将雷军塑造成乔布斯的忠实粉丝，雷军追随着乔布斯对“真善美”的追求，希望把工业品和IT产品做成美的东西。因为只有美的东西才能够永恒。所以，雷军与乔布斯一样，追求整个工业的极致设计。雷军感动于乔布斯对于极致的执着，而让读者感动的是雷军对小米手机孜孜不倦的追求。因为雷军已经为发烧友提供了参与产品改进的机会。

在小米手机论坛上，每星期都会有两三千篇用户反馈的帖子，其中有很多是深度体验报告。这些用户反馈帖，既能为小米工程师提供产品设计改进意见，又是高质量的软文。小米每周都会更新几十个功能，其中的1/3来源于米粉。

雷军自信地宣称，苹果产品一年一次更新换代，谷歌一个季度发布一个版本，而小米能够做到一个星期发布一个版本，风雨无阻。根据几百万用户的意见更新软件，让用户参与产品设计，始终和用户在一起，与米粉一起做最好的手机，让用户自行进入小米企业的营销圈，这才是小米科技最大的创新。

1.5
营造良好的企业氛围

每一位有幸加入Facebook的新员工，都会得到一本酷炫的Facebook小红书，小红书的第一页赫然写着创办Facebook的目的——并不是为了成立一家公司，而是为了完成一个社会使命——连接世界，更加开放。

“连接世界，更加开放”是Facebook的企业氛围。看来，Facebook已经迈出了坚实的一大步，实现了从总用户10亿到单日访问10亿的突破。事实上，通过虚拟现实和Internet.org的发展，这家社交网络公司已经让地球上每七个人中的一人使用Facebook。

可是，如果读者以为Facebook的企业氛围从公司诞生之日就有，那就大错特错了。Facebook企业氛围的形成过程其实与大多数公司一样，是由公司高管精心设计而成的，并通过一篇篇软文植入到用户的心中。

可见，软文营销的目的不仅仅是提升产品曝光度、提供高质量外链和提高搜索引擎排名等“硬道理”，更为重要的是，软文能够塑造出不可替代的企业氛围，让整个企业的产品、品牌，以及所有与这家企业相关的信息，成为品质的保证和格调的象征。

1.5.1 Facebook 是个绝佳模板

如何建立企业氛围？ Facebook 为人们提供了一个绝佳模板。很多人认为 Facebook 的企业氛围是从来就有的，或者是在公司不断发展壮大中自然而然形成的。其实不然，这一切都是 Facebook 高管精心设计的结果，只是高管通过一篇篇软文营造出了“非正式化制度”、“为员工提供快乐而舒适的办公氛围”、“公司鼓励无拘无束的交流方式和创意的不断迸发”等企业氛围。

在发展过程中，Facebook 也曾遇到过因为缺乏文化、制度混乱等而陷入困境的难题。在早期阶段，由于各项管理工作都不成熟，Facebook 曾在聘用员工方面犯下许多错误，也走了不少弯路。

莫莉·格雷厄姆一直担任 Facebook 的工程总监，她于 2008 年加入 Facebook。当时，整个公司显得相当杂乱，仅有 400 名员工，却要服务 8000 万用户。而且所有人都忙着“除旧立新，超越 Amazon，赶上 Google”。

整个企业必须迎接一场全面的整顿。这也正是莫莉·格雷厄姆的工作，她不仅要向世人讲述一个关于 Facebook 的津津乐道的故事，还要在公司内部为员工树立一个共同的美好愿景。

为此，莫莉·格雷厄姆向 Facebook 内部提出了两个重要问题：“在做大做强之后，我们要成为一家怎样的公司？”“我们如何告诉外界在 Facebook 工作是怎样的一番体验？”从此开始，Facebook 内部就这两个问题展开了广泛的讨论。最终，Facebook 决定用“黑客”作为自己的标签，Facebook 因“黑客”而显得卓尔不群。“黑客”标志着 Facebook 始终拥有最先进的生产力，并通过不断的创新和实验拉近与世界的距离。

同时，黑客文化也意味着 Facebook 极其重视速度，提倡“Move fast and break things（快速突破，除旧立新）”。因此，Facebook 将公司内的餐厅、健身房、会议室等安排得十分紧凑，从吃饭到健身，员工只需几分钟的走路时间；想要约人谈事情，随便就能找到个小会议室。为了提升管理效果，Facebook 实行小团队工作形式，例如遍布各大网页的“Like”按钮是由三个人负责开发的：一位产品经理、一位设计师及一位兼职工程师。

企业氛围的重要性意味着，企业在后来的发展中始终保持着初创时的决心，并在高速成长期为员工提供源源不断的创新动力。为此，莫莉·格雷厄姆动员了一切可以利用的力量，广泛倾听员工的意见，特别是老员工的意见。

1.5.2 创始人气质是关键

决定以“黑客”作为企业氛围后，莫莉·格雷厄姆开始了多方面灌输Facebook黑客文化的努力。Facebook在创之网发表了一篇文章，讲述关于如何尽早地制定企业氛围的方法。在文章中，莫莉·格雷厄姆以一名成功的企业管理者形象，为广大创业者提供了几点货真价实的建议。

“公司创始人的气质在很大程度上决定了企业氛围，包括公司的风格、优势、缺点等。公司核心领导层决定了80%的企业氛围。因此，如果你以创始人的身份建立企业氛围，首先要认清你自己。如果你不是公司创始人，则需要好好地研究你的CEO及公司里的老员工。”

莫莉·格雷厄姆在文章中举例，“苹果公司创始人史蒂夫·乔布斯爱好艺术和工业设计，因此，苹果公司以其严谨的美学而著称。华为公司创始人任正非有过在部队服役的经历，因此，华为公司特别崇尚狼性法则。一个优柔寡断的创始人，很容易让公司错过发展的关键契机，最终被市场淘汰。所以，建立企业氛围的首要步骤是创始人的自我认知”。

了解自己的不足，是创始人制定企业氛围和进行招聘时不可或缺的一环。如果创始人认为自己不善于用人，则应该注意聘用一个知人善任的人。对于自己的缺点，创始人应该想方设法招聘相应的人才进行弥补。

而创始人对公司的重要性不言而喻。保持创始人对公司的控制权，是确保公司不会走上歧路的方法之一。作为上市公司，Facebook的创始人兼CEO马克·扎克伯格一直掌控着Facebook，致力于构建公司的长期愿景，而不是致力于实现短期的财务回报。同时，马克·扎克伯格拥有彻底的投票控制权，可以决定产品的走向和人员的任免。

建立企业氛围的第二步是定义并反复强调企业的氛围。这时，需要创始人储备一些描述公司风格的词汇，同时明确公司的优缺点，哪些地方需要改进，以及所欣赏和需要的人才类型。

接下来，创始人应该利用这些条条框框来指导公司的发展。莫莉·格雷厄姆讲述，网络电子商务公司亚马逊的产品开发策略是在做出产品原型之前就写好媒体发布会报告。所以他们从一开始就清楚地知道产品发布时需要传达的信息，以及如何向公众传达这些信息。相应地，创始人考虑企业氛围的创建，也应该展望两年后希望媒体怎样报道自己的企业氛围。

在 Facebook 成长初期，创始人马克·扎克伯格曾经就微软、苹果等公司如何建立企业氛围咨询了各位 CEO 的看法。于是，马克·扎克伯格得到了一个最好的建议：列一张简洁的单子，向人们指出加入 Facebook 意味着什么。10 分钟之后，马克·扎克伯格列出了一张单子，Facebook 公司的风格词汇包括“高智商”、“目的性强”、“侵略性和竞争性”等。

马克·扎克伯格于 2006 年列出了这张单子，却要等到三年后的 2009 年，与莫莉·格雷厄姆一起重写 Facebook 的企业氛围时才真正将其派上用场。在看到这张单子的那一刻，莫莉·格雷厄姆不禁感动万分，因为这些词语不仅准确地描述了 Facebook 的早期文化，更是马克·扎克伯格本人的真实写照。这张单子与天使投资人保罗·巴切特的博客一起，奠定了 Facebook 的企业文化氛围和哲学。

02

软文营销的六大核心点

软文营销的本质是广告，追求成本的最小化和回报的最大化。与广告一样，软文也需要定位，这是软文营销的突破口。然而，软文必须借助一定的表现形式，例如新闻资讯、管理思想、企业文化等，以达到获取信任的宗旨。软文营销的关键要求是把产品卖点说得明白透彻，着力点是消费者的兴趣和利益，重要特性是口碑传播性。

2.1 软文的本质是广告

软文是一种隐性广告，其本质在于产品的营销和品牌的推广。不过软文营销属于隐蔽式的广告，与硬性广告相比，软文主要讲究的是个“软”字。软文的中心词语是文章，只不过是带有软性植入广告的文章，甚至是原创性质的文章，而广告只是植入到内容里而已。

所以用户能够被不知不觉地带入营销的圈子中，如果把“营销”两个字去掉，这就是一篇优秀的软文，无论是用户体验还是软文本身的阅读性都很强。因此，软文既不会像标题党一样让人避而远之，也不会像叫卖式的低级广告那样让人麻木，软文既能让读者喜欢，又充满内涵。

2.1.1 企业的软性渗透策略

作为生命力很强的一种广告形式，软文营销同时也是一种很需要技巧的广告形式。软文与硬性广告相对，却又相辅相成。不同于直接发布在广告版面，软文主要以新闻、第三方评论、采访、口碑等诸多形式做伪装。

软文是一种软性营销，作为文案的一种形式，与目的性显而易见的广告不同，它是通过特定的概念诉求，更多地以一种摆事实、讲道理的方式，自然而然地突破受众的心理防线，从而走进企业设定的“思维圈”。

软文既可以采用文字模式，也可以经由口头传播，是基于特定产品的概念诉求和问题分析，借助文字表达与舆论传播，有针对性地对受众进行心理引导，让用户认同企业的某种概念、观点、分析思路，最终实现宣传推广的目的。因此，软文的精髓是企业的软性渗透策略。软文营销的主要形式如图 2-1 所示。

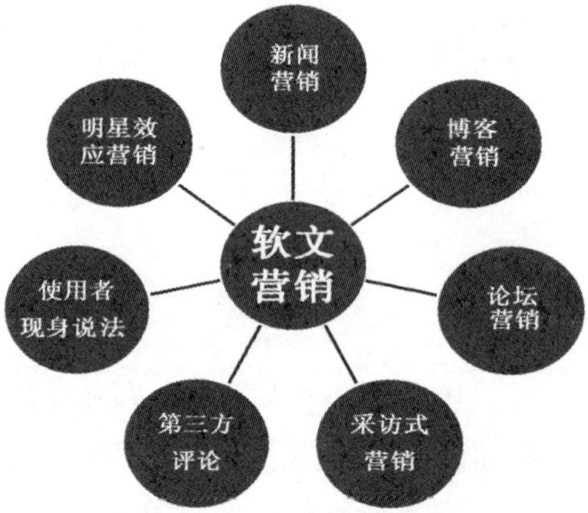

图 2-1　软文营销的主要形式

软文的本质是广告，具有不可回避的商业属性，同时也是营销活动中的一个环节，只不过采取比广告更软性、更易让人接受的路线，发挥推广产品的作用。因此，无论如何进行软文的策划和实施，最终都必须以宣传产品为目的，而不是卖弄文笔，这样才能达到相应的效果，否则就是一篇失败的软文。

软文有两个构成要素：一是“软”；二是“文”。所以，软文有一定的伪装形式，以各种不同来源的文字资源作为手段，包括新闻资讯、明星或使用者的经验心得和技巧分享、企业的管理思想和方法、企业文化、行业领军人物、行业热点事件和大型活动等，评论、包含产品或品牌元素的游戏等一切文字资源，使受众“眼软”。

最主要的是能让受众的眼光停留、徘徊，这样才有机会影响受众。所以，软文的语言文字应该以读者，尤其是目标受众所关心的事物为切入点，同时照顾其阅读能力与理解能力，尽可能浅显易懂、形象生动而又贴近生活，让受众读起来能够产生共鸣。

软文也是文章，不过软文带有一定的目的，即达成销售目的。如果为了卖弄文笔而写成了散文、诗歌等形式，尽管能够展现出作者的文字功底，呈现出优美的辞藻，不过，这种脱离了生活的软文，只能是高处不胜寒，得不到受众的反馈，自然不能达到带动产品销售的目的。特别是网络软文，语言文字越通俗越好，再加上最新、最热的网络语言，很容易得到受众的注意和追捧，成为耳熟能详的文案。

2.1.2 主推脑白金体概念的逻辑

因为软文带有一定的目的性，所以无论采取哪一种形式，终极目标都是相同的，即通过旁敲侧击的文字，向受众发布企业相关活动和促销信息，提升企业的知名度和美誉度。软文可以采取新闻的形式，但是其中的新闻元素又比新闻少，所以无论是传播的广度还是深度都不如新闻。

说到中国广告史上最成功的软文推广，“脑白金”如果屈居第二，没人敢认第一。脑白金诞生于20世纪90年代末期，当时正值保健品势力渐微的时期。而脑白金却犹如一匹黑马，突出重围。脑白金在营销方面有诸多亮点，包括定位于中国传统的孝顺老人、中式过节送礼、广告掀起的话题效应、众多情景营销等，而脑白金的软文推广则是开路先锋。

在脑白金渡过试点阶段，准备开辟全国市场时，无论是报纸、杂志等纸质媒体，还是张贴栏里的各种宣传资料，铺天盖地都在宣传“脑白金体”这个概念，而全篇内容并没有“脑白金”这个产品。

其中的一些实例：《人类可以“长生不老”？》一文，主要讲美国《新闻周刊》刊载脑白金体一事，报道脑白金的神奇功效；《两颗生物原子弹》一文，将当时世界级的话题克隆羊多利的技术与脑白金相提并论，提高脑白金的学术地位；还有《98全球科技最受关注的人》、《两场科学盛宴》等软文。

在1998年之后，还有类似于“全球十大科技”的报道，脑白金赫然名列榜首，其后的九大科技都是真的，唯独脑白金不具有真实性。这一系列类似的软文，来来回回换着名字出现在不同的报纸、杂志上，而且当时绝对没有硬性广告，在市场上也买不到脑白金。

后来，脑白金开始投放部分市场，实现了盈利。这时又进行了一些底层的软文教育市场行动。例如，《不睡觉，人只能活五天》一文，相对于不吃饭人类能活 20 天，不喝水人类能活 7 天，而持续失眠人类只能活 5 天，强调睡眠的重要性，为脑白金安神助眠铺路；《一天不大便有问题吗？》一文，强调每天排便的重要性，为脑白金润肠通便的功能铺路；《宇航员服用脑白金》一文，通过宇航员选择脑白金改善睡眠的事例，再次说明脑白金的有效性。

而且，在这段时间里，脑白金产品并没有推出，消费者到各地哪家超市都买不到。直到后来真正上市时，人们争先恐后去购买这个让人永葆青春、能够与克隆技术相媲美的高科技产品。

当然，优秀的软文必须有骨有肉。软文的骨架一定是刚性的，而内容则是生动性的，如果通篇都在介绍店家的价格如何低、服务有多么好、产品效果让别的厂家难以企及，这些流水账很容易让读者失去耐心。然而软文这种全新的形式，以消费者喜闻乐见的方式实现营销的目的，体现了广告的进步。

2.2 文案定位是突破口

文案定位是创作过程的第一步，明确的软文定位不仅可以让产品一鸣惊人，还会为企业带来出其不意的效果。苹果公司的定位是“一切始于简洁”，小米手机的定位是“为发烧而生”，南方芝麻糊的定位是“小时候妈妈的味道”，加多宝凉茶的定位是“好喝不上火”。软文要在市场上占据一席之地，首先要有一个明确的定位，明确其扮演的角色，以及能够发挥的效用和填补的空白。

2.2.1 麦迪逊大道的新游戏

美国营销大师艾·里斯和杰·特劳特对“定位”的重要性作了如下解释：各个厂家都在争夺消费者心中的一个位置，如果这个位置之前没有人占领，要占据下来很容易；不过如果这个位置已经被占领了，只有通过重新定位才有可能填补这个位置。

艾·里斯和杰·特劳特指出一个观点，在麦迪逊大道（广告公司总部聚集地，美国广告业的代名词），再用创造力玩游戏已经过时了，新的游戏名称叫定位。定位理论随即发展到全盛时期。美国首席广告创意指导乔治·路易斯对文案定位的理解是：“就像上厕所前要拉开拉链一样浅白。”乔治·路易斯意识到，定位和策略是创作过程的第一步，是原始作品的基础，如果有谁敢诋毁定位的地位，就会受到所有人的讥笑。

广告已经进入了一个以定位策略为主的时代，企业必须在消费者的心中重新开辟一方天地，占据一个位置。因为媒体传播已经发展得太多了，所以，在定位的时代，企业需要将进入潜在消费者的心智作为首要任务。

宝林·崔姬，被定位为纽约第七大道的圣女贞德；世界金融中心，被定位为远离曼哈顿繁华喧嚣的天堂般的避难所；古德曼的面包，被定位为逾越节的必备品；福特汽车重新为金龟车定位——一部小型轿车。可见文案定位大行其道。

乔治·路易斯这样解释文案定位理论：真正的定位包括依靠直觉和企图心，了解广告主的问题和机会。文案定位必须要有创造性思考，所以要克服偷懒的心态。不过，文案定位的问题在于，在创作文案的时候，很容易用平凡而毫无意义的词语磨灭创意的神秘性。这样一来，很多文案创作者会认为，只要创作了广告，就是创作了真和美。

当然，软文的创作还需要一些基本原则，否则就会走入误区。尤其是个人宣传广告，可以将愚蠢定义为高尚、将莽撞定位为谨慎、将胆小鬼定位为勇士、将粗鲁定位为温文尔雅、将恶霸定位为忠厚老实等。显然上述软文已经走入了误区。因为面对这样的广告，消费者可以敏锐地辨识其真实与否。

2.2.2 把产品定位发到微博上

文案定位力求简洁。乔布斯在新产品发布会时，并不会根据技术规格来描述自己的产品，而是通常用 140 个字节描述自己的产品和服务。乔布斯为每个产品设计的标题或描述可以简洁到直接发到 Twitter 和微博上。

例如，乔布斯把电脑比作一辆有思想的自行车；把 MacBook Air 描绘成世界上最瘦身的笔记本；在介绍 iPod 5GB 的驱动器时，乔布斯说“它是你口袋里的 1000 首歌”……乔布斯给每个产品的定位都只有一句话。这样的描述虽然简单，但都掷地有声，能让消费者对新产品有个总体的了解。

文案定位策略主要有以下几种方法，如图 2-2 所示。

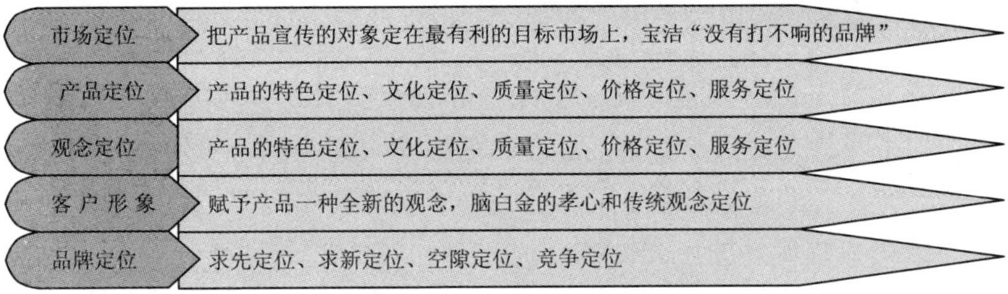

图 2-2　文案定位策略

文案定位应该具体到使用场景。如何为一款抗皱能力很强的衬衫写一篇软文？以文案定位为突破口，相信大多数人都会选择描述这一款产品的属性，即属性定位，“这是一个什么东西——抗皱衬衫”。再进一步可能想到这是为哪类人群制作的产品，即定位到人群，“这是一款专门为某类人群设计的产品——上班白领衬衣”。

然而，想要在软文营销中脱颖而出，文案创作者应该将产品定位到使用情景，即“这是一款可以帮你做什么的产品——不怕挤地铁的衬衣”。实际上，随着互联网的发展，产品品类的复杂程度和人群的分散程度相应上升，一个文案创作者应该更多地把产品定位到使用情景，创作时思考消费者需要用这款产品完成什么任务。从泛泛的文案定位具体到使用场景，消费者可以明显感受到其说服力和感染力的增强。

文案定位可以从对手的缺点中找亮点。市面上曾推出一款凉茶，在软文中，企业突出的文案定位是“比防上火的中药更好喝的凉茶”。所有软文都围绕着“同样具有防上火的功能，却比那些防上火的药好喝多了”来阐述，包括邀请消费者讲述亲身品尝经历、引述医药专家的例证及相关研究机构的实验等。该文案一经推出，虽然打响了产品和品牌知名度，但是很快表现出后劲不足，市场份额有所下滑。

不久，消费者发现各大门户网站和小报小刊上出现了介绍另一品牌凉茶的软文，文案定位为“饮料好喝，还能防上火”。在软文中，重点突出“比起其他饮料，不仅好喝，更具有防上火功能”的宣传点，描述消费者在餐饮、KTV、婚庆、聚会、办公等各种场合都离不开这种凉茶。不出所料，这则文案大获成功，一个新品牌立即占据各大商场、超市、零售部的货架、柜台，成为最成功的凉茶品牌。

此外，文案定位应该视觉化。如果公司需要宣传一款手机的夜拍功能，创意总监收到了两份文案，一份文案定位“夜拍能力超强的手机”，有着“大光圈、优质感光元件，保证暗光拍摄效果”；另一份文案定位“能够拍星星的手机”，“极致夜拍，借助独特设计的大光圈和感光元件，第一次，你可以用手机拍摄璀璨的星空”。此时如果你是创意总监，会采纳哪一项文案？

文案定位必须强调个性化。推出 Windows 10 时，微软文案的定位是，“不是面向我们所有人，而是面向我们每一个人”。这一句广告语符合语法吗？也许吧，但是从逻辑上来说，似乎显得有点多余。这句话的魔力在于，让用户感受到独一无二的个性化服务，毕竟“所有人”是一个整体，而“每一个人”就是独特的个体。在如今工厂化的生产条件下，个性化服务才是吸引读者的王道。

2.3 以获取信任为宗旨

成功的软文不仅“软”，能够以出色的文采博得消费者的关注，更能让消费者相信文案传递的内容的真实性，进而认同软文的观点。因此，每一则文案所遇到的问题不仅仅在于如何引起消费者的注意，还在于如何令人相信。

软文的宗旨是获取消费者的信任，只有做到了这一点，软文才算是符合消费者需求的软文。否则，软文要么沦为硬性广告，让消费者避之不及；要么流于卖弄文采，达不到宣传效果。

2.3.1 90 后卖红枣事件的推广力

首先，软文应该抓住矛盾的特殊性，从特殊性中挖掘出普遍性。随着消费者群体的扩展，不同的消费者形成了自己独特的观点。不过，一篇好的软文并不是只为了抓住特殊的观点，而是要把目标放到抓住存在于消费者心中的普遍观点之上。

以最普遍的减肥药产品为例。虽然大大小小的减肥药产品充斥着各大新闻媒体和社交媒体，但是这些新闻和帖子中真正符合消费者需求的少之又少。原因在于，这些宣传减肥药产品的新闻和帖子，消费者一看就知道是打广告，不符合自身的需求。

消费者浏览新闻、刷微信朋友圈，看的是如何减肥，而不是要求别人告诉自己应该用哪一款减肥产品减肥。如何写一篇有关减肥产品的软文？文案创作者应该抓住消费者的普遍减肥心理。例如以“冬季减肥不容易，不用减肥药也能减肥的秘诀”为题，不论软文的内容为何，这篇软文的标题至少能够吸引90% 以上的消费者点击页面。因此，文案创作者应该从特殊性挖掘到消费者的普遍心理，再用普遍心理吸引消费者加入。

获取消费者信任的三个因素及其相互之间的关系如图 2-3 所示。

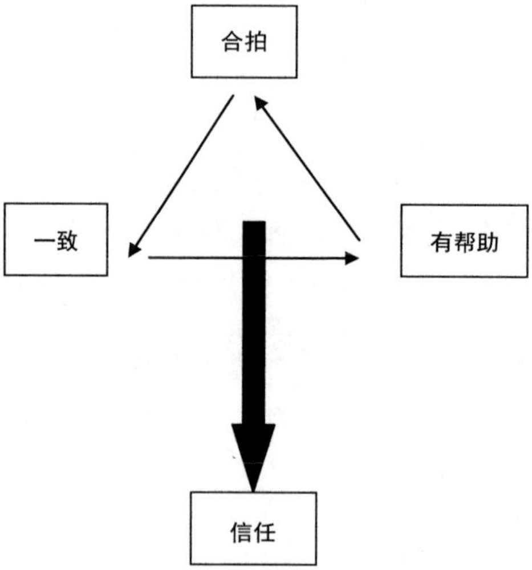

图 2-3　信任三因素及其相互关系

其次，软文的内容应该有深意，形软而意不软。软文中的广告应该是深藏不露的，然而市面上出现的大部分软文并没有达到这一要求，消费者能够从一篇软文中很直白地看到广告。软文之所以不同于硬性广告，就在于其形软而意不软的境界。因此，软文应该从侧面描述。例如 90 后卖红枣事件，报道新疆特产批发店主小容的微商之路，软文结尾是：小容的 QQ 签名为“同样是玩手机，却有不一样的收获”。这一句简单的话，道出了所有微商的心声。

这一事件为淘宝卖家小容带去了平时的 5 倍流量。整篇软文讲述的是小容为什么要踏上微商之路，怎样为产品设计包装，再到后来的宣传推广，以及小容正在做的 2015 销售可行性分析和调查。这篇软文看起来完全不是在打广告，却能够吸引网友点击进入小容的淘宝网址查看其网店，然后形成购买力。

最后，事实永远比宣称可信。想要写出让人信服的软文，文案创作者应该学会用事实说话。所谓的事实，并不是指提供实验的量化数据，而是仅仅通过例证法，展现生活中消费者对该产品的信赖即可。通过提供事实，软文可以吸引浏览者，并留住浏览者。

软文通常夹带一些图片，并且每张图片都有标记。文案创作者之所以这样做，是因为软文必须朝着图文并茂的方式向浏览者解说。消费者也经常看到，许多互联网广告中会附带好用的工具出行，并且在工具下面附图解释。

在网络营销领域，提供这些事实，是为了向浏览者说明软文的观点，同时通过这样的方式，让浏览者深入地支持软文的观点。如果一篇软文既没有事实又没有例证，不仅得不到浏览者的支持，更可能吸引不到用户的访问。

2.3.2 例证法：签名单的妙用

一篇优秀的软文，如果希望软文的观点得到消费者的支持，则必须使用例证法，以事实说明软文的真实性。例证法是指用举例的方式说服消费者相信软文传达的观点。根据调查，与其用 10 倍的道理去论述一件事情，不如用 10 倍的事情去证实一个道理，这样更能吸引人和说服人。因为使用真实的例子本身就给人一种信任感。

对于销售类软文，文案创作者使用例证法，第一个利益点是，通过描述他人使用该产品所获得的体验，激发消费者的想象，进而激发消费者的购买欲望。例如为了推广某大型生产设备，在软文中提及某某企业已经使用这种设备三年多了，生产效率比过去提高了 45%，费用节省了 30%，工人也特别欢迎这种设备，因为能够大大减少体能支出，所以这家企业今年又要追加十台这种设备。这样的软文比起直接宣传这台设备的节能高效，更能得到消费者的信赖。

软文中使用例证法的第二个利益点是，能够造成消费者的缺失感。通过列举他人的使用实例，让消费者产生“大家都有了，就我没有”的感觉，这种缺失感会造成消费者的从众压力，激发消费者的购买欲望。

张磊是宝洁公司的一名日用消费品销售员，主要负责上海市奉贤区市民居住小区的推销工作。张磊的工作是向家庭主妇推销家用洗护产品。每完成一笔订单，张磊都会请这户的主妇在一张纸上签名。随着时间的流逝，这张签名单上的名字越来越多。

在之后的推销中，张磊随身携带着这张签名单。如果看到某个家庭主妇对是否购买该产品犹豫不决，张磊就会适时拿出这张签名单，向这名家庭主妇展示小区里已经有多少人购买了该产品，并说明如果在单子上签了字，就可以享受上门服务。

听到张磊这样一说，绝大部分主妇都会购买该产品。可以说，张磊制作的这张签名单是一篇绝佳的软文。先是拿出签名单例证让消费者信任，然后说“这些主妇都享受我的上门服务”，张磊巧妙地激起了主妇的从众心理和攀比心理——“邻居们能享受得起上门服务，我也能！”

例如为了推销一款新式收银系统，企业可以在软文中强调已经有多少超市采用了这款收银系统，用事实证明其在提高收银效率、减少客户排队时间、增加客户满意度等方面的作用，表明这款收银系统可以为超市提供更强的市场竞争力。这样的软文会令那些没有使用这款新式收银系统的超市产生缺失感，希望马上入手该收银系统。

文案创作者在软文中使用例证法，必须注意以下几个事项：

第一，必须注意证明方法。软文通常有人证、物证和证词三种证明方法，其中，人证是最能取得消费者信任的证明方法。在一篇软文的证明方法中，最佳的选择是使用人证。软文在进行人证时，尽量选用消费者认识的人或者名人，这样不仅可以提高信任度，也会给消费者留下更深刻的印象。

第二，使用例证法应该具体，采用数字和真名实姓。为了说明牛二牌菜刀在一座城市销量很好，并且用过的人都说产品很好用，软文可以列出具体的消费者姓名，以及每一个消费者怎样使用、如何喜爱这把菜刀。

第三，使用例证法要生动。例如为减肥药写一篇软文，软文开头营造出一个肥胖的消费者形象，身高只有 1 米 7，体重却达 230 斤，还伴随轻微的心脏病和糖尿病前期。可是用了某减肥茶两个月后，瘦得连街坊邻居都不认识这个人了，减轻了 60 多斤，眉清目秀，身材修长，成天蹦蹦跳跳的。这样一篇有关减肥产品的软文就能够深入人心。

销售类软文使用例证法，应该做到绘声绘色，充分调动语言的魅力。尤其是在描述产品时，软文应该以生动的语言激发消费者的美好想象，进而使其产生购买欲望。

2.4 关键在于说清产品卖点

什么叫卖点？产品的卖点也被称为兴奋点，是商家站在自身的角度，提供给消费者的一个购买的理由。最佳的卖点即最强有力的消费理由，卖点也是产品满足目标受众的需求点。产品卖点往往比广告词更早出现，因此，产品卖点是市场营销的前哨战，而说清产品卖点也是软文营销的关键点。

2.4.1 福州旅游住宿奇遇

在营销领域，与其说明产品如何，不如形容产品是什么。然而软文在推销产品的同时，必须确保其意图的深藏不露。因此，软文必须以更高明的手段说清产品卖点。例如在酒店行业，厦门高铁快捷宾馆就做了一次出色的软文营销，软文的标题是“福州旅游住宿奇遇”。

软文讲述了一位消费者在福州旅游遇到的一段故事。消费者放假外出旅游，第一站来到厦门，本来想住宜必思酒店火车站店。可是下车之后，消费者无意中发现一个很少人知道的快捷宾馆，由于宜必思酒店距离火车站还有一段距离，消费者跑到这家宾馆看个究竟。令人意外的是，宾馆一楼是小超市和招待所，环境跟宜必思酒店一样。大厅内有牌子提示这家宾馆在八楼。于是，消费者到宾馆咨询，得知可以打折，只要 88 元，比宜必思酒店的 138 元便宜很多，房间也很整洁干净。关键是宾馆到火车站只有 50 米，对于这个爱睡懒觉的消费者来说再合适不过了。

这家宾馆带给这位消费者的惊喜还远不止这些。回到酒店后，消费者习惯性地在网上搜索了这家宾馆，发现其网络预订价格只要 58 元，还有免费宽带网络接口。最后消费者呼吁到福州旅游的人，在百度上搜索“58 元宾馆”，因为会有惊奇的发现。

厦门高铁快捷宾馆在软文中主打“58 元宾馆”的卖点，对于许多经常外出的消费者而言无疑具有相当大的吸引力。厦门高铁快捷宾馆还在各个与住宿相关的网站和博客上发布了此类软文，之后网站的流量迅速提高。而最为关键的是，大部分的流量都直接转化成预订量。厦门高铁快捷宾馆不靠门面，而是靠软文实现了天天爆满的景象。现在，厦门高铁快捷宾馆的绝大部分客源来自网络。

例如一款护肤品，品牌名字并不能直接反映其产品特色。如果在软文中突出这是名流的专用护肤品，说明其从贫民开始到升为富翁，一直使用此款产品，消费者一下子就会抓住这个卖点，崇拜感油然而生。而王老吉的卖点是品牌的历史文化：始于清朝康熙年间。

藏鸡蛋为什么敢卖 5 元一只，企业必须为消费者提供一个卖点：这不是普通的鸡蛋。在软文中，突出藏鸡放养于唐古拉山野外环境，食物来源是天山雪莲、冬虫夏草，而且 7 天才生出一只鸡蛋。最后得出结论：因为来源不凡，所以价值不菲。

最初，海尔电热水器没有将宣传重点放在产品质量和性能上，而只是围绕“防电墙”的概念，在各篇软文中突出这一独特卖点。于是，只要消费者购买热水器，都会问销售人员这台热水器有没有“防电墙”。

因此，产品的上市，首先必须在软文中突出一个别具一格的卖点，让消费者在感官视觉上耳目一新，而在心理感受上回味无穷。如果软文不能说清产品卖点，即使投入大量的人力、物力用于营销推广，都展现不出软文应有的存在价值。

2.4.2 五大卖点模式

软文营销是否成功，与卖点的提炼有很大关系。卖点的选择，既可以来自产品本身，也可以来自传播的过程之中。因此，软文突出的产品卖点不仅是满足消费者的需求，更应该引导消费者的需求。常见的卖点模式有以下 5 种。

第一，卖“情感”，以情动人。例如乐百氏纯净水在软文中突出“爱像水一样的纯净，情像水一样的透明”这一主旨，卖点主打情感诉求，悄无声息地打开了消费者的心扉。黏膜保护药丽珠得乐在软文中以一句“其实，男人更需要关怀”直击中国无数男男女女的心，更引发了社会话题，让消费者产生了品牌联想。

第二，卖“特色”，创造独特销售点（Unique Selling Proposition，USP）。每一篇软文都应该为消费者提出一个销售主张，即产品的效用。而且这种产品效用最好是唯一的，是之前的竞争对手尚未提出或者不具备的。以功能性诉求作为软文特色的营销，主要突出的不是消费者的行为特性，也不是产品的核心精神文化内涵，而是直截了当、一针见血地传达产品的效用。例如药类软文，细究其软文背后的卖点，主打“金嗓子喉宝，入口见效”、“阿莫仙片，可以含的消炎药”、“治感冒，快，银得非”、“泻利停，泻利停，痢疾拉肚，请服泻利停”等。

第三，卖“形象”，包括企业、领导者、品牌形象。例如雕牌洗洁精在软文中宣传“盘子会唱歌”；香奈儿塑造出创始人可可·香奈儿女士“流行稍纵即逝，而风格永存”的传奇形象；梅赛德斯–奔驰塑造出“汽车发明者”的形象。

第四，卖“品质”，宣扬专业化水准。在软文中，文案创作者可以引入专家做证、实验证明、品牌创建历史、售后服务等，展现产品和品牌的专业化与权威性。软文中并不直接宣扬产品品质本身，而是请那些象征着品质的专家、教授、博士、学者等人物现身说法，引用权威性的言论、发表的软文和实验数据等，借力权威品牌、权威机构认证、权威单位试用，俘获消费者的心。

第五，卖“概念”，推行差异化战略。例如预调鸡尾酒品牌锐澳，在软文中主打“饮酒的欢乐与健康的理念并不矛盾”的概念；美菱冰箱推出的“保鲜”概念；补钙口服液打出“吸收是关键”的独特理念。在服装市场，优衣库推出的“技术原料”概念，以 HEATTECH 系列产品为例，从最开始的御寒保暖，到后来的防静电，又添加山茶花油保湿等，科技概念成为其市场的新卖点。

卖点是消费者关注的核心点，在产品的营销与策划过程中，文案创作者应该从消费者的角度出发，提炼产品卖点，并在软文中突出产品卖点。软文的关键在于说清产品卖点，能够说清产品卖点的软文，相当于为消费者的购买决策提供了一条显著的导火索。

2.5 着力于兴趣和利益

一个显而易见的事实是，互联网时代缺乏的不是软文，而是好软文。对于放在面前的任何一篇软文，人们能够读进去的文字都是有限的。无论软文是否在推广产品，人们只看那些具有自己感兴趣的主题的软文，然后看其中说的那些有用的话。

2.5.1 保持好身材的五大秘诀

广告业的反叛者霍华德·葛萨奇说："人们不读文案，他们读任何引起他们兴趣的东西。"因此，软文的首要之务是引起消费者的兴趣。许多研究都发现了一个事实：极少有人会读超过一半的软文内容。一个令人好奇的标题会吸引很多人点击，一幅异想天开的图画也会让很多人驻足。

而且，文案创作者应该明白一个道理：人们对自己的兴趣远远大于对他人的兴趣。如何让杰克在上班途中看完一篇 2000 字的软文？只要主题和内容是"关于杰克的一切"。软文的着力点是消费者的兴趣和利益。消费者对于什么样的内容最感兴趣？不同的人给出的答案不尽相同。但是最基本的一条是，无论出于何种情况、从事哪个行业，消费者肯定对自身喜欢和利益有关的软文最感兴趣。

因此，深入研究消费者的需求，是文案创作者的必备功课。美国心理学家亚伯拉罕·马斯洛将人类需求按照从低到高的阶梯顺序分为五种，分别是生理需求、安全需求、社交需求、尊重需求和自我实现需求。

软文的着力点也可以从这五个方面入手，层层递进，抓住消费者的兴趣点和利益点。例如饮料厂商娃哈哈发布的一篇软文，标题是“保持好身材的五大秘诀”。软文开篇引入的第一个秘诀是一定要吃早餐，否则不但达不到减肥的目的，而且长期不吃早餐还会导致胃溃疡、胃炎、消化不良等疾病，出现头晕、注意力不集中、记忆力减退、智力下降等情形。不过在第一个秘诀末尾，有这样一句话：如果实在来不及，可以来一瓶营养快线嘛，水果加牛奶，精神一上午！

软文中间介绍了另外三个秘诀：坚持散步，学会喝水，多吃水果蔬菜和粗粮。这三个秘诀都没有提及娃哈哈产品，让消费者感觉这的确是一篇实用性文章，满足了消费者追求健康生活的需求。

而这篇软文提出的第五个秘诀是每天一杯酸牛奶或者乳酸菌，自然而然地推出娃哈哈乳酸菌饮品这一健康诉求。这一段先是介绍肠道在人体中的重要性，提出乳酸菌能够帮助消化，有助人体肠道健康的概念。然后，软文介绍娃哈哈乳酸菌饮品包含的6种乳酸菌及各自的功能。软文以一句话结尾：零脂肪，无负担！常喝肠轻松，常喝肠舒畅！为了完美身材，让我们一起加油吧！

2.5.2 你选择哪台擦鞋机

软文应该从人性最基本的需求入手，如果竞争对手已经满足了消费者人性较基本的需要，那么，文案创作者应该满足消费者人性较高级的需求。假设消费者面前有两个擦鞋机，一台擦鞋机的前面挂着一块广告牌：“请坐，擦鞋。”另一台擦鞋机的广告牌上写着：“约会前请擦鞋！”消费者会选择哪台擦鞋机为自己服务？根据试验，选择后者的比例远远超过前者。

为什么两块广告牌字数相差无几，带来的效果却大不相同？因为后者切入了人类更高层次的追求，在情感上引发了美好的联想，让消费者感到自己受到了尊重。因此，软文不仅要着力于消费者的兴趣和利益，更要注意不断提高满足消费者需求的层次。

消费者有社交本能，渴望得到别人的认可，也渴望获得较高层次的社会地位和荣誉。例如，现在很多软文采用品牌策略，赋予自身产品身份地位象征的意义，让消费者趋之若鹜。包括珠宝、钟表、高级服饰，以及豪华汽车、高档别墅等相关软文，洞悉人性渴望获得尊重的本质，在软文中着重宣传产品的高端品质及拥有者的尊贵地位。这类奢侈品的宣传软文能够在消费者心中产生移情，最终乖乖地自掏腰包，更会成为许多在经济上承受不起的消费者梦寐以求的目标。

例如珠宝品牌尚美巴黎（Chaumet），主要突出其法国皇家御用顶级珠宝的地位，更在各大新闻报道中强调其创始于 1780 年的悠久历史，塑造出历史最悠久的法国国宝级珠宝设计翘楚的形象。

如果软文抓住了消费者的需求，甚至可以脱离产品本身，而传达一种精神理念、价值观或者生活状态。例如很多运动品牌的软文，并不会特意凸显运动鞋的防汗、透气等功能，而是展现穿着该产品后，能够达到的健康生活状态。

例如 1906 年于美国创立的新百伦运动鞋品牌，倡导慢跑的运动习惯和生活态度，强调“享受每一步，跑对每一步”。通过在社交媒体上与消费者持续沟通和彩色跑、现场互动游戏等平台，新百伦品牌成功引起消费者的兴趣。

同时，借助本土明星制造的话题和关注度，以及系列微电影和视频短片等传播组合，新百伦品牌迅速将“总统慢跑鞋 / 精英鞋”的形象传递给世界各地的消费者，让其亲身感受并建立起“新百伦慢跑专家”的认知。

2.5.3 AIDA 文案公式

软文应该如何找准消费者的兴趣和利益，并以此为着力点？软文创作界发展出了一个广为人知的公式——AIDA 文案公式，即注意力（Attention）、兴趣（Interest）、渴望（Desire）和行动（Action）。根据这个公式，软文的着力点是吸引消费者的注意力，唤起消费者对产品的兴趣，然后让兴趣转化为购买产品的强烈渴望，并付出行动。

AIDA 文案公式详解如图 2-4 所示。

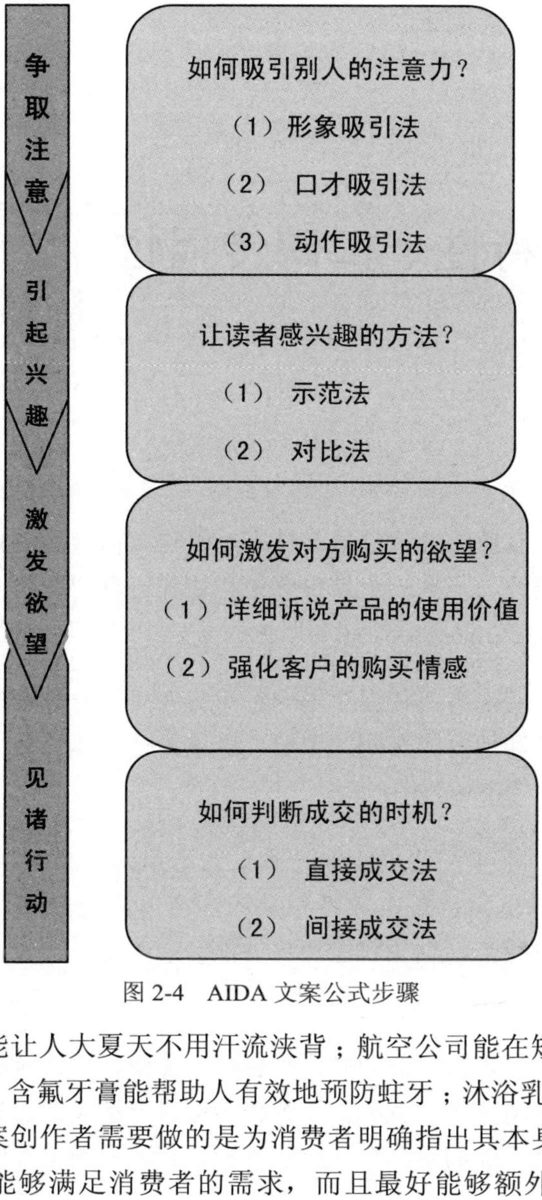

图 2-4 AIDA 文案公式步骤

例如，空调能让人大夏天不用汗流浃背；航空公司能在短时间内让人到达任何想去的地方；含氟牙膏能帮助人有效地预防蛀牙；沐浴乳能让人保持清洁、芳香，等等。文案创作者需要做的是为消费者明确指出其本身的需求。软文中提及的产品不仅能够满足消费者的需求，而且最好能够额外地满足消费者的需求。

2.6 软文的特性：口碑传播性

网络推广中最有效的方法是软文推广，而软文推广的最终效果体现为口碑传播性。口碑传播性，是指一个具备感知和处理信息能力的非商业传播者和接收者，对于一个产品、品牌、组织和服务的非正式的人际传播效应。

心理学研究表明，有四种因素影响着消费者对某一事物的看法和态度，分别是消费者的家庭和朋友的影响、消费者直接的使用体验、大众媒介对该事物的评价，以及企业的市场营销活动。

而在这四种因素中，营销专家一致认为，口碑传播是市场中最强大的控制力。不过，口碑传播也是企业希望操控却难以操控的力量。因为“口碑效应”原本属于自发行为，企业只能顺势去推动它，而不能像传统广告那样修饰产品和品牌。

因为一旦企业加入到产品的修饰和包装过程中，那么对于消费者而言，这些其他消费者的体验、经验就失去了纯粹的第三方意义，丢失了“口碑”二字的意义。而且更有可能的是，在企业修饰和包装产品的过程中，口碑传播会被中止，或被污染。

2.6.1 营养快线掀起的全民大辩论

那么企业真的无所作为吗？当然不是。企业可以利用新闻媒体和社交媒体，发布软文，推动口碑传播的形成。作为口碑营销的核心战场，如果企业在微博和微信朋友圈发布一些具有“自发性”和“中立性”的软文，则很容易推动口碑传播的形成。不过，由于各种社交媒体的免费服务特性，要进行软文口碑传播性的商业价值的量化则相当困难。

在整个传播环境趋于社交化、互动性的当下，“在线口碑”已经成为各大企业网络营销战略的必争之地。而软文营销的“去商业化”伪装，变相地为企业的口碑传播铺平了道路。同时，软文打造的在线口碑，其实也向传统广告商业发起了挑战。

以营养快线的一篇软文为例。在进军全国市场之初，公司以一个普通男青年的口吻，在论坛上发布了一则帖子：女朋友天天都要我用 4 元钱买营养快线，该不该还？接着，这名“男青年”详细诉说了整件事的来龙去脉：

两人刚认识时，一起出去逛街，女友口渴了，但是说自己身上没带零钱，从我这里借了 4 元钱买营养快线。从此她每天都要从我这儿拿 4 元钱买营养快线。一年过去了，这 300 多个 4 元钱的事她提都不提！没想到她是一个借钱不还的人。我不喜欢她了，我准备和她分手，我做得对不对？请大家给个意见，你们认为对吗？反正都是劝我分手。

这则帖子发布两天之后，迅速登上论坛话题榜榜首，并引发了微博网友的大讨论。一时间，网友分成了两大阵营：一方认为这个男生为了 4 元钱的营养快线就要和女朋友分手，显得太“抠门”；而另一方认为这个男生摊上了一个败家女友，应该尽早甩掉。

不过，在这场全民大辩论中，获胜的却是营养快线的研发公司娃哈哈集团。因为网友在唇枪舌剑的同时，其实都记住了两点：一是营养快线 4 元钱一瓶；二是这个男生的女朋友天天都要喝营养快线。营养快线的品牌是如何做起来的？这样的一则帖子无形中起到了口碑推广的作用。

2.6.2 负口碑造就高票房

然而，软文的口碑推广也可以从反面入手，即通过“负口碑”，让更多的消费者认识这个品牌和产品。例如现在的国产电影，在许多观众的心中似乎有些难以定位。有相当多的“烂片”，票房却居高不下。

例如2015年上映的《何以笙箫默》，尽管看完影片后，网友们纷纷调侃，“当初真对不起郭敬明，在《何以笙箫默》面前，《小时代》甘拜下风”。而且在豆瓣网上，这部电影的评分只有3.6分。然而，《何以笙箫默》上映首日，票房即破6000万元。在2015年5月的国产影片票房排行榜上，《何以笙箫默》更以9亿元领跑，排名第一。

其实，这是中国式负口碑营销的杰作。只要有人在网上爆料一部“烂片”，网友便争相买票观影，试图亲自找出更多的“吐槽点”。然后，网友将这些新的“吐槽点”发布在网上。于是，关于这部影片的负面信息开始在网上疯传，并再次引发吐槽观影狂潮。而在这场吐槽观影狂潮中，影片创作团队和出品方也推波助澜，借力主创人员的新闻报道、影片拍摄故事等，为影片的票房再添一把火。于是，一部叫座不叫好的影片由此诞生。

但是对于企业而言，这样的负口碑营销是一项铤而走险的选择。因为不同于影视行业“曝光率即一切”的属性，一般的企业必须顾及企业的社会形象，否则即使短期内火得一塌糊涂，一家充斥着负面新闻的公司在市场上也找不到自己的立足之地，更会显现出后劲不足的疲态。

2.6.3 一个人＞一千个人

怎样写出一篇具有口碑传播性的软文？首先，企业应该找到一些比较权威的人士在博客中宣传产品。一位具有辨识度的人物推荐一个产品，可能比1000个人同时推荐一个产品效果更好。

知名媒体人卢松松曾经在自己的博客发表了一篇文章——《4个网络书店

的创意模式》。在这篇文章中，卢松松向粉丝们分享了四种类型的网络书店，而且在每一个网络书店后面都附有网址，同时分别解释了这些网站的特色和作用。卢松松在文章末尾特别注明："这篇文章不是软文，只是自己购买书时网上发现的网站，觉得不错，特予分享！"

在卢松松的博客上，这篇文章的浏览量达 4000 多次，留言有 250 多条。而且看过这篇文章的读者都会点击文中附的链接，还有 50% 的用户会选择注册其中两个网站。这篇文章实际上达到了软文的口碑传播效果。

其次，做好口碑推广，文案创作者要敢于自己分享。产品要想打开市场，必须借助口碑相传。例如网络推广红人牟长青，一开始认为自己文章写得不错，同时非常善于分享，便在自己发的每一篇文章的标题上都加上"牟长青"三个字。随着被采集次数的增多，最终牟长青成了权威人士。

最后，极致的口碑推广必须立足于产品和品牌本身的建设。包括起一个朗朗上口的品牌名，例如汽车界的奔驰、宝马，很容易让人联想到品牌的特性。同时，在产品设计上要符合消费者的习惯，例如服务的速度、消费流程、使用方便与否等都有直接影响。

2.7 案例一：格力电器公司开辟的侧面战场

在中国电器行业，尤其是空调行业，成立于1991年的珠海格力电器公司稳稳占据“寡头”位置。从“让天空更蓝大地更绿”，到“掌握核心科技”，再到“格力，让世界爱上中国造”，格力电器在广告营销中从未停下创新的步伐。

硬性广告营销策略大获成功的同时，软文营销成为格力电器开辟的侧面战场。格力电器频频出现在各大门户网站的科技、行业资讯、焦点人物版面。在微博、微信朋友圈，关于格力电器的讨论和软文，其点击率和阅读量居高不下。

2.7.1 约架与破格行动

在2013年中国经济年度人物颁奖典礼上，格力电器董事长兼总裁董明珠与小米科技董事长兼CEO雷军的十亿对赌震撼业界。5年之后，究竟是代表着传统制造产业的格力电器通过实体与电商结合走得更远，还是基于互联网迅速发家的新科技企业小米凭借新技术、新思路抢占更大的市场份额？这个话题引发了千万网友的热烈讨论。

无论最终董明珠在这场交锋中能否取胜，毫无疑问，中国乃至世界都将记住格力电器是一种企业发展模式的代表。董明珠和雷军的十亿对赌，也标志着格力电器彻底打开了互联网化转型的视野。

2015年8月初，董明珠向媒体直指国内有公司到格力电器挖人。网友纷纷猜测，董明珠所指为另一电器巨头美的集团。格力电器和美的集团共同推动了中国家用空调产业的发展，也因此成为最大的竞争合作对手。对于董明珠没有点名的指责，美的集团董事长方洪波回击：只要是珠海那家企业的人，我们绝不会用。

董明珠在珠海参加第一届珠江西岸装洽会时，曾接受媒体的访问，与方洪波隔空叫阵，让媒体到北京酒店查看入住名单，便可以弄清楚美的集团有没有到格力电器挖人。董明珠提到的北京酒店，指的是一家位于珠海前山的酒店，这家酒店距离格力电器只有五六个公交站的距离。

美的集团不是格力电器针对的第一个竞争对手，此前，志高、长虹、海尔、奥克斯等空调品牌都遭遇过格力电器的针对性评论。网上购物平台苏宁易购联手六大空调企业，发起“破格行动”，连发六张言辞犀利的海报，暗指格力电器。

六张海报分别针对格力电器的六大短板：“变脸比火气，你行！变频拼冷静，我行！——海信集团”；“高价产品玩假摔，你行！高质省钱真功夫，我行！——健康空调奥克斯”；“十亿任性赌局，你行！十分军工品质，我行！——长虹空调”；“侵权盗版，你行！自主专利，我行！——海尔集团”；“做梦一统天下，你行！省电一晚一度，我行！——美的”；“大姐站台，你行！大哥代言，我行！——志高空调”。

对于“破格行动”，董明珠在接受媒体采访时只是以“无聊”作回应。自2014年下半年以来，董明珠频频成为焦点人物，几乎“天天上头条”。这一切都是因为格力电器定下的1400亿元的年终目标。作为空调行业的龙头企业，格力电器在渠道上拥有绝对的话语权，成为业内最担忧的对象。行业危机一触即发，董明珠不时见诸报端，一次次成为话题人物。海尔集团发布了一篇名为“阿姨阿姨我们不约”的软文，一时间传遍全国。

2.7.2 格力“出格”

无论竞争对手发布了多少篇充满“敌意”的软文，格力电器仍然顺利地完成了2014年总营业收入1400亿元的目标，并且第三次获得国家科技进步奖。面对媒体，董明珠一次又一次地侃侃而谈。也许，在董明珠带领下的格力电器摆脱不了与同行、企业家，甚至是网友打口水战的情形，但是，所有人都能清晰地感知到格力电器现在和未来的力量。

董明珠是不折不扣的“营销女王”，她深知，仅仅依靠话题性的新闻报道不过是哗众取宠，只有从消费者本身的利益角度出发，才能赢得消费者的心。于是，不论是在电视广告还是在软文中，体现出的都是格力空调省电、省钱的好处。董明珠亲自上阵，在广告中宣传：新品光伏中央空调利用太阳能，可实现不用电费。而和她一起出现在广告中的万达集团董事长王健林回复：那我每年可以节约电费10亿元。

董明珠希望消费者一提起格力空调，想到的就是“好空调格力造”。并且，格力电器早已将目标扩展至全球市场。2015年9月22日，中国制造行业的多位企业家又一次齐聚珠海，见证格力电器发布的新的品牌口号——“格力，让世界爱上中国造。”

“格力:为你讲述一个中国造的新故事”,是一篇发表在新浪科技版面的软文。软文从“中国造,是一个国家的尊严”、“中国造,是迎接新工业革命的基石”、“中国造,是中国企业家的历史使命”三部分介绍格力电器为在世界范围内推进“中国造”进程而进行的智能研发和自主创新。

格力电器还将软文营销战场延展至微信朋友圈。2015年9月23日，一篇软文在微信朋友圈炸开了锅：“我是董明珠。制造业是国家强盛的基础。我愿意为中国造奋斗。让世界爱上中国造！”网友纷纷留言点赞，还高调截图转发，甚至对此进行原创性的内容创作。

在“六赞六反”环节，只要网友对这篇软文点赞，格力电器会回赞：“你已为中国造贡献力量。”格力电器用如此巧妙的方式塑造起“中国造”代表的形象，风头一时无两。此外，董明珠登上《人民日报》，在微博上点名各大媒体，发起微博话题“开机画面必须是我”，以及“预设 99 张照片不能删”说法的流出和否认……所有事件的发生不过在一周之内。

除了火爆社交媒体的热门话题，各大门户网站都有一个共同的名字叫“董明珠”。所以说，软文和广告是格力电器营销的两大法宝。董明珠看似“出格”的举动，让她自己和格力电器成为媒体竞相追逐报道的新闻，以及网友热议的对象。其实，在这个“营销活动就怕没有声音”的时代，格力电器已经在软文营销竞争中将对手远远甩在身后。

2.8 案例二：甲骨文超级码网络推广

甲骨文超级码是甲骨文科技开发出的一种移动溯源营销微平台。只要应用甲骨文超级码平台，企业可以获得一枚企业超级码，并将其与溯源码合二为一。消费者通过手机移动客户端扫码，即可访问企业的微商城，随时随地了解企业信息、下单购物、在线积分。同时，企业可以对系统原有的真伪查询、渠道防窜、信息溯源、会员积分等进行管理，并进行产品宣传和营销。

甲骨文超级码首先选择在网络平台上针对企业进行软文推广。甲骨文超级码发布的软文围绕着一个核心思想：随着互联网的发展，世界已进入移动营销时代。而为了吸引企业，甲骨文超级码在软文中主要传递的观念是：码上开始启用，让您的企业深入人心，让您的产品无处不在。

2.8.1 超级码搅动博客圈

在推广初期，甲骨文超级码经常写软文发布到网络媒体上，包括中国电子商务入口派代网、互联网综合平台 A5 站长网、卢松松博客，以及创业邦等知名网络媒体。由于从事微信营销，甲骨文超级码发表了多篇有关微信营销和创业的软文，因此结交了很多做微信营销和电商的朋友。

甲骨文超级码在博客圈发表了一篇文章："移动营销的时代来了，您准备好了吗？"

博文第一段营造出一个充满变数的环境：跨界已经成为无法阻挡的趋势，未来的行业竞争是跨界公司取胜。

接下来，博文以沃尔玛在全球关闭多家超市为例，说明移动营销时代势不可挡。然后，软文举出马云说的"传统零售行业与互联网的竞争，就像在机枪面前，太极拳、少林拳是没有什么区别的"，说明在跨界领域，只有采用精准营销的企业才能生存下来。

最后，博文点明主题：在移动精准营销的时代，甲骨文超级码将带来又一次的革新，让企业营销更简单，让品牌溯源更直观，让产品宣传更到位。同时附上咨询电话。

这篇博文顺应移动互联网潮流，推出移动营销的概念，一时间成为博客圈的热门博文，在微商、电商中掀起一股学习潮流。甲骨文超级码也迅速在网络平台预热。随后，博客圈又出现了一篇名为"甲骨文超级码，你想干嘛就干嘛"的软文，堪称软文经典，阅读量超过 1000 万次。

这篇博文的引言部分精彩绝伦：无数人错过了 1998 年马化腾推广 QQ 的时机，如今一个 5 位数的 QQ 号值几万元；无数人错过了 2003 年马云推广免费开淘宝店，10 年间淘宝造就了无数个亿万富翁；无数人错过了 2009 年曹国伟推广微博，如今一个微博搞笑排行榜一年净赚 1500 万元。此时，一个大好的机会降临了，如果错过了甲骨文超级码，想想自己会损失什么？博文正文以四个大大的问号开篇：是否还在为实体店投入成本感到焦虑？是否还在为客户忠诚度而感到苦恼？是否还在为新产品开发闭门造车？是否还在为渠道开发维护而担忧？

然后博文提出，如果想要打造一个有影响力的品牌，企业应该思考什么？接下来，博文讲述购物方式的变迁（见图 2-5）。十年前，消费者会为了寻找一件满意的商品而走遍大街小巷。然而现在，无论何时何地，消费者只需打开电脑，足不出户就能享尽海量商品资讯。问题是，难以想见，未来主流的购物方式会是什么？

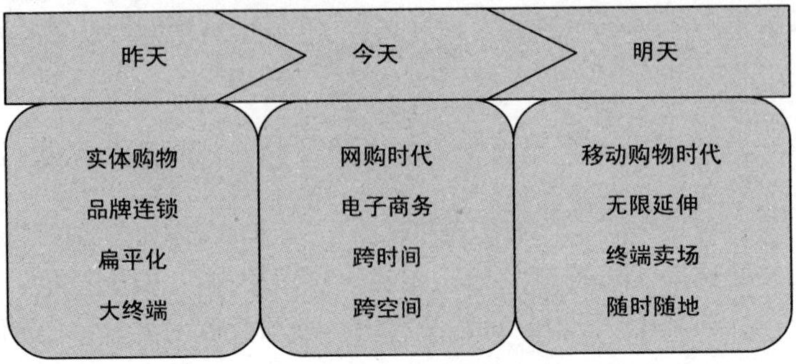

图 2-5　购物方式的变迁

然后，博文列举数据：2014 年，中国网购市场交易额达 2.8 万亿元，占社会消费总额的 10.7%，同比增长了 48.7%。其中 PC 端和手机端呈现爆发式增长，占比 38.9%。保守预计至 2016 年年底，手机端购物将增至 40%。

博文适时提出，率先掌握移动购物的企业才是未来的赢家。而甲骨文超级码能够帮助企业打造移动掌上商城。为了证明移动端在未来购物领域所占的比重，博文还列出了 2010—2016 年中国网购交易额 PC 端和移动端的占比柱状图。从统计图中可见，随着时间的推移，移动端交易占比越来越大，已经超过 1/3。

最后，博文正式介绍甲骨文超级码，包括使用流程和具体的使用场景。在介绍使用流程时，博文以一张循环图说明运用甲骨文超级码平台实现循环购物的过程：扫描下单→原厂发货→物流送货→防伪溯源→申请会员→会员促销。然后软文配了 6 幅图，具体到使用场景。

为了增加吸引力，博文末尾推出优惠尝鲜价，以及“免费入驻甲骨文超级码移动购物商城 APP”的条件，并附上全国免费咨询热线和网站链接。

凭借此文，甲骨文超级码实现了变现过程，注册人数超过 5 万人，入驻企业达 3.2 万家。

2.8.2　在朋友圈遇见超级码

除了在博客圈发表软文引起一股热潮，甲骨文超级码还在微信朋友圈掀起了一阵时尚。2014 年圣诞节期间，一首名为“遇见”的“散文诗”传遍朋友圈，塑造出甲骨文超级码“防伪保真的角斗士”、“窜货溯源的侦察兵”、“积分营销的操盘手”、“移动购物的领航人”等形象，说明甲骨文超级码为消费服务而活的产品理念。

能够把移动营销平台形容得如此有情怀的公司，除了甲骨文超级码，恐怕难以找到第二家。此外，甲骨文超级码以普通人的视角，发起了一场征文活动——“我和超级码，一场美丽的相遇，一个不得不说的故事”，讲述现代都市人群是如何与甲骨文超级码密不可分的。

美丽的女白领温迪通过甲骨文超级码挑选到一支心仪的红酒，因为经过手机拍摄，温迪可以读到某支红酒的全流程溯源信息，包括境外酒庄信息、入境证书及厂家质检说明。当天下午，温迪和姐妹们相约咖啡厅，在等待的过程中，发现咖啡厅也有超级码购物手册，便开始兴致勃勃地体验。在与姐妹们逛街时，温迪发现超级码的身影随处可见。最后，温迪一行人感叹，现在企业运用二维码的宣传无处不在，要随时了解自己喜欢的产品动态将越来越方便。

故事背景切换至新手奶爸卡尔的家中。一天晚上，新手奶爸卡尔独自在家看小孩，不料面对哭闹的孩子手足无措，想去泡奶粉却发现奶粉罐空空如也。可是，卡尔也不可能带着孩子出去购买。正当焦头烂额之际，卡尔在奶粉罐上发现了一个超级码。卡尔抱着试一试的心态用手机拍摄超级码，结果直接进入了企业的移动商城，还可以选择附近门店送货。卡尔对于解了自己燃眉之急的甲骨文超级码大加赞赏。

甲骨文超级码还频频被各大新闻网站报道。“助力会稽山酒业、伽蓝集团实现产品全流程溯源监管”，“全新溯源云系统上线”，“技术研发中心正式成立”，都成为媒体软文的主题。可以说，甲骨文超级码的网络推广，以软文为立足点，实现了全方位的宣传。

03

软文与硬性广告整合营销

如果没有互联网的冲击，传统广告业或许可以走得很远。国际知名的4A广告公司智威汤逊、奥美、灵狮、李奥·贝纳等，仍然可以靠着出色的广告创意策划完成各个企业的营销工作。这是硬性广告的杀伤力。然而，网络的发展使人们不再满足于这种强行灌输式的广告轰炸，这时，“润物细无声”的软文出现了。于是，一大批新型互联网广告公司迅速崛起，通过受众定位、数据分析、实时监控、口碑等，帮助企业实现整合营销。

3.1 软文的生命力与硬性广告的杀伤力

软文的概念是相对于硬性广告而言的，因此，软文的出现有其必然性。软文以其隐而不发、藏而不露的特性，能够随时代的变迁而不断延伸自己的生命力。而硬性广告的长驱直入和直率坦白，也体现出了巨大的杀伤力。企业只有将硬性广告的杀伤力与软文的生命力相互配合、整合营销，才能在互联网时代走得更远。

3.1.1 安飞士甘当第二

曾经，在美国广告业的全盛时代，位于纽约曼哈顿的麦迪逊大道上云集着大大小小数百家广告公司。从这些广告公司里，走出了大卫·阿博特、大卫·奥格威、约翰·贝文斯、威廉·伯恩巴克、李奥·贝纳等影响深远的广告大师。

在这些广告大师的笔下，诞生了一个个经典作品。在广告业的黄金时代，硬性广告的杀伤力体现得淋漓尽致。威廉·伯恩巴克为租车公司安飞士推出了一则“第二名定位”的全新广告。广告标题是：“安飞士只是出租车业的第二名，那为什么与我们同行？”

这则广告开创了美国历史上第一个“甘当第二”的广告先河。尽管在当时这一大胆创意遭到了许多人的反对，因为没有人会认为公开承认自己不如人有多么光彩。不过，这则广告一经刊播，消费者关注的目光如潮水般涌来。

一时间，安飞士成为街头热议的话题，文案产生了相当强烈的宣传效果。广告推出两个月之后，安飞士公司就奇迹般地扭亏为盈了。当年就出现了120万美元的盈余，第二年公司营收额达到260万美元，第三年这个数字达到500万美元。

那个时候的文案创作者为了写出最具杀伤力的广告，可以以身犯险钻到悬挂着的车身下，只为证实这辆汽车有着高超的悬置系统，值得消费者把生命托付于这辆汽车；也可以为写一则乡村旅游广告，徒步从威斯敏斯特大教堂一直翻越到英格兰乡村田园风光；更可以为了给新西兰国家旅游局写宣传文案，从澳大利亚只身流落到新西兰探险之都皇后镇孤寂的后街……文案创作者可以生活在浴室、在厕所，也可以生活在最偏僻的角落，而在最繁华的中心也能如鱼得水。

然而，如今的社会环境对于文案创作者来说，并没有那么友善了。一家著名广告公司的创始人卡尔·艾里认为，市面上出类拔萃的广告极少，而令人生厌的广告也很少。大部分的广告只能算过得去。这并不是广告业独有的现象，包括饭店业，出色的饭店没有多少，而大多数饭店既算不上好，也算不上坏，只能说马马虎虎可供人们用餐。因此，无论哪个行业，想要把事业做得出色，都需要花费一番力气。

企业必须明确，在同一天内，消费者可能读到1600份其他广告。而文案创作者的工作不是写一本让人买的小说，也不是写人们消遣时爱看的喜剧系列。其实，文案创作者写的是大部分人想要避开的东西。这就是广告业的悲哀，也是不容辩驳的真理。

文案创作者渐渐发现，没有人关心企业又在报纸上发表了些什么东西。一般人不但不喜欢看广告，更对广告产生了抗体，就像昆虫在某一天对DDT产生了抗体那样，人们似乎已经对广告免疫。

在这种情况下，一种新的广告形式呼之欲出——软文营销。软文营销是企业广告营销开辟的侧面战场，同时也是企业打的一场持久战。软文营销没有华丽的文字，没有震撼人心的画面，而是以家常话般的推心置腹，将产品和品牌的好处娓娓道来，一字一句都是为消费者的利益着想。

3.1.2　帮萨沙太太节省 2995 英镑

一家企业从消费者的利益角度出发，从短期来看，似乎毫无收益，然而，这样的企业拥有强大而持久的生命力。一名资深营销人员举例：英国有一家著名的 DIY 家装连锁店，从一家默默无闻的小店，成长为全英首屈一指的家装连锁店，其成功的秘诀就是为消费者省钱。凡是进入店中的消费者，每位员工都会主动了解消费者的需求，而不是推销产品。员工的首要职责是告诉消费者选用哪些装修材料和工具，既能满足当前的要求，又是最省钱的方案。

萨沙太太为了解决一个难题，到这家店内寻求帮助，她向员工提出，希望购买一套价值 3000 英镑的工具。然而这名员工为她提供了一个简单的解决方案，只花了萨沙太太 5 英镑。萨沙太太十分感动，此后凡是有朋友需要购买家具，都向朋友推荐这家商店。靠着一则又一则为消费者着想的实例，这家商店以零广告费问鼎英国家装连锁店。

软文是最能打动人心的营销方式，也是具有最强生命力的广告形式。若要写一篇直击人心的软文，只需要丢掉文案创作者的身份，假设“你是在与你右手边的那位妇女交谈”即可。

如果文案创作者要为汽车厂商写一篇软文，不要站在汽车生产厂家的角度，罗列这款汽车有多么优良的性能。相反，文案创作者应该假设自己是在晚宴上，帮助坐在右手边的那位妇女排忧解难：“我考虑买一部新车，您推荐哪个牌子？”

一则推销清洁剂的软文，文案创作者以一个朋友的身份，告诉家庭妇女他人或自己清除污渍的经验，往往比仅仅对消费者说“用林索清洁剂可以洗得更白”有效。而林索清洁剂正是以这种方式，成为历史上阅读量最高和最令人难忘的清洁剂软文。

软文应该抓住消费者的心理，这样很可能让人们读完一份长达 5 页的软文而不会产生丝毫厌倦。撰稿人克劳德·霍普金斯接受委托，为喜力滋（Schlitz）啤酒写一篇推广软文。因为在当时，所有的啤酒生产商都在展示自己生产的啤酒是最醇厚的啤酒，克劳德·霍普金斯的宣传也必须强调这一点。

不过，克劳德·霍普金斯不是以一个高高在上的啤酒生产商的身份，而是从一名普通消费者的角度出发，走进喜力滋啤酒的生产工厂，与工人一问一答，借此全方位展示全套生产工艺，尽管这只不过是当时美国啤酒行业中最基本的工艺规范。

最终呈现在消费者面前的是一篇长达 5 页的软文。不过，由于全篇都是充满善意的对话，消费者都津津有味地读完了软文，喜力滋啤酒的销售额也从第五位上升到第一位。可见，在提高销售额和品牌地位方面，软文的生命力与硬性广告的杀伤力相得益彰。

3.2 软文融入硬性广告中

软文的生命力与硬性广告（以下简称“硬广”）的杀伤力决定了企业在运用广告营销策略时，不能割裂两种广告形式，而是要将软文融入硬广中，既大胆坦白又潜移默化，进而影响消费者的购买决策。例如广告大师大卫·阿博特就为苏格兰威士忌品牌芝华士写过一则经典文案。

3.2.1 芝华士献给父爱的赞美诗

软文以一个对父亲充满感激之情的儿子的口吻，讲述从童年的红色 Rudge 自行车、草坪上的蟋蟀、厨房腰围抹布的翩翩起舞，到父亲的支票簿、家的书香和欢笑、看儿子打橄榄球……所有的场景都有父亲的陪伴。后来，儿子长大了，父亲也白发苍苍，升级为了不起的祖父，让儿子的妻子感受到家庭的接纳，还为儿子省钱去吃麦当劳。

父亲总是会在儿子需要的时候陪伴在儿子左右，而且允许儿子犯错误，却从来没有对儿子失去耐心。儿子早已识破父亲为了不让他人担心，假装只在阅读时才需要眼镜。儿子意识到自己没有像应该做到的那样经常对父亲表示感谢。因为今天是父亲节，如果父亲不值得送芝华士，还有谁值得？

这篇软文没有标题，大卫·阿博特本人对此的解释是：这篇软文是关于芝华士的，但也是自己对于父亲的真情流露。也许让软文没有标题是一种冒险，但是读者的体会各不相同。在某些人眼中，这篇软文可能是感伤的，而另一些人则可能认为软文是生动的。如果需要为这篇软文强行添加一个标题，读者立刻会意识到这么做是不妥的。

与其说这是一则广告，不如说这是一段亲情的告白、一篇赞扬父爱的散文诗。如果没有最后一句，任谁都不会将之定性为广告。广告也可以仅仅抒发文案创作者的心声，当然，是代表消费者抒发心声。无形的力量才能俘获消费者，关键在于张弛有道。

对于众多中国企业而言，别说是 500 亿元的广告，即使是 500 亿元的营业额都只是少数。怎能采取狂轰滥炸的广告模式呢？最好是将软文融于硬性广告中，在拥有杀伤力的同时，还获得了持久的生命力。

软文的一大好处是成本不高。据统计，植入软文的花费大概为百万元级别，低于硬性广告成本的 1/10。以车企为例，广汽传祺曾经植入《变形金刚 4》，以较低的投入实现了国际影响。因为广汽传祺 2014 年的销售量为 11.6 万辆，盈利仅为几亿元，可以想见，公司在广告方面的投入不可能过多。

3.2.2 车企与影视圈的联袂演出

东南汽车将目光对准了软文植入，旗下的 V3 菱悦出现在电视剧《裸婚时代》中，带动该车销量破万，一举成为公司的支柱品牌。软文植入自然，能够将产品巧妙地融入节目和游戏的情节中，让观众不知不觉地对产品留下印象。而且，许多产品能够在剧中起到推动情节发展的作用，牢牢占据一席之地。

例如植入电视剧《何以笙箫默》的海马汽车，利用剧中人物的特性，为角色配备不同风格的车型，扩大了产品认知，提升了品牌形象。电视剧播出后，海马汽车的百度搜索量和实体销售店的消费者人数大涨。

2015年2月2日，美国国家橄榄球年度冠军赛超级碗比赛当天，每秒广告费高达15万美元，转播商和组委会拿走7.8亿美元，其中，车企贡献了50%的金额。而中国车企面临着比美国更为庞大的汽车市场，因此也不甘落后，频频亮相各大电视选秀节目。包括《奔跑吧兄弟》的赞助商凌渡、《极速前进》的赞助商英菲尼迪、《爸爸去哪儿》的赞助商长安马自达、《中国梦想秀》的冠名商长安福特等。

目前，产品植入主要有两种方式。一种是在节目中由主持人无数次重复播报的硬广，例如《奔跑吧兄弟》的开场白："奔跑吧凌渡，奔跑吧兄弟。本节目由上海大众汽车奢饰宽体轿跑凌渡冠名。"另一种是将产品融入电视剧或综艺节目游戏中的软文，例如植入《何以笙箫默》的福美来M5和海马S7。

作为企业广告营销的两种做法，通常认为，软文具有更好的效果。相对于硬广，软文更容易让观众接受，而且能在潜移默化中影响消费者。对于企业而言，软文的性价比更高。而最佳的做法是，采用两者结合的植入方式，将软文融入硬广中。

硬广简单粗暴却代价高昂，并且常常给消费者造成视觉上的压力。英菲尼迪更豪掷几千万元，赞助《爸爸去哪儿》，品牌知名度迅速上升至一线豪华品牌，2014年销售3万辆，造就"敢爱"品牌。

上海大众为凌渡推广项目在《奔跑吧兄弟》上耗资4亿元。尽管此前该车型存在自燃、断轴等丑闻，但凌渡汽车一上市便提价。长安福特在《中国梦想秀》节目的冠名费超过5000万元，虽然2014年长安福特没有一款新车型上市，但增幅仍然是主流合资企业中最快的。当然，这些企业都是颇有资本的。根据各车企财报，2014年，上海通用盈利174亿元，长安福特盈利144亿元，上海大众的利润远超前两者，而一汽大众的利润达到500亿元。

与硬性广告相比，软文的精妙之处在于一个"软"字，软文能够将宣传内容与软文内容完美地融合在一起。消费者在阅读软文的时候，既能了解文案创作者所要宣传的东西，又能得到消费者所需要的内容。因此，一篇好的软文是双向的。

营销大师费瑞兹认为，拒绝是消费者的天性。消费者之所以愿意接过传单广告，更多的是因为同情之心，然后便会看都不看就把传单随手扔进垃圾桶。打开网页时，人们做的第一件事就是关掉弹窗广告。人们购买各种视频网站的VIP账号，运营TB视频网站账号，只是为了跳过前60秒贴片广告。因此，无论是面对传单硬广还是网络推广，消费者的本能反应是抵触和拒绝。

在传统的硬广推送逐渐失势的情况下，软广的影响力日益凸显：从消费者被迫接受变成主动阅读，化推力为拉力。而将软文融入硬广中，则是广告营销的一大创新。将硬广的杀伤力与软文的生命力融合，为企业推广赋予巨大而持久的力量。

3.3 软文与硬广相互配合，把用户变成粉丝

硬广失势，软文崛起。作为各大企业开辟的侧面战场，软文如果想靠单打独斗一统天下，无疑要付出更大的代价。而且，由于各大企业已经在硬广营销上投资巨大，企业没有理由让自己的投入戛然而止。因此，最明智的方法是，软文与硬广相互配合，彻底让用户变成粉丝。

3.3.1 《小时代》粉丝资本管理

在粉丝经济时代，企业只有靠营销俘获一大波粉丝，才有可能拥有无限的增长潜力。无论是果粉、米粉，还是魅友（魅族手机粉丝群体的称呼，也叫“煤油”），手机销量暴涨的背后，支撑的力量无疑是粉丝用户群体。

在文娱圈，《小时代》系列可以说是发掘粉丝资本的最佳范例。无论是图书还是电影，都显示出郭敬明对粉丝资本的管理水平。上映首周，《小时代 4》的票房就达 4.57 亿元，《小时代》系列电影总票房超 18 亿元。然而，《小时代》系列共四部电影加在一起的投资只有大约 2.2 亿元人民币，这个电影系列的投资回报率已经超过了 250%，如图 3-1 所示。

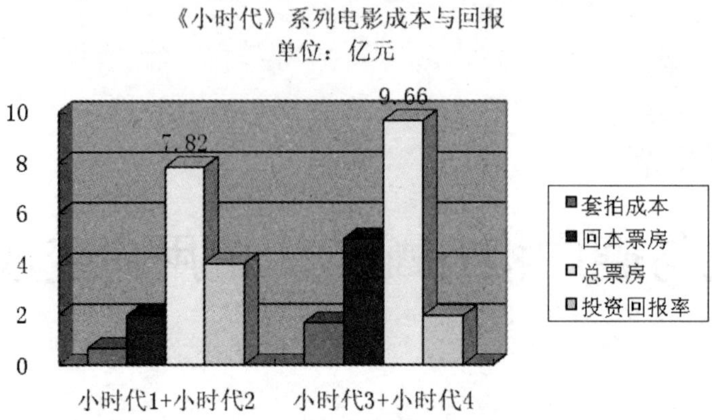

图 3-1　《小时代》系列电影投资回报情况

怎样才能将软文与硬广巧妙配合起来，把用户变成粉丝呢？首先需要了解用户的需求，用户希望得到怎样的体验、愿意为哪些产品埋单。郭敬明知道自己的用户喜欢什么、接受什么，接下来的成功只是水到渠成。

与其将郭敬明定位为导演，还不如将其定位为出色的产品经理。《小时代》系列出品方乐视影业总裁 CEO 张昭认为，郭敬明有没有拍过电影不重要，重要的是，郭敬明能够创造好的用户体验，并且对产品、票房负责任。

此外，《小时代》系列的营销也依靠媒体和社交平台制造现象级话题，在粉丝中引起轰动，进而吸引越来越多的观众走进电影院，解开之前各大话题抛出的谜团。

对于郭敬明来说，电影项目开始的那一刻就意味着营销的起点。2013 年 11 月 24 日，郭敬明发了一条微博，宣布《小时代 3：刺金时代》将于 2013 年 12 月正式启动的消息。还配有一张海报，上面是一把沾着血的手术刀。

在接下来长达 8 个月的时间里，郭敬明一直透过微博这个平台向外界，主要是铁杆粉丝传达整个项目的进展情况。包括拍摄完成前，透过各大媒体和社交平台公布新角色，并发布定档照；提早锁定 2014 年 7 月 17 日的档期，发布了一些片场的拍摄照片；在宣传期还有密集的海报、预告片、音乐 MV 、特辑，以及各种“幕后”解密，即使是那些对这部影片丝毫没有兴趣的观众群也无时无刻不在被有关这部电影的信息“袭击”，而且达到的效果是，就算用户没有看过原著小说，也能根据这些宣传信息对剧情猜个八九不离十。

而就在《小时代3》上映之前的最后一天，郭敬明一口气发了7条微博，是这几个月以来微博发布量最多的一天，这些微博无一例外都与电影有关。其中有一个“剧组七宗罪”的自黑视频特辑、一套新版的主创人员海报，以及“《小时代3》的100个小故事”的最后一个。此外，郭敬明还发布了第二天上映的影片中由男主角陈学东演唱的插曲《不再见》的MV，并提醒观众片尾最后会有彩蛋，当然郭敬明也没有忘记感谢院线给予大量排片的支持。

3.3.2 个人微博如何变成营销中心

郭敬明则把个人微博变成了《小时代》系列电影的营销中心，这也是电影在营销方面的最大创新。因为之前的电影线上宣传都是成立一个官方微博，并不时地发布一些关于电影的新闻、海报和预告片，从而承担起线上制造话题并辅助线下宣传的作用。

但是郭敬明直接把拥有3300万粉丝的个人微博账号变成了《小时代》系列电影的营销中心，发布所有关于《小时代》的重要新闻、剧照、海报、预告片、歌曲MV、视频特辑等，以及与院线的合作，再通过其他几位主演的个人微博、合作方等让这些信息传播得更广。所以进入郭敬明的个人微博可以看到，整个电影宣传期间，没有任何一条微博是与电影无关的，而粉丝也可以通过这些信息了解整部电影。

这样一来，整个系列电影的宣传周期就会显得特别长。《小时代3》宣传总监刘菲曾出现在“《小时代3》的100个小故事”中，曝出所有出现在郭敬明微博上的宣传信息，其制作和投放计划早在电影上映前9个月就开始了。电影开拍前，郭敬明已经制定了平面宣传物料的整体方案，工作人员每次发给郭敬明的视频物料都会得到逐条详细的修改意见。所以郭敬明是所有宣传信息和媒体消息的统一出口。

《小时代3》通过郭敬明的个人微博共发布了29支视频，包括2支预告片、

6支MV、21支制作特辑及花絮。平面包括15个系列共167张海报，以及300张以上剧照。项目启动发一张“手术刀”海报，原角色演员回归发布粉色系海报。四位男主角站在一起叫“刺金”，四位女主角聚在一起叫“雪迹”，所有主演一起的叫全角色主海报，而电影快上线时还有院线终极海报。尽管时间不同、风格各异，但一眼望过去，观众一定知道那是《小时代》的海报。

3.3.3 给文艺片裹一层糖衣

除了青春片，“严肃电影”也可以借助软文与硬广的相互配合，把用户变成粉丝。例如《归来》、《白日焰火》、《狼图腾》等，被认为创造了文艺片的最好票房成绩。而这些在票房上赢得“尊重”的电影，无一例外都选择了以商业电影的外壳进行文艺内核的包装。

例如张艺谋离开张伟平后拍的第一部作品《归来》，在宣传之初，整部影片就迎来了第一个问题——张艺谋超生事件。后来该事件通过“无特权”、“遵循老一辈传统思想”等话题得以妥善解决，顺利扳回了张艺谋的正面形象。此外，《归来》还大打催泪牌，并请来国际、国内大师助阵，找到国际大导演史蒂文·斯皮尔伯格、李安、诺贝尔文学奖得主莫言等有国际影响力的名人“现身说法”。

同时，《归来》借戛纳展映宣传，包括张艺谋与戛纳电影节的爱恨情仇、张艺谋和巩俐的过往，以及张艺谋首次把女儿张末介绍给巩俐（张末曾声称巩俐破坏了她的童年）等都持续引发话题关注。这些话题把张艺谋的品牌价值做到了最大化。

其实，如果文艺电影传递的核心价值对于现在的年轻观众而言显得过于苦涩，那么在中国目前的电影市场环境下，可以涂抹上一层甜蜜的商业元素，运用媒体和社交平台制造出现象级话题，观众才有兴趣为之埋单。

借鉴电影圈的做法，企业在推出产品之前，除了投放硬性广告，还可以制造一些现象级话题。通过关注与产品相关的话题在互联网、百度搜索、百度指数、微博指数等平台上的数据，预测产品能否收获一大批粉丝。

3.4 黄金分割法则的运用

软文与硬广整合营销存在一个比例问题，而为了让营销效果达到最佳状态，软文广告与硬广的搭配应该接近黄金分割点。黄金分割法则在生活中被人们广泛运用。科学实验证明，无论是在审美、阅读还是在接受信息方面，人们最能接受符合黄金分割法则的图片和信息。

因此，广告营销应该具备科学的结构，符合黄金分割法则。从软文的概念出现开始，软文营销一直在中国的营销词典里占据着很重要的位置，因为软文曾经以较低的成本创造了一个又一个市场奇迹。

3.4.1 光大银行营销新策略

软文在各行各业都是备受企业青睐的营销利器。不过，真正将软文营销推向巅峰的则是中国医药保健品行业。在这个领域，软文造就了脑白金神话。因此，软文成为后来的医药保健品营销的必备技巧。

不过，随着时间的推移，消费者的鉴别能力日益增强，对软文产生了极强的免疫力，软文的功能也在逐渐丧失。于是，很多企业面临的状况是：为旗下的许多产品投放了多个整版软文广告，接到的咨询电话却寥寥无几。针对一些企业认为软文没有市场的看法，细心的市场观察人士摇头否定。因为人们惊喜地发现，市场上仍然有很多产品依靠软文创造着销售奇迹，包括好记星、肠清茶、木竭胶囊等。

软文营销必须有硬效果。根据市场调查，最有效的广告营销策略是软广告与硬广告的适当配合。同时，软文与硬性广告的比例越接近黄金分割比例，广告营销越具有冲击力。另外，软文中图片和文字的比例如果符合黄金分割法则，则不容易让消费者产生审美疲劳，在浏览时更感轻松舒适。

除了保健品行业，在金融证券领域，软文与硬广的比例如果符合黄金分割法则，也可以达到理想的效果。例如中国光大银行委托随视传媒制作的广告推广，推广方案主要依托垂直媒体和社交网络在内的网络媒体平台。

通过网络媒体平台实现精准广告大幅面曝光，以此在全国范围内打响中国光大银行“乐购车”信用卡汽车分期业务和“缘系存贷合一卡”的知名度。软性传播主要在于建立口碑，对消费者进行品牌的正面引导，同时提升“乐购车”网站专区的在线预约人数。

随视传媒遇到的广告传播挑战有两个：一是大范围精准地锁定目标人群，并提升品牌知名度，为活动主站大量导入流量；二是巧妙地借助软性传播配合，建立品牌口碑，同时将关注转化为行动。

首先，随视传媒分析了品牌的消费者属性。产品的目标受众主要是20～40岁的男性，以IT界人士为主，月收入4000元以上。其次，随视传媒分析了媒体的受众属性。目标受众主要浏览的网站是汽车、IT、金融、新闻、房产、体育、旅游等类型。

做好前期分析工作后，随视传媒制定了媒体的策略组合。硬广媒体策略主要以数据为基础，并从三个维度出发，精准锁定目标人群。营销策划书对媒体策略组合进行了说明：第一，第三方平台数据定向，挖掘权威第三方平台高级用户的媒体习性作为筛选参考；第二，目标用户搜索行为数据定向，了解目标用户浏览过的网站，以及访问概率最高的网站；第三，参考2014年同期同行业投放历史数据定向。

3.4.2 随视传媒的多项式优化

软广媒体策略主要采用新闻稿件制造影响力，配合新浪、腾讯、网易、搜狐等各大门户网站和财经网站进行高空拉动。同时，结合 BBS 论坛炒作，制造话题带动汽车、杂谈、生活、门户网站等圈子，形成持续影响。

在硬广领域，随视传媒广告推广计划的创意性在于多种硬广形式的组合运用。结合媒体的特性和广告形式的不同优势，组合运用百度 TV 多媒体浮窗 + 横幅广告，有效提升目标人群接触广告的机会，并充分发挥不同形式广告的效能。

而在软文领域，随视传媒广告推广计划的创意性在于从媒体新闻和圈子话题等不同角度制定传播内容的创意方向。以新闻稿传播内容为例，包括“其乐融融，巧购爱车”、“分期购车由你定，欢乐加油齐分享”、“分期免息无负担，快乐购车享生活”等传播主题。

而在 BBS 论坛，传播内容为“分享凤凰男和富二代女婚姻秘籍”、“听我唠唠分期买车那点事吧”、“也来算笔账，车贷和信用卡分期买车哪个划算些”、“听 85 后孩子念叨新式理财法”等。

在广告投放过程中，随视传媒进行了多项优化工作，包括网站优化、物料优化等。优化之后，网站的点击率明显增加，实现了运用有限的资源最大化找到目标人群的目的。网站的访问人数也明显呈上升趋势。

随视传媒主要从传播到达、品牌提升、销量支持三个方面考察传播结果。在硬广方面，推广达到的效果是参与人数多、传播收益高。据统计，网站的点击次数超过预估次数 12.6 万次以上，超出比例达 59.33%。与此同时，网站点击成本较预估低出 36.99%，千次视频曝光成本较预估低出 12.36%。相较于同行业水平，网站竞争力明显提升，同时此次硬广推广工作拥有较高的性价比。

在软文方面，此次推广工作覆盖面广、影响力大。发布的新闻稿件共 3 篇，加上在其他平台上发布的稿件，共计 48 篇，同时被各大频道推荐。其中，被商业、金融类网站主动转载的软文共计 42 篇。

在 BBS 论坛，主要涉及话题改编、论坛信息完善、原创撰写、转出帖等，共发布 774 篇帖子（其中主帖发送 340 帖，转帖发送 434 帖），总浏览量达 124.6 万，其中有 34 篇帖子的点击量超过 1 万次，182 篇帖子的点击量超过 3000 次。

如果仅仅依靠硬广推广，则企业需要付出极高的成本；而如果只依赖于软文营销，则企业推广很可能面临见效慢的情况。因此，企业广告推广最佳的策略是同时采用软文与硬广，运用黄金分割法则巧妙安排二者的比例，实现软文与硬广的整合营销。

3.5 不同传播途径的配合

软文与硬广必须借助不同的传播途径，同时，各种传播途径需要相互配合。传统的广告营销包括纸媒、电视广告、传单广告、邮件广告等，而在新媒体下，微信、微博、论坛等社交平台也是广告营销不错的传播途径选择。

3.5.1 深圳航空的困扰

以成立于 1992 年的深圳航空为例，目前，该公司已经发展为中国第五大航空集团。通过在电商上的多年精耕细作，深圳航空已经积累了庞大的用户数量。不过至今，深圳航空仍然深受三大问题的困扰。

第一个问题是邮件营销活动类型单一，通常集中在促销类邮件发送，而活动类邮件的策划和开展则相对缺乏。第二个问题是由于企业缺乏有效筛选和细分庞大的用户数据方面的工作，因此无法自动化管理用户数据。第三个问题是缺乏开展邮件营销的专业经验，因此目前已有用户的活跃度和用户体验都相当不佳。

为了走出目前广告营销面临的困境，深圳航空找到智能邮件营销服务商威勃庞尔寻求合作，希望继续保持航空业的领先地位。在 2014 年盛夏，深圳航空借势 6 月电商大战，开展了以“深航电商分享日、6 月好礼大回馈”为主题的电商类营销活动。通过与威勃庞尔的合作，深圳航空以邮件营销为利器，深入激活用户活跃度，促进用户的转化。

回顾此次活动的总体效果可知，活动的平均送达率为 98.69%，与活动类邮件平均参考值相比，此次活动的独立打开率为 16.66%，提高了 3.6 个百分点；而活动的独立点击率为 4.28%，增加了近 66%；独立点击打开率为 25.69%，提高了 30%，如图 3-2 所示。在原有的基础上，深圳航空邮件营销的效果取得了显著提升，而这一切只用了短短一个月的时间。

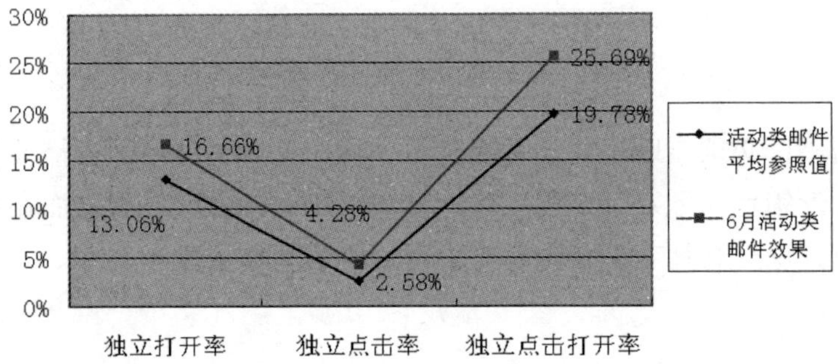

图 3-2　活动类邮件平均参照值与 6 月活动类邮件效果比较

此次营销活动的核心创意与策略主要围绕三个立足点：（1）贴合时下的暑假环境，将当下暑假热点与旅游旺期相结合；（2）提供多种创新性的活动内容和活动数量，保证邮件内容对用户的吸引力；（3）邮件发送分多轮层层递进，提升用户的活跃度。

3.5.2　三轮邮件攻势

为了保证邮件营销活动的专业、严谨，实现资源合理利用及营销效果的最大化，深圳航空全程使用威勃庞尔提供的一站式邮件营销平台和全方位邮件营销策略咨询服务。经过多轮测试，最终，深圳航空选择了三轮邮件营销方式和设计模板，按步骤展开三轮邮件营销攻势。

第一轮邮件发送以吸引用户关注为主要目的。2014 年 6 月 8 日，深圳航空向网站用户发送第一封以“深航电商飞享日——深航网站用户，年中福利专享”为标题的邮件。配合“飞享日”节日事件并紧抓暑假旅游热期，此轮邮件活动有效提升了用户对该活动的关注度，该封邮件的送达率达到 98.15%，点击打开率为 30.29%，超过航空行业邮件营销数据标准值的 1 倍。

第二轮邮件发送更注重数据分析，选择非活跃度用户的二次邮件发送。根据第一轮发送效果报告，深圳航空对用户数据进行活跃度分类。同时，针对在第一轮邮件发送中未打开邮件的用户，进行第二轮邮件发送。邮件标题为“深航电商飞享日——深航年中福利，仅限网站用户”，主要凸显网站用户独享优惠。第二轮邮件成功激活了部分第一轮非活跃用户，邮件的送达率为 98.70%，高于航空行业邮件营销数据平均水平。

第三轮邮件发送主打节日牌，强调活动当天网站用户的专享优惠。2014 年 6 月 17 日是深航电商“飞享日”。这一天，深圳航空向网站用户发送了以“深航电商飞享日——尊敬的深航网站用户，6 月 17 日专享优惠来咯，仅限当天！”为标题的邮件。“仅限当天”极大地增加了邮件的吸引力，邮件的送达率达 99.25%，邮件打开率、点击率和点击打开率均高出航空行业邮件营销平均数值 2 倍。

据威勃庞尔的活跃度统计，6 月份深圳航空独立点击用户和独立打开用户占总用户数量的 50%，活跃度提升了 1/2 以上。深圳航空的邮件营销业务活动取得的显著成效，使之成为航空公司中电子商务的领头羊。

3.5.3 杜蕾斯以礼物换粉丝

除了传统的邮件营销，软文营销还可以借力微信途径传播。微信推广是目前发展得最快的一种传播方式。以杜蕾斯微信为例，此前主要借助微博推广。不过，杜蕾斯也在微信上展开了杜蕾斯小讲堂、一周疑问集锦等。

2012 年 12 月 11 日，微信上出现了这样一条活动资讯：杜蕾斯已经在后台开始了随机抽奖环节，将产生十名幸运儿，每人将获得一份惊喜魔法装。当天的奖品于晚上十点之前送出。如果用户回复“我要福利”到杜蕾斯公众号，就有可能成为十名幸运儿之一。假设世界末日没有到来，在接近圣诞和新年的时分，杜蕾斯还会为用户奉上更多的礼物。活动一出，不到两小时，杜蕾斯就收到了几万条“我要福利”，杜蕾斯以 10 盒套装换来几万粉丝。

运用微信营销的第二个例子是微媒体微信，主要采用“关键字查找 + 陪聊式推广”。作为最早一批注册并完成官方认证的大众账号，微媒体微信大众账号在新媒体推广方面一直表现不俗。而微媒体关键字查找功用更是该账号的杀手锏。

因为用户订阅该账号主要是为了获取信息常识，而微信大众账号每天只能推送一条信息。不过，一条微信远远不能满意所有人的口味，某些订阅者希望看推广事例，而另一些用户更想知道新媒体现状。针对这个问题，微媒体给出的解决方案是关键字查找，订阅者只需发送关键字，如“推广事例”、“微博”等，便可接收到与主题相关的推送关联信息，同时还有陪聊等推广式服务。

3.6 案例一：星巴克没有广告

“我们的店就是最好的广告”，美国大型咖啡连锁店星巴克几乎从未在大众媒体上花过一分钱的广告费。然而，自从1999年进入中国市场以来，星巴克已经开设了超过1600家分店，遍及中国48座城市，在最新的五年规划中，拟定2019年中国门店数达3400家。

在中国沿海城市的几乎每一条街道上都可以找到星巴克咖啡店，而后来新增的门店则大多位于二三线城市。可以说，星巴克已经彻底改变了中国人的观念，人们认为在饭后应该喝咖啡而不是喝茶，以此帮助消化。

3.6.1 最优的体验是最好的广告

这家总部位于西雅图的咖啡公司最重要的市场策略就是通过向顾客提供独特的体验，获得消费者的信任。不同于其他的竞争对手，星巴克为顾客提供高质量的咖啡、雅致的内部装修、舒适的休闲桌椅和悦耳的音乐，强烈吸引了都市小资青年，让青年们将西方的咖啡文化视为现代生活方式的象征。

人们去星巴克并不仅仅是为了喝一杯星冰乐，而是希望感受那种让自己看上去很酷、很潮的“星巴克体验”。于是，星巴克成功将自己打造为值得消费者信赖的品牌，能够卖出高档价位。即使因为原料的成本增加而涨价，也丝毫不会影响星巴克店面外顾客们排队的热情。小资们一边骂着“讨厌”，一边排队进去喝两杯。

自从星巴克进驻中国市场以来，便以每年新增 30～50 家门店的速度扩张。而在 2012 年之后，这个速度更明显提升，仅 2012 年新增店铺就达 204 家；2013 年，这个数字增加至 317 家；进入 2014 年，基本上每天都有星巴克新店开业。星巴克在中国咖啡市场的份额从 2009 年的 12.6% 提升至 2014 年的 37%，如图 3-3 所示。

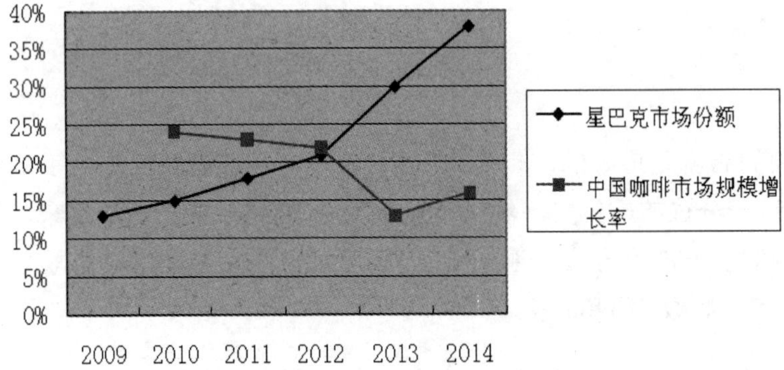

图 3-3　星巴克市场份额与中国咖啡市场规模增长率比较

从 1998 年开始，中国人均咖啡消费量每年以 30% 的速度递增，大中型城市的咖啡店数量以 25% 的速度逐年增加。中国咖啡市场的潜力巨大。怎样与同质化的 Costa 咖啡、太平洋咖啡，以及后来的 Zoo Coffee、咖啡陪你等本土精品咖啡竞争，是星巴克必须解决的一大问题。

星巴克认为，在服务业，最重要的行销渠道是每家分店本身，而不是广告。星巴克不愿花费庞大的资金做广告与促销，因为即使顾客被广告吸引进入店中消费，如果面对的是不合格的服务，营销的效果也将大打折扣。

3.6.2　谨慎又耐心的员工培养流程

星巴克要求每一位员工都拥有最专业的知识和热忱的服务。每一位员工都要表现得像一个咖啡迷一般，对每一种咖啡产品的特性信手拈来，一对一地为顾客详细解说咖啡知识。通过这种方式赢得顾客的信任与口碑，是既经济又实惠的做法，也是星巴克营销的独到之处。

星巴克洛阳泉舜店店长任龙飞介绍，星巴克录用的每一位咖啡师都会提前半年接受考核，因为咖啡师之前的背景不一，而且几乎对咖啡制作零基础。通过考核之后，被录用的咖啡师会被分派到郑州的各个星巴克门店，接受半年左右的培训。

这个过程也是所有星巴克员工的固定培训流程，包括任龙飞本人也是如此。2011 年，任龙飞成为郑州星巴克开业的首批员工，之后被派往武汉群光广场店接受培训。而现在，任龙飞以黑围裙咖啡师的身份，从郑州调到洛阳出任店长 8 个月时间。

星巴克内部还有一个“咖啡伙伴回家项目”，提供给在外地星巴克门店工作的员工回家乡星巴克门店工作的机会。星巴克欢迎这些有经验的员工重回星巴克。星巴克的优势也是把较为成熟的市场作为培训咖啡师的第一站，这样有利于调动优质资源。

这样的做法也显示出了星巴克的谨慎和耐心。这份谨慎还体现在产品层面上。星巴克并没有把时令的新品带来洛阳，而是先推出几款最经典的饮品，包括拿铁、卡布奇诺、焦糖玛奇朵、美式、摩卡和星冰乐等基本款。

任龙飞对此这样解释：一方面，经典款饮品比较容易被当地顾客接受；另一方面，也有利于门店进行信息传递。如果门店现在主推拿铁，当顾客尝试过后，到了第二年门店再引进法式香草拿铁，就会为顾客带来惊喜。其实，这是星巴克的品牌策略，在成熟的一线城市推出更多的新品吸引顾客，而在二三线城市则着力于门店扩张。

3.6.3 以顾客为本，一对一互动

星巴克的服务风格是“以顾客为本”：认真对待每一位顾客，每一次只为

面前的这一位顾客烹调一杯咖啡。星巴克认为，顾客到店中消费的不仅是咖啡，而是咖啡店的体验。因此，星巴克的每一名服务员都要接受一系列培训，包括基本销售技巧、咖啡基本知识、咖啡的制作技巧等。同时，星巴克也要求每一位服务员都能够预感客户的需求。

而且，星巴克更擅长咖啡之外的“体验”，包括气氛管理、个性化的店内设计、暖色灯光、柔和音乐等。此外，星巴克中国在广告整合营销上做得相当不错，其微信账号粉丝已超过 40 万人，总计达数百万次互动。

不同于微博一对多交流的自媒体交流方式，微信更注重用户个人之间即时的交互性和一对一的私密性，而且微信用户并不限于文字交流，还包括语音、图像和视频的传递。在微博平台上，星巴克更多的是分享其品牌故事、有关产品的介绍和生活态度的交流。而在微信平台上，星巴克更注重与星粉之间的一对一互动。

星巴克官方微信平台推出了“自然醒”活动。微信用户只要发一个表情符号给星巴克账号，不管是高兴、沮丧还是忧伤，能够立刻获得星巴克按其心情特别调制的音乐曲目。同时，用户还能与星巴克展开一番内容丰富的对话。

为了配合早餐系列上市，星巴克还推出了“星巴克早安闹钟”活动。用户需要下载或更新“星巴克中国”手机应用。在每天早上 7 点至 9 点，只要用户能够在闹钟响起后的 1 小时内到达星巴克门店，在购买纯正咖啡饮品的同时就能享受早餐新品半价优惠。

2015 年 5 月 23 日，美国大型咖啡连锁店星巴克日本分公司在鸟取县的店铺正式开业，从此，鸟取县摆脱了日本 47 个都道府县中唯一的“星巴克空白地”的称号。而早在 5 月 22 日，这家店铺就有顾客排队，到了正式开张前，包括这些通宵排队者，整支队伍已经超过 1000 人。

而排在队首的是一名叫作生宫川惇的鸟取市 19 岁大学生，他正笑着讲述自己喝星巴克的人生初体验：“非常好喝，是之前从未尝过的味道。”星巴克以整合广告营销赢得消费者的青睐，让消费者心甘情愿通宵排队，只为了喝到独一无二的星巴克咖啡。

3.7 案例二：国产手游是怎么做营销的

对于游戏玩家而言，国产手游的总体行业形象并不理想。手游行业的很多营销案例令人匪夷所思。从审美和效果来看，近两年，中国手游的营销乏善可陈。面临渠道为王的现实，手游营销的想象空间被极度压缩，吸量更成为各大手游厂商的唯一目的。于是，各种简单粗暴无底线的营销手法频频涌现中国手游市场。

3.7.1 全盘沿用页游营销可取吗

2015 年年初，在阿里巴巴与腾讯的“红包大战”准备开打时，国内某家上市的游戏公司在春节期间宣称要发 500 万元红包，但是这家公司在发了几万元的红包之后立即终止了。这家公司先是“道歉”，然后给出理由：“微信红包服务器瘫痪，我们正在全力推进微信方面的扩容、补发工作。”于是，每天能够发出数千万个红包的腾讯，因为这家公司的解释而承担了莫名的罪责。后来，主导这场营销的公司获得了上千万元投资，开始了创业步伐。

还有一些游戏公司直接将自己的产品链接附在各种软文之中。只要用户点击某个链接，该游戏的广告界面就会自动跳出。同时，一些社交应用也学会了这种推广方式，直接在各种软文中放出应用画面。

此类营销方式全盘沿用页游营销策略。在端游时代，由于产品从研发到运营的整个周期较长，主要面向核心玩家，因此游戏厂商在营销上采取慎之又慎的态度。然而到了页游时代，随着游戏玩家中的“小白”用户增多，游戏厂商为了短时间吸量，在营销内容上更宽泛，也更没有要求标准。页游凭借导航站、下载站和各种病毒化手段推广，在游戏市场上迅速崛起。而且，这些公司也在透支完用户后，走向消亡的边缘。一般而言，这类游戏厂商从发端到在市场上消失，不过短短 5 年。

手游行业面临的形势更加严峻。自从 2013 年中国手游市场大爆发，手游行业便成了一个依靠渠道驱动的行业。而在此之前，游戏行业主要运用相对独立的营销手段。不过，手游行业的崛起让品牌美誉度等不再重要，新增用户量等指标才是游戏公司的考量标准。

2013 年年中，盛大推出一款“百万亚瑟王”游戏，通过微博营销实现了爆发式成功。但是之后，该公司没有一款游戏在营销上表现出色。因为在手游行业，缺乏与用户用心沟通，缺乏制造流行的能力，这也是众多游戏公司的通病。所以，大部分产品都在火热了一段时间后迅速销声匿迹。

3.7.2 中宏手游打的模仿牌

中国手游营销策略缺乏创新，总结起来只有三种方式。

（1）名人代言，选择一个名气不高不低的明星，制造话题和新闻进行产品捆绑，之后再举办发布会，演唱主题曲。

（2）制造热点事件，邀请一些网络红人编撰故事，然后请网络大 V 在微博和微信上群转，或者试图再强推一遍“凡客体”。

（3）借助游戏媒体平台发布数据，尤其是在产品公测第一天，爆出流水高达千万之类的新闻，以此显示其受欢迎程度和实力。这种营销方式能够养活一大帮网络红人、网络大号，同时也提高了游戏媒体的软文收费标准。

2014 年年末，中宏手游公司发行了一款游戏，形式和内容基本模仿腾讯的一款 FPS（First Personal Shooting Game，第一人称射击类游戏）网游。公测当日，中宏手游“三板斧”全上。首先，公司让一个综艺节目的主持人集体发微博介绍该游戏。然后，公司在微博上抛出“围观吹破 10 亿牛皮”的话题。之后，公司又在媒体上公布半日流水突破 500 万元。过了几天，公司又一本正经地宣布：“实际安装量只达到 1.2 亿。”

中宏手游采用这样的说法明显是一种策略。然而问题在于，无论是公测当日还是之后的一段时间，这个产品从未登录过 App Store 畅销榜前 50。因此，其宣称的“1.2 亿安装量”的真实性要存疑了。

在手游营销领域，许多公司都将“在屎壳郎的国度里卖大粪才能成功”奉为圭臬。而近来大热的 IP（Intellectual Property，知识产权），本来是个营销的好概念，能够降低用户的认知成本，迅速提高流量。然而从 2014 年开始，根据网络小说、综艺节目、热门电影 IP 改编的手游至少有 300 款，能给人留下深刻印象的却不超过 5 款。

因为在 IP 授权产品中，有 60% 是卡牌类游戏，30% 是跑酷类游戏，剩下的 10% 则是其他各类游戏的“大杂烩”。绝大部分游戏厂商指望通过玩家的“情怀溢价”实现快速变现，因此在玩法上并没有多少创新。

3.7.3 打破负循环圈

目前，国产手游已经在产品研发和营销之间陷入了负循环。由于产品没有创新，因此只能依靠营销吸量，而营销部门面对没有竞争力的产品和充满竞争的外部环境，只能选择一些另类的方法哗众取宠。同时，手游营销也缺乏一些渠道上的配合。

于是，中国手游市场的现状是，在 SE、GungHo、King 等外国手游工作室风生水起的时候，中国手游公司还停留在简陋的产品研发与粗糙的营销方式配合出击的阶段。所以，中国本土并没有产生与市场规模匹配的新兴公司，在抢占市场份额方面更难与世界手游大厂匹敌。那么，中国的游戏媒体在干什么？

目前，游戏媒体的主要工作是吹嘘产品，大谈营销经验，并参与腾讯、360、百度等渠道的争斗，把自己变成娱乐媒体。甚至，一家游戏媒体 30% 的新闻标题都采用“×× 游戏月流水突破 ×× 万元”模式。一款游戏在玩法和口号上完全模仿日本游戏取得了成功，产业媒体蜂拥而至，希望从中学习“成功经验”。正因此，一些毫无新意的营销案例频频出现在玩家的视线内。

其实，在国产手游营销中，可以将软文营销与传统广告结合起来，一手抓流量，一手抓品牌。国产手游营销的线上线下比例可以保持在 7:3 左右，投入 70% 的精力到线上渠道提升流量，剩余 30% 的精力则可以结合传统广告形式打响品牌。

作为快速消费品的一部分，传统广告能够提高手游产品的受众认知，增加流量入口。因此，手游厂商可以借助平面广告、报刊广告的手游二维码，在公共场所争取用户的碎片化时间，集中人群流量入口，从而达到良好的品牌宣传效果。

而且通过传统电视广告宣传手游产品，能够在消费者心中塑造更立体的品牌观念，建立起品牌资产。例如 360 手游品牌广告片“在指尖在身边”、巴别时代的“放开那三国”电视 TV 广告等。

为了吸引大众注意力，手游厂商还可以进行事件营销。例如游久时代“酷酷爱魔兽”开服服务器宕机的员工裸奔、“君临天下”上线送豪宅居住权、“剑魂之刃”发布会现场割手滴血献礼、征途口袋版联合杜蕾斯推出定制版避孕套等。网易“天下 HD”公测甚至打出送 NASA 星球命名权。这些游戏营销都取得了不俗的成绩。

3.8 案例三：滴滴打车的软文营销

滴滴打车是一款免费打车应用。目前，滴滴打车的业务范围已经从出租车领域扩展至包括出租车、专车、快车、顺风车、代驾、大巴等在内的打车服务。滴滴打车成立于2012年9月，短短三年时间，就发展为中国打车APP市场的龙头老大。而在滴滴打车的发展过程中，软文营销绝对是公司的一大利器。

3.8.1 领头人天天上头条

在行业资讯方面，关于滴滴打车的新闻报道隔三差五就会登上各大门户网站的头条。例如，与快的打车进行战略合并后，滴滴打车在累计账户份额上的领先位置更加稳固，在中国打车APP市场份额中的占比将超9成。

而自从滴滴打车迎来“中国IT教父”柳传志之女柳青出任公司总裁，关于滴滴打车的消息也从新闻媒体延伸至社交媒体平台。柳青加盟滴滴打车半年，成功帮助公司融资7亿美元，之后将负责公司更多的日常业务运营。

柳青放弃国际投行高盛的优厚薪资，出任滴滴打车公司首任总裁。“首任”意味着在柳青之前，滴滴打车公司并未设立总裁一职。“滴滴一姐柳青的叛逆人生”、“柳青创业史”、“柳传志柳青父女决战租车市场”等标题也成为微博、微信的热门话题。

以小蚂蚁站长吧的一篇帖子为例。帖子的主题为“滴滴打车如何从 0 到 1 亿用户”，主讲嘉宾是滴滴打车城市经理朱江。帖子首先介绍小桔科技与旗下的滴滴打车的概况，目前，滴滴打车已经覆盖全国 300 多个城市，是最大的智能交通服务平台，以 68.1% 的市场份额占据全国第一。

然后，朱江介绍滴滴打车针对专业化服务推出的滴滴专车服务，以及即将推出的个性化服务，包括拼车、代驾、P2P 租车等服务。朱江认为，滴滴打车的商业模式与 O2O 团购模式如出一辙，其核心是保持供需平衡。

接着，朱江从创业阶段、摸索阶段、微信补贴阶段、后微信时代四个方面，详细讲述滴滴打车的推广过程。朱江以上海争夺战为例，介绍当时滴滴打车与快的打车的战况。在北京地区，为 1 万名司机安装滴滴打车软件耗费了 3 个月时间；在上海，时间缩短为 40 天。不过有下载并不代表成功，还需要用户自己去体验。可以说，滴滴打车并没有花广告费，而是由司机推荐。

最后，朱江以滴滴打车应对“深圳政府强制不准安装打车软件”、土豆网 CEO 创办的打车软件大黄蜂为例，分享了“怎样把这件事做到极致”的经验方法。朱江还总结滴滴打车的成功在于“补贴培育市场和加快扩展的速度”。在网友提问环节，朱江介绍了滴滴打车的盈利模式。

3.8.2 地推：软文的素材来源

在地推方面，滴滴打车以此为素材来源，向各大媒体平台发布软文。例如一篇名为“手机打车软件生存样本调查：月投入百万推广”的软文。软文列举了打车行业的统计数据：目前市场上的手机叫车软件共有 30 款。仅安卓平台上，一个月内手机叫车类应用累计下载量超过百万。

一系列数据是为了说明移动客户端与打车需求的结合，让打车应用数量大幅增长。随后，软文话锋一转，指出因政策原因，多地叫停打车软件行业，打车 APP 也许将被纳入统一管理。因此，打车软件今后面临的问题除了用户增量和盈利手段，还有政府监管、信用度等问题。

然后，软文开始以滴滴打车创始人小桔科技 CEO 程维为例，说明其应对以上问题的做法，并顺势介绍滴滴打车产品研发队伍和创业故事：目前，团队共有 30 人左右，有 60% 的人员来自百度。员工主体也是 80 后年轻人。至于为什么创业，程维认为完全是出于理性的判断。

因为程维亲眼见证了互联网历经 10 年的发展，也经历了阿里巴巴 8 年的迅猛势头，QQ 改变了通信方式，结合传统外贸领域创造信息平台等，都给程维带来了极大的触动。程维的看法是：不创业是最大的风险。

因此，程维联合四五个朋友组成了初创团队，共计划了 6 个项目。但是前面 5 个项目最后都没有成形，包括电商家居、教育培训等已经有前人走过的道路都被 PASS 掉。只剩下最后一个，也是听起来最不靠谱的打车行业。

接着，软文讲述程维等人在创业路上遇到的各种阻碍和机遇，包括出租车公司的不解、乘客量的缺失等。从“15000 位司机装上了滴滴打车”，到“打车 APP 下载量集体超百万”，打车软件在中国以惊人的速度崛起。

全篇软文的行业数据来源于互联网信息咨询公司易观国际的一份“关于打车软件的行业报告”。报告分析了打车类应用的需求剧增，市场潜力巨大，并分析了打车软件用户集中的城市。

为了在众多打车应用中突围，不少公司选择“砸钱”策略，包括向出租车司机赠送品牌手机、平板电脑，或者直接给现金，投入几百万元进行营销推广。为此，各公司不得不加紧融资，甚至有传言说滴滴打车获得腾讯的千万美元投资。

同时，打车应用也遭遇政策压力。北京市政府出台规定，禁止出租车行业嵌入广告。滴滴打车 CEO 程维对此回应：滴滴打车创建的目的是为了服务百姓、惠及民生，因此需要接受政府的监管和舆论的监督。所以，滴滴打车必须在创立还不到一年的时候，接受公平、信用度的检验。

这篇软文从纵深角度分析打车应用目前的状况，并介绍滴滴打车的开端和发展之路，以及遭遇的困难，是滴滴打车纵向软文营销策略的佳作。此外，滴滴打车也发展了软文横向营销。

04

营销之前的市场背景分析

软文营销之前需要做好市场背景分析，这样才能更有针对性地撰写、发布软文。企业的营销团队进行市场背景分析，主要是分析目前及未来一段时间自己所处的内部行业动态。营销团队可以从竞争者、公众、供应商、企业、中间商、受众等角度进行市场背景分析。此外，做好市场背景分析，有利于企业了解受众的心理需求，站在公众和受众的角度，更好地迎合其需求和心理，获得最大的效益。

4.1 软文的受众是谁

软文营销之前，需要做市场背景分析，找准软文的受众是谁。软文受众是指接受软文信息的群体。首先，软文受众属于传播学范畴，具有受众的一般意义。其次，软文受众的概念又是特定的，指传播过程中的软文信息接收方。

软文受众包括两层含义：一层含义是通过媒体软文接触的人群，即为软文的媒体受众。软文也是一种非人际的信息传播种类，需要借助一定的媒体。由媒体种类定义受众则可以包括报纸软文受众、搜索引擎软文受众、电视网络软文受众、社交网站软文受众等。

另一层则是企业的目标受众及软文诉求对象，即为软文的目标受众。软文的选择特性决定了其要根据软文目标的要求，来确定某项软文营销活动特定的诉求对象。

4.1.1 美林化妆品主攻年轻白领市场

一般而言，软文传播需要运用传媒平台，包括大众传播和自媒体传播，受传者必然是软文信息的受众。不过，并不是所有的受众都是软文受众，软文受众还包括通过其他非人际方式接收到软文营销信息传播的群体。

因此，软文受众与受众之间既有区别又有联系。具体表现为：在理想状态下，二者在数量和特性上完全等同。然而在现实生活中，这种状况很难达到，企业需要精心选择适用的媒体并将二者进行有机结合，以达到最大限度的接近。

以法国护肤品牌美林推行一款夜间修复系统的受众市场背景分析为例。首先，公司从年龄构成、学历学识两方面调查了目标受众构成。目标受众的年龄构成为 18～35 岁。

然后，将受众进行三个方面的细分：核心受众为 22～25 岁的年轻白领，对新媒体有强烈的偏好；潜在受众为 18～22 岁、26～35 岁的人群同样为公司的主要受众群体；外围受众为小于 18 岁大于 35 岁的人群，通过引导，这部分消费者可以成为潜在受众。

接着，公司进行目标受众特征分析。受众主要为年轻白领，购买力强，平均月收入为 4000～8500 元，如图 4-1 所示。

图 4-1　受众收入统计柱形图

在公司目标受众中，大多数为白领，如图 4-2 所示。

图 4-2　受众职位分析统计图

明确了产品的目标受众之后，美林公司撰写了一篇软文。软文以科学技术进步带动护肤美容经历里程碑式的飞跃开篇。年龄是每一个女人的秘密。在人类漫长的护肤历史中，基因和干细胞这两项科技的出现具有划时代的意义。尤其是在皮肤抗老化方面，利用基因和干细胞科技比传统抗老化产品更有效，也更持久。

然后，软文详细为受众讲述干细胞这种比 DNA 技术更先进的科技如何抗皱护肤。因为决定肌肤再生潜力的是干细胞。但是随着年龄的增加，皮肤干细胞的活力也会下降，这时干细胞并不能有效地应对周围皮肤的变化。如果使用含有干细胞科技的护肤产品，干细胞的活力便会被重新释放出来，并且生成唤醒皮肤活力所需的各种母细胞。干细胞被激活的过程，是皮肤自身干细胞的一种生理过程，而且没有外来的干细胞参与，因此非常符合自体的生理规律。

介绍了干细胞对皮肤健康的重要性后，软文进入正题。美容界干细胞领域研究先驱美林，早在 20 世纪就开始致力于干细胞的研究。美林公司美妍中心发现了干细胞的杰出功效，它能够显著再生肌肤、修复皱纹，这项科研发现的重要性等同于 20 世纪发现 DNA。

软文末尾推出美林夜间修复系统，优化干细胞彻夜的维护功效，使表皮层的再生活动整夜不间断；通过作用于纤维干细胞，促进胶原蛋白合成，增强肌肤的支撑能力；使夜间的肌肤细胞再生能力增强两倍，具有非常显著的肌肤修复功效，重赋容颜再生能量，日复一日，肌肤光滑有弹性，如获新生。

4.1.2 捍卫幸福婚姻的护肤品

在护肤品行业，女性为主要受众。企业针对女性受众发布的软文也应该投其所好。例如一篇题为“凭什么战胜小三，捍卫婚姻主权”的软文，以一位人过中年的妻子的口吻讲述了一个故事。

主人公与丈夫共同奋斗了十几年，生儿育女、柴米油盐，将生意做得红红火火，终于两夫妻不用再为衣食住行烦忧。随着生意越做越大，丈夫外出应酬的机会也越来越多，主人公始终理解并支持着丈夫。

可是丈夫公司扩建规模时，一名学文科的女大学生应聘而来。这名女大学生文文静静，拥有主人公少女时的情怀。加上形象较好，丈夫外出应酬时，总会带上这名大学生。而主人公仍旧家里公司两头跑，操持家务与计算财务让主人公几乎没有闲情逸致。

半年之后，主人公在丈夫的眼神里发现了一些异样。女人的直觉告诉主人公，丈夫可能有问题了。然而丈夫并不知情，主人公发现了丈夫的行踪，得知丈夫和新来的女大学生产生了恋情。当时，主人公和丈夫大吵了一架。

可是一番发泄过后，主人公决定改变自己的生活，重新重视自己的外在形象。使用了一套护肤品后，主人公重拾了自信，慢慢地变得漂亮。丈夫因此果断与女大学生分开，两人的幸福婚姻得以持续下去。

这篇软文直面当今社会女性受众普遍关心的热点话题，很容易吸引女性朋友阅读。而且受众看完之后，会佩服文中的女主角，并对其使用的护肤品产生强烈的兴趣。女主角通过这套护肤品捍卫了自己的婚姻，让丈夫再次对她动心。一系列讲述也引诱着更多女性朋友的使用冲动，自然而然地打响了品牌。

4.2 想方设法让受众“接球”

心理学上有一个名词叫“破窗效应”，“第一扇破窗”为事情的发展提供了一根显著的导火索，进而引发一系列连锁反应，包括人们的争相模仿。找到软文的受众之后，企业还应该想方设法让受众“接球”，即为受众提供一根显著的导火索，让受众想都不用想，就知道下一步该怎么做。

例如在软文营销中，将网页地址链接附在文后，可以极大地增加点击率。芝加哥广告的领导者李奥·贝纳认为，软文营销最好的办法是为读者提供一根显著的导火索，让人想都不用想，就知道现在应该怎么做。

4.2.1 让人冲进超市的玉米片

撰写软文的目的不仅仅是吸引受众的注意，如果只是通过一些别具一格的形式让受众“心动”，却没能让受众采取进一步的行动，没有对受众的行为做出一点改变，软文营销可能功亏一篑。

软文必须让受众“接球”，因此，文案创作者应该在软文中为受众提供一根显著的导火索，让受众直接拿起电话，或者走进软文中指明的地方。所谓导火索，原意指引爆爆炸物的引线，又称引火线，是一种火工品。而引申到软文营销中，是指一种能显著引起人们购买欲望的因素。例如在食品软文中，一位正吃得津津有味的食客或者展示的鲜美诱人的食物就是显著的导火索。

李奥·贝纳曾经创作了一篇软文，软文中展示了一个正在吃着食物的小男孩，标题为“这个戴着帽子的小男孩正一心一意地吃着他的克洛格玉米片”。正文是这样的：画面中这个小孩的妈妈在哪儿，竟然放心地把孩子留在这里。然而小男孩儿很高兴，先弄来了牛奶，然后用勺子舀起一大勺金黄色的克洛格玉米片倒进牛奶里。

然后，软文详细描写了小男孩吃玉米片的整个过程。这种金黄色的东西看起来非常不错，在往牛奶中倒的时候还发出了沙沙的响声。吃起来也非常可口，甜甜的，又薄又脆。小男孩正举着勺子，看起来克洛格玉米片好吃得不得了！

软文甚至直接点出了食物对受众的诱惑：克洛格玉米片距今已有 50 多年的历史，无论是对大人还是小孩，都有一种激发食欲的魔力。当画家洛克维勒为宣传海报画这个小男孩儿的时候，已经将其努力地想捕捉的神情刻画在了消费者的眼前。也许这个神情会给消费者一个提示：快去查对一下自己储藏的克洛格玉米片，既然已经知道这种食物是怎样的了，一旦自己有了一大包，接下来的事情就是把这些玉米片统统吃光，一片不留。

看完这篇软文，相信很多人会直接冲进超市，购买一大包克洛格玉米片，然后学着软文中的小男孩儿，将玉米片倒进牛奶里，并全心享受文中小男孩儿享受着的满足感。这就是软文中提供导火索的作用，把受众变成消费者，冲进卖场，购买产品。

4.2.2 附一张地图就解决的问题

要让受众“接球”，软文的导火索越明显越好，因为文案创作者永远不要低估受众的“懒惰程度”。有时可能只是一句话、一个词的差距，如果软文没有直接指明，就会带来天差地别的效果差异。

美国南加利福尼亚大学为了提高学生破伤风疫苗接种率，每年都会征集一些患病者的恐怖图片，希望以此警示那些不打疫苗的学生。不过，不管这些图片多么耸人听闻，每年到校医院接种疫苗的学生还是寥寥无几。直到创意组一名学生突发奇想，在宣传手册的下方附了一张校医院地图，并标明疫苗接种时间。最后问题解决了，究其原因，原来学生们都懒得去网站查地图和接种时间。

向受众提供显著的导火索有多么重要，这个观点在心理学领域也曾得到验证。心理学家做过这样一个实验：如果有一只透明玻璃门的装满食物的冰箱，大部分实验对象会不自觉地去偷食物；但是只需做一点改变，就可以彻底杜绝这种现象——给这只冰箱上把锁，而且就把开锁的钥匙放在锁旁边，结果几乎没有人再去偷食物了。因为打开冰箱偷食物这件事，已经由“根本不用想直接就去做”变成了“需要好好想想才知道应该怎么做”，这样一来就显著降低了人们做这件事的欲望。

导火索在把受众从旁观者变为消费者的过程中起到了一个关键的作用。导火索具体包括提供地址、联系电话、产品链接，或者一些极具诱惑力的描述，能够对受众的购买决策起一定的催化作用。

从另一方面看，受众也需要软文提供显著的导火索，才会产生购买行为。因为在受众做出最终的购买决策之前，导火索是决定购买行为发生的关键因素。如果没有这根导火索，受众很可能就不会成为消费者，这篇软文可能起不了丝毫作用。而导火索在软文中的作用，就像破窗效应中第一个打破窗户的人。只有显著的导火索的存在，才会引发后续的一系列购买决策和购买行为。

4.3 建立受众与产品的关联点

在受众与产品之间需要建立连接，为软文建立附着力，符合受众脑中已有的逻辑关系。这个关联点并不是从时尚、热点、情感之中随意抓取一个，而应该结合软文推广的产品或品牌的属性，判断其是否吻合产品或品牌的定位、形象等。

其中要体现的产品特性的关联点不可过多，如果“快、省、好”每个点都详细阐述，则很容易造成记忆点不集中。经过 7 年的反复试验，美国心理学家乔治·米勒得出结论：一般来说，人脑的短期记忆一次无法容纳超过 7 个以上的项目，大脑更倾向于一次记住 3 个项目，而最容易记住的是 1 个项目。这也是目前很多互联网公司着重于单点爆破的心理理论依据。

因此，建立受众与产品的关联点，软文需要从简单出发，在两个元素之间建立联系。苹果教父史蒂夫·乔布斯认为，简单的东西其实比复杂的东西更难做到，因为一个人必须努力地清空自己的大脑，才能让事情变得简单。但这种努力最终证实是有价值的，因为一个人一旦进入那种境界，便可撼动大山。

4.3.1 你口袋里的 1000 首歌

史蒂夫·乔布斯本人是极简主义的推崇者，总是穿着简单的牛仔裤，过着简单的生活，用着只有一个按键的手机，写着简短友好的标题，靠着极简的风格成就了经典。乔布斯专注于简单，让苹果公司早已成为全球最大的智能手机厂商。

多年来，苹果公司所推出的一款款产品固然出色，但其营销实力同样不可小觑。尤其是每年 9 月的新产品发布会，在此之前，苹果便开始了对新产品的大幅造势。乔布斯主持的新产品发布会更是场场经典，其演讲文案像是被赋予了某种魔力，总能吸引无数消费者及在场媒体的眼球。

在新产品发布会上，史蒂夫·乔布斯通常并不根据技术规格来描述自己的产品，而是用 140 个字节描述自己的产品和服务。史蒂夫·乔布斯为每个产品设计的标题或描述可以简洁到发在 Twitter、微博上。

比如，史蒂夫·乔布斯把电脑比作一辆思想的自行车；把 MacBook Air 描绘成世界上最瘦身的笔记本；介绍 iPod 5GB 的驱动器的广告语是——这是你口袋里的 1000 首歌……史蒂夫·乔布斯给每个产品的介绍都只有一句话，每句话的每个词却都掷地有声，能让观众对新产品有个大概的了解。

“一切始于简洁”是苹果公司的核心价值观，也是苹果公司区别于其他科技公司的根本。苹果公司始终对“简洁”有着近乎虔诚的信仰。它时而激发人们的灵感，时而代表着苹果公司的精神。

4.3.2 机顶盒：让电视 1 秒变电脑

为了让全新的产品或者概念流行，文案创作者应该为新产品软文建立关联点——将信息附在一个简单的、受众熟知的物品上。当新产品与受众熟知的信息联系起来后，产品软文就会很容易让受众买账。

例如，某厂家基于安卓 4.0 系统打造了一款智能电视机顶盒，为了宣传此产品，一条软文是这样写的：“智能电视机顶盒，自由遥控你的电视”，而另一条软文写的是“智能电视机顶盒，让电视 1 秒变电脑”。

假设受众对电视机顶盒完全不了解，第一条软文中宣传的重点是“自由遥控”，看了这条软文，受众可能还是对什么是电视机顶盒没什么概念。但是当受众看了第二条软文“让电视 1 秒变电脑”，就立即明白了电视机顶盒是可以像电脑一样自由操控电视的辅助工具。

2007 年，苹果公司在旧金山举行的 Macworld 展会上发布了第一代 iPhone。在发布会上，史蒂夫·乔布斯这样介绍：

1984 年发布的麦塔金电脑不仅改变了苹果公司，更改变了整个计算机产业。2001 年，第一代 iPod 的问世不仅改变了人们听音乐的方式，更改变了整个音乐产业。今天，苹果公司为大家带来的三种产品，也将对相关产业造成颠覆性改变。第一个是触控屏 iPod，第二个是革命性的手机，第三个是突破性的互联网浏览器。一个 iPod，一部手机，一个互联网浏览器。消费者想同时拥有这三种产品吗？这些不是三个独立的设备，而是一台 iPhone！今天，彻底改造手机产业的 iPhone 就在这里。

iPhone= iPod+ 电话 + 上网设备。这样解释起来更容易让人理解新产品，明白新产品的功能，达到事半功倍的效果。史蒂夫·乔布斯执着于“简单 + 附着力”，把产品最显著的功能融入到生活中，让受众切身感受到这些功能的存在，从而走入受众的心中。

对此，苹果公司前创意总监肯·西格尔解释，正是用这种讲求实际而非技术性的方式，苹果公司已经连续 30 年向消费者准确传达了产品特征，以至于这种易懂的语言已经融入其系统中了。

首先，建立受众与产品的关联点，软文需要与人相关。文案创作者不需要用技术规格来描述推广的产品，因为 99.99% 的人根本不知道软文描述的是什么。最高明的软文是简洁而准确的，含而不露，让人心领神会。

其次，软文在建立受众与产品的关联点时，应该把复杂的东西附着在“简单”的东西上。软文介绍的内容应附着在一个简单的、受众熟知的物品上。例如，发布一个新产品，在最开始的时候，受众根本不清楚产品可以用来干什么，但如果软文把新产品与受众熟悉的一些东西联系起来后，受众就可以很快知道产品的功能效用。而且，简单强调的是“单”，是不复杂，容易获取、容易理解、容易使用。文案创作者应该用讲求实际、非技术的、简单易懂的方式传达产品特征。

4.4 运用因果思维

有这样一篇软文，题目为“内向？你只是找错了聊天对象”。软文开门见山，列出不合群、内向的一些表现，为了产生共鸣，软文以第一人称的角度进行讲述。包括从小学开始，老师的期末评语就是：该生性格内向。当父母与亲戚们一起讨论时，也认为这孩子从小不爱讲话。在相亲资料上，情况介绍一栏也赫然填着这姑娘比较文静。从小到大，主人公都被认为是一个不合群的人。

4.4.1 陌陌让不合群的人找到组织

主人公以一些网络流行语讲述自己不合群的表现，包括反手摸不到肚脐；不看《爸爸去哪儿》；别的女生连瓶盖都拧不开，自己却可以换马桶盖；长得胖；不在午饭时聊公司八卦；不在朋友圈分享鸡汤；不发自拍；不会在饭桌上讨论一个亿的融资；不会在同事离职时热泪盈眶……种种表现，都说明了自己的不合群。

接下来，软文开始为“自己”的内向性格寻找积极因素，主要是因为没有遇到“臭味相投的人”，并且说得合情合理，为拥有内向性格的群体打了一个漂亮的翻身仗，顺势引出了要力证的“世间所有的内向都是聊错了对象”。自然而然，软文接下来提出，要找聊天对象，这时切入移动社交工具陌陌的“音乐、星座”

等交友信息顺理成章。

软文第二节标题为“对不对味，一目了然”，同样以第一人称讲述。在主人公眼中，出租车司机是最会与陌生人搭讪的工种。因为出租车司机每天会迎接那么多人上车下车，而且总能找到对味的人。主人公发表感叹，如果自己能学会这种搭讪技能，大概也不会被贴上内向的标签。

当遇到一位深夜打车一脸疲惫的女子时，出租车司机可以说：“你家住得太远了，你可以住在我的心里。”当遇到下雨天狼狈上车的女子时，出租车司机可以说:“等这场雨，等你走进我的眼睛里。”当遇到拉着行李箱要去远行的姑娘时，出租车司机可以说：“好希望堵车，这样我们可以待久一点。”

主人公提出一个问题：为什么出租车司机那么会聊天，即使没有吴彦祖那般的英俊帅气，也不用担心在车上会发生死气沉沉的尴尬？也许陌陌也发现了这点，所以在出租车上，陌陌投放了杂志广告。最后，主人公鼓励大家被搭讪时应该主动回应，这样才能锻炼出搭讪别人的天赋。而通过陌陌找到对味的群友，才能好好聊天。

软文写到这里，受众应该明白，这是给陌陌在出租车投放的杂志广告做宣传。杂志的主题为“找对味的朋友”，而这篇软文也从社会心理“内向群体”的角度出发，运用因果思维，直击受众心灵。

4.4.2 鱼骨图的制作

在市场背景分析环节，因果思维的运用十分重要。因果分析法可以通过因果图表现出来。因果图又称鱼骨图，由日本川琦制铁公司质量管理专家石川馨最早使用。当时主要是为了寻找产生某种质量问题的原因，石川馨发动员工谈自己的看法，并做出分析，将群众的意见反映在一张图上，即为因果图。

运用因果思维，首先要分清因果地位，其次要注意原因与结果的一一对应，因为任何结果都由一定的原因引起，而一定的原因必然产生一定的结果。原因与结果不能混淆，并且要循因导果、执果索因，从不同的方向进行因果分析。

运用因果思维，需要以结果为特性，以原因为因素，逐渐深入地研究和讨论目前企业面临的市场背景。确定了因果分析图，营销团队应该对其进行解释说明。通过数据统计分析、测试、收集相关问题的更多数据，或通过与客户沟通，确认企业面临的市场背景最基本的原因。之后，营销团队可以开始制定解决方案，并进行改进。

问题的特性通常会受到一些因素的影响，营销团队应该通过头脑风暴找出这些因素，然后将这些因素与特性值一起，按照相互关联性整理成层次分明、条理清楚及标有重要因素的图形。这就是因果思维图，是一种透过现象看本质的分析方法。

因果思维图有三种类型，包括整理问题型、原因型和对策型。在整理问题型因果思维图中，各要素与特性值之间不存在因果关系，只是结构构成关系，主要是对问题进行结构化整理。在原因型因果思维图中，问题在右，特性值通常为“为什么……”的形式。在对策型因果思维图中，问题在左，特性值通常为“如何提高或改善……”的形式。

制作因果思维图分为两个步骤：一是分析问题原因或结构；二是绘制因果思维图。在分析阶段，首先要针对问题点选择层别方法；然后，按头脑风暴分别找出各层别类别所有的可能原因；之后，将找出的各要素归类、整理，并明确其从属关系；最后，分析选取重要因素，并检查各要素的描述方法，保证语法简明、意思明确。在绘制阶段，首先填写问题，然后一级一级用原因填充图形，并用特殊符号标识重要因素。

以鑫鑫炼油厂为例，公司采用因果思维图分析法解析其市场营销问题。该炼油厂产品存在的主要问题是在市场中所占份额少。根据现场调查，该炼油厂市场营销问题的原因可以概括为 5 类，包括人员、渠道、广告、竞争及其他因素。

其中每一类因素下又包含若干造成这些原因的可能因素，例如营销人员数量少、提炼出的销售点少、缺少宣传策略、进口油广告攻势等。将 5 类原因及其相关因素分别以鱼骨分布态势展开，形成因果思维分析图，如图 4-3 所示。

图 4-3　鑫鑫炼油厂市场现状因果思维分析图

然后，营销团队需要找出产生问题的主要原因。为此，公司根据现场调查的数据，计算出每种原因或者相关因素在产生问题过程中所占的比例，用百分数表示。例如，通过计算发现，“营销人员数量少”这个因素，在产生问题的过程中占比为 35%，而“广告宣传差”占比为 18%，“小包装少”占比为 25%，这三者在产生问题的过程中占到了 78% 的比重。因此，可以认为这三个因素是导致该炼油厂产品市场份额少的主要原因。

4.5 用类比找共性

在心理学上，有一个有趣的现象叫作堪德拉油灯法则。本意是：一个人所感知到光线的明暗与距离呈两倍反比；延伸到社会学上的解释是：观察人与被观察物之间的距离越近，对于所观察和感受到的人或事的效果会越好。

将堪德拉油灯法则运用到软文营销之前的市场背景分析，文案创作者应该不断拉近软文与受众的距离。当与受众在认知、看待事物的方式上距离越近时，软文收到的效果会越好。即与受众达成共同认知，用类比法找到二者之间的共性。

4.5.1 豆八怪源自扬州八怪

类比，是将两个对象在一些方面相同或相似的性质类推到其他方面相同的性质。将原问题进行类比，成为类比问题，根据类比问题的解法猜想原问题的解法。作为一种推理方法，类比法主要通过比较不同对象或不同领域之间在某些属性上的相似性，进而推导出其他属性上的相似性。

例如豆制品创意品牌“豆八怪”上市时，以扬州八怪类比，在消费者心中营造出既熟悉又陌生的感觉。“豆八怪”在市场上推出过“彩虹果香豆浆豆腐”、“爽滑果冻豆浆豆腐”、“金种子保健豆浆”等创意新品，当时，“豆八怪”发布了一篇颇具古风的软文。

软文主要讲述有康熙秀才、雍正举人、乾隆进士之称的七品芝麻官郑板桥，因为荒年赈灾得罪了朝廷显贵，被罢官后途经扬州蜀冈地区，成就了一段让人津津乐道的板桥佳话。郑板桥行至一处，被一阵沁人心脾的美味吸引了，便把毛驴交给仆从，自己一路小跑寻香而去。终于，郑板桥发现一家店立着一块“扬州怪豆腐”的木招牌，字迹已经随着木纹褪去了芳华。

店家为郑板桥推荐了豆浆、豆脑及各色豆腐菜。对于安贫乐道的郑板桥来说，如此美妙的豆腐宴简直闻所未闻、尝所未尝。郑板桥将各色菜肴品尝了一遍，有拌丝、炒片、酿鲜肉、烹鱼、炸黑块、腐乳等色香味奇美的菜式。郑板桥吃得摇头晃脑，连连叫好，称“此味只应天上有，怪味豆腐赛天庭”。

接下来，软文将“扬州怪豆腐”与“扬州八怪”联系起来。店小二对着郑板桥吹嘘道，就连饮食最挑剔的扬州八怪也常常夸赞自己店里的各样豆腐菜。郑板桥一听，断定店小二说的百分之百是假话。因为暂且不说扬州八怪并不是同一个时间段的人，不可能同时出现，起码作为八怪之一，郑板桥自己是第一次惠顾这家店。

郑板桥便反问店家，何以能够将自己的店与扬州八怪相提并论？店家将扬州八怪与怪豆腐之间的渊源向郑板桥娓娓道来，重点突出一个“怪”字。郑板桥又问店家，到底这家豆腐店的豆腐怪在何处？

然后，软文借店家之口，讲述了“扬州怪豆腐”的“七怪”：怪香、怪样、怪味、怪色、怪作、怪美、怪吃。可是，目前“扬州怪豆腐”只有“七怪”，还有“一怪”从何而来？此时郑板桥尚未到家，行囊空空，只好与店家达成协议，以一幅板桥真迹抵酒钱。

于是，店小二备好纸张笔墨，郑板桥一挥而就，怪字跃然纸上。店头：豆八怪。上联：扬州人不爱；下联：就爱豆八怪。落款：郑板桥。写完后，郑板桥对店家提议，算上自己这个怪人，于店家补足八怪，从此以后，豆腐店便叫作“豆八怪”。可见，“豆八怪”的店名是由扬州八怪中最怪的郑板桥主动题写，也是这家豆腐店起早贪黑做豆腐做出的福气。

4.5.2 油灯法则的四个步骤

运用油灯法则，需要遵循四个步骤。因为人们需求的本质是，在期望与现状之间有一个明显的差值。所以，了解受众的需求首先要了解和掌握受众的现状及受众所期望达成的目标，并明确这两者之间的差距。找到的这个差距，就是受众的购买需求。

而软文中提供的产品或服务，恰好能够弥补这个差距，满足受众的购买需求。软文应该将产品的实际价值提升到受众原先期望的高度，更好的是提升到超越受众所期望的高度。因此，营销团队与受众达成共识也有一个程度，最好是提升到能够超越表层、直达根本的程度。

运用油灯法则的第一步是确定受众的相关现状。在与受众进行交流的初始阶段，营销团队应该使用封闭式问题（对错判断或多项选择题，回答通常只需要一两个词）有效地确认受众的现状，从中找出产品或者服务在哪些方面能够满足受众，即产品和服务方面的共识。因为封闭式问题一般只需要受众进行简单的回答，而并不需要受众进行深入的思考，能够让受众放下心理戒备，逐渐敞开心扉。

如图 4-4 所示，图中共有 9 个黑点，相互之间大小、间距不一，可是人们会认为共有三组黑点。这是因为人们习惯于通过某种相似的共同点或者所处位置的相近性进行逻辑分组。

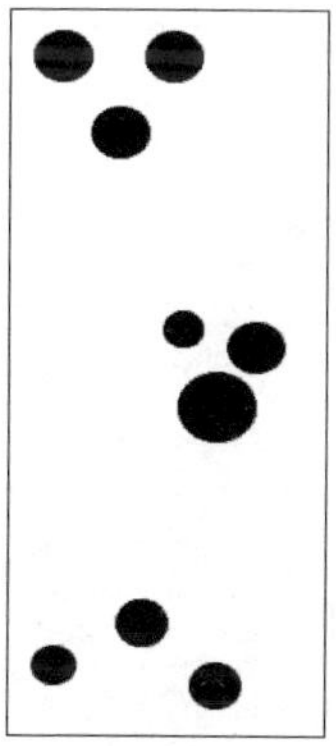

图 4-4 三组黑点还是 9 个黑点

第二步是了解受众的期望。在这一步，营销团队需要将问题扩展为开放式问题，借助一个比较宽阔的回答区域，全面了解受众所期望达到的目标。然后把第一步得到的信息，即关于受众现状的情况，和第二步得到的信息，即受众期望达到的目标进行比较，从而得出受众需求的范围，这个范围即为前文所提到的“差距”。

第三步是重点探讨阶段。在这一阶段，营销团队应该继续使用开放式问题，对于受众需求范围内的重点问题进行深入而详细的探讨。然后，营销团队应该确认对受众需求的理解。这时，营销团队应该重新采用封闭式问题询问受众，以确认对受众需求的理解，并最终明确受众的需求，与受众达成共识。

4.6 创造中间关系

撰写一篇对受众有吸引力的软文，文案创作者需要创造各种中间关系，包括产品与产品、产品与品牌，以及受众与受众之间的关系。以一篇来自知乎用户吴鑫的软文为例，软文题为“知道你为什么没有迷倒万千少女吗”。

4.6.1 有胡子才能迷倒万千少女

受众阅读这个题目，必然会产生“为什么会这样”的疑问。因此，软文的下一个层次是回答受众的疑问。软文以男人留胡子受欢迎的现象开篇，并引入“达尔文进化论”作为理论证明。由此，软文得出两个观点：“达尔文是个闷骚男”；“有胡子的男人确实比较性感”。

接下来，软文通过远古人的生理及安全需求证实留胡子的男子比较受欢迎的观点。在软文最后，主要讲述达尔文留胡须，以及审美进化“留小胡子”的现象，进而引出剃须刀的广告。

在这篇软文中，“胡须”即是吴鑫在剃须刀和迷倒少女之间建立的中间关系，逻辑清晰地阐明“要得到女生青睐，男士需要某某牌剃须刀”的广告结论。因为远古的女人喜欢食物，而毛发浓密的男人比较强壮，能够带来更多的食物，所以远古的女人喜欢毛发浓密的男人。由于基因遗传，这一心理习惯一直沿袭到了现在。所以，现代女性也喜欢毛发浓密的男人。

为了创造软文与受众的中间关系，文案创作者应该找出普遍受众的看点。众口难调，中年人偏好于阅读生活窍门、育儿心得等内容，而90后对明星八卦、热门事件更感兴趣；女性受众喜欢阅读情感故事、心灵鸡汤类软文，而男性受众更偏好于阅读创业分享和行业干货。其实无论出发点为何，只要抓住了最普遍受众的看点，创造了与受众之间的相关性，一篇软文就成功了一半。

4.6.2 面包有了，只差爱情

以网络软文推广红人“大忘路”的一篇软文为例，软文题为“面包我有了，只差爱情了”，软文风格延续“大忘路”一贯的文艺情感路线。打感情牌的软文受众广泛，而且爱情是人类社会亘古不变、屡试不爽的主题。

软文的主人公是一名普通都市女青年，讲述其到香港度假这段经历带给自己的影响。主人公与妹妹一家三口一起去了香港度假。经过五天的旅行，主人公除了羡慕妹妹一家三口甜蜜的家庭生活，还认识到，钱很重要。

回忆起第一次来香港时，主人公是为了看卢广仲的演唱会。当时，主人公是一名穷学生，为了买最便宜的机票，主人公提前一个多月便开始了比价，终于挑到了一个时间很差不过价格足够低的航班。由于正值年底，香港的酒店价格节节攀升，主人公本打算去公园露营，幸好有一个朋友帮忙预订了公司的招待所，主人公得以花380港元在北角住了一晚。

然后，主人公开始回忆当时为了去往招待所而拖着箱子四处问路的辛酸史，拉近与受众之间的距离，让受众觉得这就是一般朋友之间的诉苦，进而产生希望去安慰主人公的同情感。可是到此为止，软文并没有提及“面包”、“爱情”，吸引受众接着往下看。

软文出现了主人公的“闺蜜”。当时，主人公遭到闺蜜的调侃，说既然那么穷酸就不应该千里迢迢去看演唱会。可是主人公的看法是，不知道自己再过两年还会不会有这种追星的热忱。

时间过了三年，主人公找到了工作，又换了工作，谈了恋爱，又分了手，还莫名其妙地生了一场大病。可以说，主人公已经体会到了人间的温情与冷酷。发生了这么多事，主人公感慨，唯一庆幸的是，自己愈发懂得钱的重要性。主人公早已经开始有意识地攒钱、理财，因为只有这些才能回报给自己一种踏实的安全感。而且，主人公的生活质量在一点一点地提高，心态也在一点一点地放松。无论遇到什么事，主人公都不会像以前一样慌里慌张了。

笔锋一转，软文介绍起了“理财”、“攒钱”的重要性。然后，软文开始描述主人公有了“面包”之后的生活场景，还用到第三人的观念说明软文想要传达的观点。主人公上街购物时，会遇到一些势利眼的店员，店员会直接指出哪几件品牌衣服不参与打折。

这时，主人公会看都不看，扔出自己的银行卡，一字一顿地表明自己并不在乎价钱，只管结账。主人公说，也许读者会笑自己幼稚，或者内心不够强大，才会在意别人的眼光。但是主人公自己反而觉得，如果不能完全超然于世俗生活，那么对付势利的人，最好的办法是从物质到精神上都过得更好。

接下来，软文以专栏作家连岳之口，讲述了巴尔扎克初到巴黎时，不是买书，而是置备一身好行头的故事，说明在社会生活中，如果不想被狭隘地评判，被贴标签，被打量，则需要有一定的物质基础，才会让自己活得更轻松一点，自尊心不会受到伤害。最后，软文借主人公之口，得出结论：物质上的富有，是对抗这世上所有冷酷与无趣之人的铠甲。

通过找出普遍受众的看点，创造软文与受众的中间关系，能够最大限度地吸引受众的注意，增加软文的点击阅读量。卡通人物辛普森说：“人类的眼睛可是什么都想看的哟！”为了迎合这种本能，文案创作者应该不断挖掘更多的看点，创造受众与软文的中间关系。

4.7 了解新闻媒体的格调

在新媒体时代，新闻媒体为了更好地生存，一方面需要为企业提供推广服务，另一方面必须保证自己的高格调。中国市场对于苹果公司越来越重要，可以想象，有朝一日，苹果公司会将推广媒体扩展至中国最具权威性的新闻媒体平台《人民日报》。读者不妨虚拟一个场景：如果要为苹果公司在《人民日报》上发一篇软文，应该怎么写？

4.7.1 库克视察苹果分店

首先，文案创作者需要了解《人民日报》这家媒体一贯的语言风格。《人民日报》是一家有格调的报纸，如果企业需要借助其进行隐形商业宣传，必须理解并符合其坚持的格调。以“库克视察苹果维多利亚分店”这篇软文为例。

9月22日上午，秋高气爽，丹桂飘香。维多利亚苹果店里欢声笑语，人头攒动。苹果公司首席执行官蒂姆·库克先生在店长凯文·史蒂夫的陪同下，不远千里，深入到一线店面，为那里的员工带去节日的问候和对未来最美好的祝愿。库克亲切慰问广大一线员工和店内的顾客，并就 iOS 9、iPhone 6S 和 iPhone 6plus 的销售状况进行调研。

顾客们一致通过库克先生的意见，称赞iOS是世界上最先进的操作系统。所有人都要紧密地团结在以库克先生为中心的苹果公司集体周围，以发展为第一要务，以创新为发展核心。维多利亚苹果专卖店当日原则通过《蒂姆·库克首席执行官视察加州新苹果店讲话纪要》，并下发各分店认真学习、研讨。

曾经，一篇名为“金正日同志访问联想”的帖子在网上广为流传。发帖者创作此文的目的本为博众网友一笑，结果软文变成了朝鲜媒体上正式的新闻报道，还被一些作家当作真实的历史加以记载和引用。

原因在于这篇软文秉持新闻报道语言运用的一贯风格。软文开头写明报道来源为朝通社，并以职务全称介绍金正日。“金正日在中国有关部门领导的陪同下，参观了中国最大的科技公司之一联想集团。”

“金正日向联想集团全员表示深切的慰问和关怀，致以最真切的敬意，受到联想集团全员的热烈欢迎和拥护。”然后，软文对联想集团进行了简要介绍。“在中国共产党的正确领导下，从1996年开始，联想集团生产的电脑一直占据中国电脑市场份额第一。收购IBM公司PC部之后，联想电脑销售量更跃居世界第一，是世界上最大的PC生产厂商。”

“联想集团所取得的成绩，不仅对全公司、全中国具有不可磨灭的重大意义，更有力地抵制了资本主义国家的经济进攻。随着参观的深入，金正日同志与中国共产党在联想集团的领导人柳传志同志展开了亲切友好的谈话。柳传志同志代表全体联想集团员工表达了对朝鲜民主主义人民共和国在社会主义建设中取得的伟大成就致以最崇高的敬意。”

接下来，软文开始引入互联网。“面对联想集团全体员工，金正日同志就无产阶级专政国家如何用好互联网实现国家发展发表了重要观点。金正日同志指出，随着互联网的兴起和发展，社会上已经出现了一个新的阶级，即网上无产阶级。而且，随着互联网影响趋势的日益深入，人民通过互联网工作的情况越来越广泛。但是整个互联网目前仍然掌握在资本家手中。这些利用网络从事生产的劳动者本身并不占有生产资料，因此仍旧在受到资本主义的残酷剥削。”

软文讲述企业家利用互联网给人们的工作方式带来的负面影响。相较于传统的剥削形式，这种形式显得更加残酷、更加隐蔽。实际上，在一些资本主义国家里，网上无产阶级普遍每天需要工作十二小时以上。

而且，这些工人不仅受到来自经济的剥削，还要不断抵抗资本主义思想的不断渗透，给工人们造成精神上的荼毒。在资本家面前，工人们连残存的最后一丝对自由的渴望都被消耗殆尽。而在另一方面，互联网的出现，成为资本主义国家控制人民的利器。

然后，软文以“金正日同志进一步指出”，“金正日同志指出”，“金正日同志同时指出”，说明互联网造就的“网上无产阶级”概况，以及“朝鲜人民将在五年内全面普及互联网”这一“设想”。

4.7.2 严肃报纸的腔调

作为中国政府的喉舌，《人民日报》不仅承担着对外展示中国国家形象的重要任务，还是体现社会主义新中国的舞台。《人民日报》报道的首要要求是坚持正确的舆论导向，并一如既往地保持高品位、高格调，兼备专业性与综合性，具有高度权威、庄严、客观、准确、及时的媒体特点。当然，巨大的发行量、丰富的读者层次和广大读者极高的认同感也是《人民日报》在众多新闻媒体中脱颖而出的一大优势，得到中外民众的高度赞誉与信任。

《人民日报》不仅有自己的格调，更有特定的腔调。总体而言，在《人民日报》上发表的软文，首先需要注意宏观，从大局出发，最重要的是突出群体意识，包括在文中多使用“我们”、“咱们”作为主语：“只要我们始终符合知乎先进生产力的发展要求、知乎先进文化的前进方向、知乎最广大人民的根本利益的忠实代表，我们就能永远立于不败之地，永远得到全国各族网民的衷心拥护。”

其次，在《人民日报》上发表的软文必须逻辑清晰、结构明确、直奔结论。例如，软文中应该多使用“……根本就是这么回事！”、“其实根本……”、“只有……，才能……”。而且，文中应该多采用官方语言，并多使用通俗动词，同时注意词汇的丰富程度和形象化。

例如，“搞”活经济，两手“抓”，两手都要硬；“高度评价”；“全体民众”；“最崇高的敬意”；“伟大祖国文化瑰宝的璀璨明珠”；“意义重大，影响深远”……此外，软文中应该尽可能多使用一些词汇，例如，多使用“文化”，包括音乐文化、旅游文化、电视文化、官场文化、请客文化、虐恋文化；多使用“艺术”、“设计”等。

最后，让软文听起来像咏叹调非常重要。例如：“……主持召开……会议，研究……问题。会议指出要以……和……为突破口，通过协调……、规范……、化解……，维护……，促进……，保持……，有效应对……，为……和……事业发展营造更加良好的社会环境。”

4.8 案例：苹果公司的灵丹妙药

美国 NBC 电视台财经频道（CNBC）最当红的节目是“Mad Money”（我为钱狂），该栏目主持人是吉姆·克拉姆。吉姆·克拉姆在一次节目中采访了模拟芯片供应商思佳讯（Skyworks Solutions）公司负责人。思佳讯也是苹果公司的芯片供应商，思佳讯公司负责人声称苹果公司在中国的销售状况良好，但是，苹果公司的股价还是跟随全球市场的步调急速下滑。

4.8.1 库克私人邮件被公开

考虑到全球 PC 市场持续低迷的大背景，苹果公司是否真如自己所宣称的那样可以置身事外，这件事也需要打个问号了。不过，苹果公司在新兴的中国市场一直保持飞速增长，市场份额已经达到了 1/3。苹果公司的 iMac 产品出货量更逆市上扬，成为世界市场 PC 厂商前 5 名中唯一一家出货量不降反升的公司。

吉姆·克拉姆对一个问题颇感兴趣：中国市场在未来一段时间是苹果公司销售业绩增长的中流砥柱，苹果公司 CEO 蒂姆·库克对于公司目前在中国市场的销售情况有着怎样的看法呢？吉姆·克拉姆就此给蒂姆·库克发了一封邮件。

邮件内容为：亲爱的蒂姆，我对苹果公司的关注一如往常，正竭尽全力报道相关消息。但是在采访过程中，我不止一次碰到过与“中国恐慌论”相关的问题。这种状况与当前不甚乐观的全球经济密切相关。因此我想，在东部时间9点的华尔街直播室（Squawk on the Street）节目开始之前，我需要获得你的一些帮助，以尽可能将情况整理清晰。

有早起习惯的蒂姆·库克在第二天早上8点（在蒂姆·库克居住的加利福尼亚州则是早上5点）回复了吉姆·克拉姆的邮件。蒂姆·库克回复的邮件内容如下：关于中国地区的运营状况尽在我的掌握之中，每天我都会收到相关报告，今天当然也不例外。我可以告诉你，据中国市场6～8月的销售情况报告，我们公司的业绩增速相当强劲。当然，我也不可能知道未来会发生什么，但至少从当季看来，我们公司的表现令人心安。

虽然苹果公司的销售业绩节节攀升，但是苹果股价却与业绩表现背道而驰，一路下滑。外界解读，造成这个局面的主要原因是苹果公司对中国市场的过度依赖。然而中国经济面临着一系列风险，再加上人民币贬值带来的压力，让中国市场成为一把达摩克利斯之剑高悬于苹果公司头顶。

然而，蒂姆·库克力挺中国经济的这封邮件让苹果公司的股价从–10%的跌幅止跌回涨，涨幅高达5.74%。邮件公开当天，苹果公司的股价在收盘时跌幅为–2.5%，暂缓了公司股价的下跌趋势。同时，这封邮件也提到了包括苹果公司在内的其他大型企业在市场动乱之中所承受的压力。

美国市场分析公司寒鸦研究独立技术分析师简·道森认为，苹果公司股价表现疲软的主要原因是目前全球市场担忧中国经济增长的速度和方式。为了缓解市场的忧虑情绪，苹果公司的最佳方法是给吉姆·克拉姆发送一封邮件，展示苹果公司在中国市场所取得的进展。

简·道森确信蒂姆·库克知道吉姆·克拉姆会在节目中公开这封邮件，而这类公开分享的信息传播速度会非常快。果不其然，邮件公开后，苹果公司的股价便迅速回升，这封邮件也算完成了使命。

吉姆·克拉姆对于能够收到蒂姆·库克的回复这件事很意外。2015年3月，蒂姆·库克给 Mad Money 节目打过电话，还祝贺吉姆·克拉姆担任该节目主持10 周年。吉姆·克拉姆是苹果公司股票的坚定支持者，一直坚定地告诉别人不要卖掉苹果公司的股票。吉姆·克拉克认为把苹果公司的股票卖掉是一个严重的错误，人们应该选择持有。而且，吉姆·克拉姆参与管理的慈善信托基金也长期持有苹果公司的股票。不过，吉姆·克拉姆声称自己与蒂姆·库克之间并没有太多私交。

4.8.2 对中国市场充满信心

对于苹果公司而言，中国市场的重要性越发凸显。尤其是近年来，由于智能设备在欧美市场相对饱和，苹果产品的销量增长在美国及欧洲部分区域出现了明显放缓。然而中国市场尚有大量首次使用智能设备的人群，因此苹果公司在中国市场的销量依然保持着强劲增长。预见到中国市场巨大的增长潜力，苹果公司早就在这块市场上为产品的销售奠定了基础。

2013 年，苹果公司联合世界最大的手机运营商中国移动，在中国市场推出 iPhone 手机。同时，苹果公司也在全力加强中国市场的运营力度，计划到 2016 年将中国市场的门店数增加到 40 家。

苹果公司是全球股票市值最高的企业，在过去的两年里股价上升了 45%，却在 2015 年前半年回撤了 18%。苹果公司是否能一如既往地保持迅猛的增长势头，一直受到相关分析师的关注。

在那封写给吉姆·克拉姆的邮件中，尽管苹果公司股价暴跌 20%，蒂姆·库克仍然坚信“中国将在未来很长的一个时期内代表前所未有的机遇”。不过，这封邮件受到了监管专家的关注，因为其涉嫌违反证券交易委员会规定的公平信息披露要求：如果上市公司要披露信息资料，应该对所有投资者同时进行披露。

在苹果公司之前召开的财务会议中，公司对能够在中国市场保持强势而持久的收入增长看法非常乐观。而从苹果公司发布的 2015 年第三季度财报也可以看出，苹果公司来自中国市场的营收同比上涨了 112%。

这一数据也表明，中国市场对于苹果公司的业务增速举足轻重。2015 财年第二财季，苹果公司来自中国市场的营收同比增长了 71%。蒂姆·库克曾称，希望今后在某种程度上中国能够超越美洲市场，成为苹果公司最大的市场。

苹果公司将更加依赖中国市场，同时苹果公司的发展将与中国经济密不可分。在接受媒体采访时，蒂姆·库克表示，目前中国市场的移动网络渗透率仅为 12%，这意味着 iPhone 将迎来更多的发展机遇。而且蒂姆·库克还引用管理咨询功能公司麦肯锡的一组数据证明苹果公司在中国市场的前景。预计到 2022 年，中国中产阶级家庭的数量约占中国家庭总数的 54%，而中产阶级数量的增长也说明苹果公司的目标客户在不断增长。

05

好标题的八大类型

广告大师莱昂内尔·亨特说：“如果标题不够引人注目，那内文写什么都没有用。有时候标题连一个词都算不上，却胜过千言万语。”对于软文，一个好标题尤其重要。标题是软文营销最重要的部分。通常，受众会根据标题决定读不读正文。据统计，标题的阅读量是正文的5倍。换句话说，受众为一篇软文的标题付费80%。如果文案创作者不能让受众被标题所吸引，就白白浪费了这80%的成本。

5.1 常规型：先写得实，再写得妙

标题就像商品的价码标签，必须让受众一目了然该文案所推销的产品名称、效用或者达到的目的。标题是用来向企业的潜在顾客打招呼的，如果企业卖的是苹果汁，那么就要在标题里明确写上“苹果汁”的字样，这样就能抓住每一个想喝苹果汁的人的目光。如果企业想要让青少年这个群体读这篇软文，那标题里就要有“青少年”这个字眼。

5.1.1 “首负”翻身的史玉柱

巨人网络创始人史玉柱认为，每个人都是普通人。作为第一步，需要清清楚楚地备好自己的基本资料，把自己要说的内容罗列出来，这样就已经足够了。等基本资料有了，框架清楚了，然后再进行修饰。

同时，文案创作者一定要设法在标题中体现品牌名称。因为标题的阅读量是正文的5倍，所以，一定要告诉受众，软文宣传的是什么品牌。标题要写得直截了当，不要和受众玩捉迷藏，而应该以电报式文体讲清企业要向受众传达的内容。

通常，一个消费者每天要读350个标题，所以，文案创作者要保证软文在重重叠叠的标题海洋中脱颖而出，就应该抛弃一些故意卖弄的标题，例如双关语、引经据典或者使用一些晦涩的词句，因为受众不可能停下来花时间去破解扑朔迷离的标题里的谜团。

虽然脑白金被有些人贬为“垃圾广告”，不过，史玉柱却敢说：“如果脑白金无效，就请告诉身边一百个人。”从让青少年沉迷其中的网络游戏，到掀起与冯小刚的微博骂战、公开收徒等，这些都使得史玉柱成为中国最具争议性和最富传奇色彩的富豪。

登上福布斯全球富豪榜时，该杂志的编辑是这样介绍史玉柱的：最富有的上海居民。从创建巨人的万众追捧，到因为一幢从未建起来的巨人大厦而破产。直到现在，史玉柱以网络游戏服务商——巨人网络回归，再次轰动世界。

“首负”翻身的史玉柱，除了每逢佳节必活跃在各家电视台的“今年过节不收礼，收礼只收脑白金”系列洗脑广告，还有大火的旗舰产品“征途”网游广告语，包括“今年过节玩游戏，游戏只玩征途 2”、“征途 2 喊你回家”等，被广大网友戏谑为无下限广告。

不过这些都只是口头的调笑，事实上是一种亲切的口吻。因为从统计数据来看，自从 1997 年推出，脑白金已经连续 16 年占据保健品单品销量榜第一；而征途从 2005 年内测，就成为网游界最闪耀的一颗明星，是全球第三款同时在线人数突破 100 万人的网络游戏。

究其原因，因为史玉柱知道再强大的软文营销也比不过高品质的产品，最重要的是，文案首先要写得真实，在此基础上，再追求写得巧妙。在《征途 2》“网游下乡”活动中，“同镇交友、跨村约会”的广告标语贴到了各村镇、各农场，朗朗上口，通俗易懂。

5.1.2 高露洁是否得到口腔专家一致推荐

如果软文的真实性受到质疑，即使措辞再妙也无济于事。美国全球消费品公司高露洁曾经在软文中宣称“中国和世界专业权威机构一致认证：高露洁安全、有效”、“中国及全球口腔护理专家一致推荐：高露洁安全、有效”，这样的标榜带给读者以权威的真实感，不过，却被工商部门列为“可疑”文案，并对其进行立案调查。

工商部门认为，高露洁的这则文案内容真实性存疑，涉嫌违反《广告法》、误导消费者，并对其他厂家形成不正当竞争。高露洁的这则软文出现在“致癌风波”后不久，厂家希望通过极力宣传“安全”、“有效”，挽回受损的消费者信任度。

不过，虚假的广告信息引起的效果适得其反，因为经调查，高露洁只通过部分机构的认证。主宣传词的合理性存在争议，以偏概全。而且，在调查过程中，没有一个专家承认推荐过高露洁牙膏。根据牙科专家建议，消费者不宜长期只使用某一品牌的牙膏，最好定期更换品牌使用。

类似真实性存疑的软文在市场上并不少见，如西门子一款冰箱的宣传语“零度不结冰，长久保持第一天的新鲜”，不过有消费者质疑该文案有夸大宣传的嫌疑。在该款冰箱的宣传卡片上，印有“拥有西门子 0℃生物保鲜冰箱，5 国 13 站飞行回来，食物仍能保持原有的新鲜”。

西门子公司不仅拿不出证据证明“长久保持第一天的新鲜”，而且其律师也不能出具检测报告。经工商局立案查处，责令西门子公司修改宣传语，并处以罚款。

软文的目的是推销产品，这并不意味着可以为了达到目的而夸大其词，进行虚假宣传，吸引受众的注意，扩大消费者群体。最基础的软文写作原则是真实，先写得实，再写得妙，这是拥有二十年成功软文营销经验的史玉柱提出的建议。

常规型软文标题主要传递软文内容的基本信息，这也是最常用的写法。例如“产品经理一天的工作内容”、“广东无害化销毁 3.2 吨毒品”、“外军获邀赴华参加阅兵”等。虽然这种标题写法看似没有新意，但是中规中矩的标题并不会给受众留下刻板的感觉。

采用常规型标题的软文，采用自然平实的方式向受众传递基本信息，可以让受众在第一时间感知软文的概况。不过，为了增添受众的阅读兴趣，文案创作者可以在标题中巧妙地加入一些修饰词，这样可以在平凡中突显一丝新意。

5.2 特定型：1982 年出生的人来聊聊

软文采用特定型标题，能明确受众，并指定内容，可以吸引目标人群及目标外的人群。例如“1982 年出生的人来聊聊”、“A 型血天蝎座男孩的性格特征”、“90 后女生的两性观念”等。采用特定型标题的，运用特定的内容聚拢特定的人群，从而与之产生共鸣，并扩大共同的话题，最终产生特定的效应。

虽然指定受众的方式看起来把软文的读者范围缩小了，但是，正是由于这种特定性，在把特定人群聚拢之后，更引得一些貌似无关的人产生一种好奇心，最终点击阅读。如果软文采用这种标题，则能够大大提高流量。不过，文案创作者需要掌握一定的特定标题提炼功力，进行准确的提炼。

例如一则为 UI 保险公司做的医疗保险软文的标题“如果你的年龄已经超过 50 岁，怎样才能不做全面身体检查而为你的生命投保呢？”，这是一篇拿到澳大利亚消费性产品最杰出文案银奖的软文。

这篇软文的正文内容是什么呢？文案创作者说，大部分内容是从客户的产品手册里照抄的，包括保险计划、运作方式、检查期等规定，相信读者可能不会对它们感兴趣。所以，这位文案创作者敢打包票，其实大多数评审都没有读多少内文，仅仅从标题、图片和版面推断这则文案可能相当不错。毋庸置疑，消费者通常也是如此。

如今，越来越多的软文标题采用特定型，吸引受众的兴趣，并激发“非指定受众”的好奇心。以一篇名为“男生勿入！女孩子如何记录自己的小秘密”的软文为例。软文第一句是：“女孩子的秘密多到男生完全无法想象！如果有冒失点进来看文章的男生，赶快关闭这个页面吧。”

但是人都有好奇心理，通常，让读者“关闭”或“离开”这篇文章，往往会吸引更多的阅读量和关注度。这是一种欲拒还迎的招数，用在软文标题的撰写上同样适用。采用特定型软文标题，文案创作者需要对软文的受众有清晰的认识，并准确把握受众的心理。

如果软文针对的是女性受众，那么文案创作者可以掌握一个标题的万能诀窍——了解一些关于星座、血型等对人的性格和个性影响方面的知识。在撰写软文标题的时候，如果软文以星座运势、星座性格、星座爱情等为切入口，则会立即调动起受众的兴趣。

撰写特定型软文标题，文案创作者可以谨记FORM（F——Family，家庭；O——Opportunity，事业机会；R——Recreation，娱乐消遣；M——Money，金钱）法则。FORM法则第一条，F代表Family，即家庭，标题突出关于特定受众家庭的话题，例如是否成家、有没有小孩等。FORM法则第二条，O代表Opportunity，即事业机会，包括特定受众从事的行业、正在做什么生意。FORM法则第三条，R代表Recreation，即娱乐、消遣，包括特定受众的兴趣爱好、平时下班了最喜欢做些什么。最后一条是M，代表Money，即与钱有关的话题。例如，当特定受众有一大笔钱时会去干什么、会去买什么，以及做哪些投资等。

5.3 数字型：她让公司月活跃用户达 12 亿

数字具有极大的冲击力，能够给受众带来巨大的震撼。当受众遇到数字的时候，好奇心驱使受众从数字中寻找答案，从数字中得到力量。一般而言，数字越大，带给受众的震撼也越大。例如“资产超 2000 亿，铁塔是做超级独角兽还是在 A 股上市？”、“天猫‘双 11’成交 571 亿元”、“‘双 11’手机销量破吉尼斯纪录售出 200 万台”等。

5.3.1 米娜尔·巴拉是怎么做到的

一篇名为“五年内，她让一家公司月活 12 亿”的新闻报道，第一句就表明其软文属性。开头说明用户对于企业和管理者的重要性，即使用户量最早超 10 亿的 Facebook 也必须在维系用户时小心谨慎。维系用户，促进用户量增长，是企业永远不会完结的任务。要留住用户，除了必须满足其初始需求，还需要为其制造惊喜瞬间，保证在对的时机将用户的心一击即中。

软文讲述米娜尔·巴拉——社交网站 Facebook 前任用户增长团队总监的故事。米娜尔·巴拉在 Facebook 工作的五年时间内，主要工作是想方设法让地球上的每一个角落都有更多的人使用 Facebook。

米娜尔·巴拉的工作团队成立于 2009 年，当时，Facebook 为全员定下的目标是让用户量达到10亿。直到2014年3月，米娜尔·巴拉离开Facebook时，公司月活跃用户达到了12.76亿。米娜尔·巴拉是实现这个目标的灵魂人物。在达成目标的过程中，米娜尔·巴拉必须同时考虑那些只使用移动端用户的需求，以及如何获得处在地球最偏远角落的用户。

然后，软文以米娜尔·巴拉的口吻，向受众传递Facebook的用户增长过程并不是一帆风顺的。在用户量增长初期，团队将重点放在以各种创意测试核心的产品体验。米娜尔·巴拉认为，大量的工作是为了弄清不同国家或地区、不同民族的用户在使用Facebook时需要跨越的鸿沟。

现在，米娜尔·巴拉担任创业公司Remind的市场部副总裁。Remind公司开发了一个家校对接应用，公司的主要业务是为老师、学生和家长相互之间的沟通提供服务。米娜尔·巴拉沿用之前验证过的用户增长策略提升公司忠实用户量。米娜尔·巴拉认为自己的经验尤其对创业公司获得用户有所帮助。因此，米娜尔·巴拉分享了一些要点供大家参考。

接下来，软文介绍了一些实用性信息。米娜尔·巴拉将目标用户群分为三类：一是之前从来没有听说过该产品的用户群；二是听过但没有使用过该产品的用户群；三是知道但是不打算使用该产品的用户群。

软文针对这几类目标群体的增长策略进行了详细介绍。目前大部分公司的用户增长策略都是针对前两类用户群的。对于第一类用户群，采用普通的推广营销手段就可以达到开辟新世界的效果。找出人们进行产品识别的方式，然后借助病毒传播、广告等方式让这些潜在用户识别产品并留下印象。对于第二类用户群，则需要点对点地弄清这部分人对产品的看法和希望的使用方法，这部分群体极有可能成为公司的潜在用户。

5.3.2 数字标题的冲击力

软文标题中数字的功能主要表现在以下三个方面。

第一是深化。软文标题力求简洁，通常情况下，标题中不会涉及数字。不过，对于涉及数量概念而数字非常具有说服力的正文，在标题中引入数字能够深化突出主题，引起受众的关注与感情共鸣。例如“男人不能忍受的 10 件事”、“摆脱这 7 步，拒做干物女”等。

第二是强化。在软文领域，比较出文章。对比越强烈，反差越大，软文就越有冲击力、震撼力。《光明日报》1979 年 8 月 5 日的一则标题“错批一人，误增三亿”是经典之作。这篇软文主要报道“为我国著名经济学家马寅初平反”。

报道引入数字标题，相较于当时大多数报纸的标题“北京大学为马寅初先生彻底平反”具有更强烈的冲击力。此外，“只因两块五，害死三条命”、“Uber 助中国用户海外游畅行 58 个国家 / 地区 255 个城市”、“23 年我做了 20000 小时的志愿者”等，也是数字型标题起到强化作用的案例。

第三是趣化。展现出大千世界，无奇不有。现实生活中的奇闻逸事中，有相当一部分是因其数字而形成的。在标题中引用这些数字，能够凸现显奇巧，增添情趣。现代广告之父大卫·奥格威为劳斯莱斯汽车写的标题有 26 个英文单词（翻译成中文有 28 个字）：在时速 60 英里时，这款新的劳斯莱斯汽车上最大的噪音来自电子钟。这是大卫·奥格威认为自己写得最好的标题。还有一篇名为“500 粉丝 10 万 + 阅读量的秘诀”的软文，标题也十分有趣味性。

根据纽约大学零售商品研究院在一家大型百货公司做的标题测试，超过 10 个字的带有数字的标题，比那些短的标题更能推销商品。还可以在标题中加入一些经实验或事实证明会产生良好效果的数字和字眼，例如“2015 年中国诞生的 13 款最具创新性产品”。

可以在软文标题中将数字与效果类词汇结合使用，例如使用如何、突然、目前为止、宣布、引进、重大发展、改进、最后机会等。虽然这些词听起来是老生常谈，不过在软文中却很有作用。

软文标题使用具体或特定数字，能够达到突出内容的目的，最终产生意想不到的效果。因为数字主要起总结提示的作用，对于受众而言，总结提示性的信息具有相当大的吸引力，而且具有一定的震撼力。极大的数字带来极大的震撼。

5.4

疑问型：如何让你的博客粉丝量破千万

疑问型标题也可以叫设问式标题。为了引发受众的好奇心，在软文标题设计中，文案创作者可以多采用疑问句和反问句。核心点是在题目中提出一个问题，然后在软文正文中围绕这个问题自问自答。

例如“华为凭什么成为最受外媒尊敬的中国IT公司？”、“人类可以长生不老？”、“什么使她重获新生？”、“牛皮癣，真的可以治愈吗？”等。通过设问引起话题和关注是采用疑问型标题的优势。

5.4.1　精心策划的自问自答环节

采用疑问型的软文标题，通过向受众寻求帮助或提出疑问，达到产生共鸣的目的。例如“做公益，你怎么盈利不饿死？”、“设计真的有那么重要吗？”、“没有运营的产品怎么火？”等。一般而言，网络软文如果要吸引受众眼球，最常用的方式是采用疑问型标题。文案创作者认为，让受众产生共鸣是达到目的的前提，而这种前提是从正文中提炼出一句疑问型标题。

其实，在网络上，采用这种标题的软文，大部分是经过认真策划的。不过，疑问型标题也需要一定的技巧，那种太过于简单的、意义不大的问题，并不能引起受众的注意。而让受众产生共鸣，希望与文案创作者一起，协同解决问题，这是最有效的推广手段。

不过，除了提出的问题要有吸引力，答案也要符合常识，否则将作茧自缚、漏洞百出。而且，标题虽然要有诱惑力，但不能是纯粹的“标题党”，这样会给用户造成货不对板、挂羊头卖狗肉的感觉。

在创作软文的第一步，文案创作者应该赋予软文一个富有诱惑力、震撼力、神秘感的标题。例如软文“还没开始用手工皂？你太 OUT 了”，通过反问和热门词“OUT”的组合，锁定目标受众，一个充满神秘新鲜感的标题，使这篇软文获得了大量的转载。

历史间谍类电视剧《潜伏》播出当年，收视率一直居高不下，为什么这部剧会引起广泛的关注？很大程度上是因为一个接一个的疑问和扣人心弦的剧情，观众总猜不出下面一集剧情的走向，因此会一直观看这部剧。软文的撰写也是如此，在标题上埋下伏笔，能够让受众惊讶、猜想，继而产生阅读正文的渴望。疑问型标题应该具有趣味性、启发性和制造悬念的特点，而且能够引发正文作答。

例如，为防锈产品撰写的软文标题“是什么让他的爱车走向了不归路”，为红酒撰写的软文标题“十年里发生了什么”，为食品类撰写的软文标题“高端乳酸猪肉是忽悠吗”，为培训机构撰写的软文标题“我是如何从失败中奋起，进而走向成功的”，等等。

5.4.2 苹果音乐能否撬开中国人的钱包

苹果公司为旗下的音乐应用苹果音乐撰写的软文题目为“苹果公司能否撬开中国人的钱包”。软文分析了在中国市场苹果音乐遇到的问题并不是来自本土市场的竞争对手，而是中国消费者有着根深蒂固的免费观念，就连 BAT 也不敢轻易碰这个禁区。

软文首先介绍苹果音乐。苹果音乐在美国上线三个月，用户免费试用期基本结束。大多数用户都选择了取消订阅，专家最乐观的估计是，选择续费订阅的用户将维持在 350 万人左右。

苹果音乐同时宣布进军大中华区，为用户提供充满诚意的音乐资源。当然，免费试用期过后，苹果音乐也会对中国用户收费。虽然“苹果的音乐资源是诚意之作”，但是软文指出，目前，其整个操作流程相当复杂。

申请的 Apple ID 需要特定的支付方式，而且内置的功能复杂得像编程一样。加上可能出现卡顿、跳歌、资料库无法上传等问题，以及培养中国消费者的付费习惯，都是苹果音乐需要解决的问题。

软文正文中有一个小标题——“有料任性，苹果没有免费的午餐”。在蒂姆·库克掌管下的苹果公司从来没有为用户提供过免费的东西，也不会考虑降低新版 iPhone 的价格。“不能提供免费服务”这一条甚至被相关专家确定为苹果公司的致命缺陷。不过从目前来看，苹果公司的财务状况依旧良好，是全球市值最高的互联网公司。

此外，软文还举出此前苹果教父史蒂夫·乔布斯的相关做法。乔布斯从来不会把用户当成上帝，而只是专心地为用户提供最优质的产品和服务，以此在全球造就最庞大的拥趸者群体。

软文接下来讲述苹果音乐的收费服务在中国面临的困难，做出推论：苹果音乐在中国市场最大的优势是品牌影响力，以及培养消费习惯的能力。苹果公司以其强大的硬件创新能力，培养了全球用户“花 650 美元买一部手机”的消费习惯。

现在，苹果公司打算用同样的方式培养用户新的消费习惯。而在中国市场，付费音乐需要一个长期的养成过程。中国国内企业更注重短期效果，而不是长期投资，为苹果公司提供了一个大好的机会。苹果公司拥有强大的硬件制造能力和改变世界的情怀，能够做好长期投资。而且在 iPhone 之前，没有哪家公司敢用一年时间研发一款手机。因此，事实证明，好东西永远不怕晚。

疑问型标题能够以“问”呼人，让受众感觉更亲近。拉近人与人之间距离最简单的方法莫过于打招呼，就像中国人见面都会问的一句话：“吃了吗？”显然，以对话、发问的形式，或者对受众直呼其名，往往更能吸引受众的目光。

5.5 附攀型：明星效应

“我们都是名人的崇拜者。名人的知名度越高，能吸引的读者也就越多。”这句话被“为硅谷策划行销的人”里基斯·麦金纳奉为金科玉律。明星能立即将品牌的风格以及希望向受众渲染的气氛和带去的感受注入产品之中，这与其他任何象征都不相同。

5.5.1 新秀丽箱包与李敏镐效应

明星效应能够带来双赢的效果。不过，很多软文由于选用不合产品气质的明星，结果使得明星看起来就像外籍雇佣兵，被人们认为代言或转发企业微博就是为了赚钱。也有些守旧的观点认为，使用明星宣传产品，是侮辱受众的智商。“谁在乎琳达·艾乐碧是否爱喝麦斯威尔咖啡呢？”

的确，明星从表面上看起来似乎与产品毫无关联，不过最后制造的震撼效果通常令人愉悦。使用明星推广产品，不仅能制造意想不到的即时效果，而且能向受众传达弦外之音和暗示，制造出市场与口碑的巧妙联合，以及细致、深入的信任感。

明星效应主要立足于明星符号的象征化，具体分为以下几种布局，如图 5-1 所示。

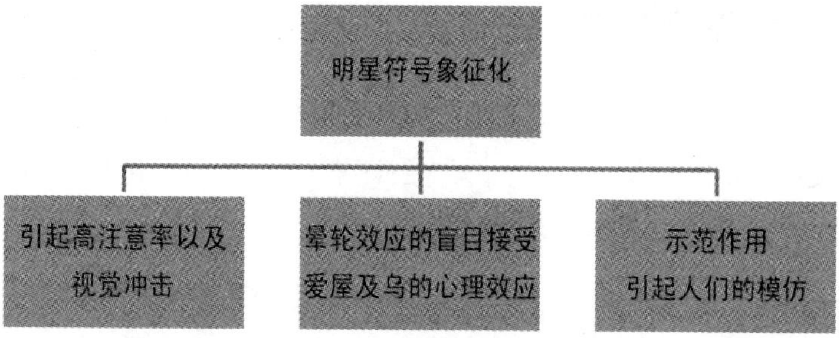

图 5-1　明星效应组织结构

从财务、时间行程、合法性及意象指涉等角度来看，动用明星都不是一件简单的事。只有市场的反应是刺激、新鲜、难忘而有效的，明星效应才值得使用。判断用明星的名气撰写的软文是否有效，其中一个好办法就是去掉明星的大名后，整篇软文是否仍有娱乐效果。如果达到了这个标准，那就是值得的明星效应，因为用明星不是创意，只是软文中的技巧而已。

"李嫣自拍揭秘，天后也爱 FOREO 洗脸神器"，"刘亦菲成山寨礼服王"，"赵雅芝年轻 20 岁的秘密"，"范冰冰最喜爱的几款 LV 包包"……亚马逊雨林一只蝴蝶翅膀的偶尔振动，也许能在两周后引起美国德克萨斯州的一场龙卷风。

明星同样具有这样强大的力量。例如知名女星范冰冰出席所有场合的搭配，几乎都能找到淘宝同款。某些网店直接设计对白："范爷同款只要 190 还不疯抢？"据统计，范冰冰的穿搭在淘宝网上共有超过 10.6 万件同款。

最早运用明星效应的是在 20 世纪初由美国智威汤逊公司为力士香皂做的文案。当时，影星照片第一次出现在文案中。自此之后，明星效应成为文案重要的表现策略。韩国明星李敏镐的宣传效应十分明显，自李敏镐代言之后，新秀丽箱包品牌销量大增。

该品牌负责人表示："2015 年 1 月份箱包的销量同比增长 43%，环比增长 37%，不少商品都出现了供不应求的现象。销售额能出现如此大幅的增长，这完全得益于李敏镐的宣传效果，被称为'李敏镐后背包'的新款库存 5000 只，上架不久后便宣布告罄，刷新了销售纪录。"

5.5.2 耐克市场战略的核心：飞人乔丹

似乎明星效应对于吸引受众百试不爽。被誉为最成功的明星效应文案之一的耐克，曾经与空中飞人迈克尔·乔丹签订了长达5年、每年100万美元的文案合同，这个价格是阿迪达斯或者匡威的5倍。

尽管当时就连《财富》杂志都认为，对于当时财务状况并不好的耐克来说，签订这个合同是一个大错。不过，自从签约之后，乔丹就成为一个市场战略，是整个运动鞋、运动服生产线的核心。结果证明，这次合作是个“完胜”的交易，从此耐克一跃跨出跑鞋的圈子，成为高档篮球鞋的主导产品。

而在一篇名为“又见星巴克：明星效应会出现在‘奥普拉茶’上么？”的软文中，评价了星巴克运用全球著名脱口秀主持人奥普拉·温弗瑞的名气，推出“奥普拉茶”，成为媒体焦点这一事件。星巴克CEO霍华德·舒尔茨宣布，公司联合脱口秀女王和咖啡公司，合作推出一款名为“Teavana奥普拉茶”的饮品。消费者会追捧星巴克推出的“奥普拉茶”吗？

软文宣称，奥普拉直接投入这款茶饮的开发。该茶饮将于2015年4月底同时在美国和加拿大的星巴克和Teavana店内开售。同时，该茶饮销售所得的每笔收入都会抽出一部分捐赠给温弗瑞领导学院基金会。温弗瑞在星巴克的声明中也表达了自己对饮茶的喜爱，不仅可以与更多的人分享自己的爱好，还可以支持年轻人的教育，是一举两得的事。

不过，水能载舟，亦能覆舟。2009年年末，耐克高尔夫系列代言人老虎伍兹的婚外情丑闻，使得与伍兹签约的品牌的股票持有者集体损失超过100亿美元。事件爆出后，通用汽车、美国电话电报公司、埃森哲、吉列剃须刀、瑞士豪雅表毫无例外都终止了与老虎伍兹的合同，而只剩耐克在苦苦坚持，结果损失也是最严重的。

因此，利用明星效应吸引受众，前提要建立在明星的形象、声誉等不仅要与品牌相符，而且要符合主流价值观，表现出积极、健康、向上的正面形象，留给受众良好的印象。明星效应的运用如果得当，不仅可以带来产品销量的增长，还可以借此稳固在消费者心中的地位，例如许多品牌采用的金字塔形象推广战略。社会上的名人有很多，不过顶级的名人却是极其有限的，从这个意义上来看，越出名的人物，具有的辐射力也越强。

明星效应对于品牌推广、增加企业影响力等，有着其他手段难以替代的效果，如果运用得当可以达到双赢的社会效应。尤其是新品牌、新产品的面市，利用名人宣传，基本上可以让产品和品牌一炮而红。

明星效应是软文标题写作中常用的手法，因为明星的不可替代性、自身所具有的鲜明个性标签，通常有助于传达品牌的风格、气质，引发受众争相效仿。不过其中涉及明星个人名誉和形象等问题，企业需要权衡支出与回报的比例。

5.6 稀缺型：圣诞日登录网站万元大奖等你拿

"这个价格的票只剩 1 张了！"如果消费者曾在美国旅游搜索引擎服务商卡雅上订过机票，相信对这个提醒不会陌生。同样的产品，因为害怕稍迟一步就会支付更高价格，或者出现缺货，消费者可能会迅速下单买票。

这是一种担心错过的恐惧，这种恐惧也在不知不觉中延伸到买东西上。哈佛商学院教授肯尼斯·安德鲁斯说，这种担心错过的恐惧，部分归因于深植于我们思想中的观念，即极其有价值的东西往往稀缺（如黄金、钻石）。同时，稀缺性也暗示着其他人也喜欢这个产品。肯尼斯·安德鲁斯认为，稀缺技巧之所以有效，在于其提醒消费者，自由选择的机会将很快消失。

5.6.1 稀缺的就是最好的

稀缺性强调的是一种资源的有限性和需求的无限性之间的极度不平衡，在这种情况下，能否获得有限的资源，在很大程度上取决于个人的能力、地位等。也就是说，占有这种稀缺资源的人，相比不具备这种资源的人更有某种优越性。著名广告人苏茜·亨利说过："稀缺的，就是最好的，别问为什么，看看人类对奢侈品的向往就明白了。"

稀缺效应的构成要素包括相对稀缺度和绝对稀缺度，如图 5-2 所示。

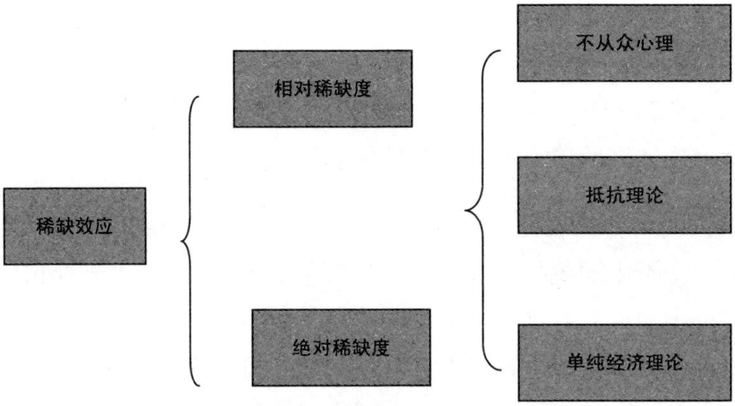

图 5-2　稀缺效应构成

下面是一篇湖景别墅的软文。宣传语："森林湖泊，皇家城堡。稀缺资源，传世珍藏。"软文主题是别墅不仅充满自然气息，也具有现代化的交通和地段优势。别墅靠近森林和湖泊，拥有都市周边缺少的自然环境，同时临近都市，生活交通便利。

这是很常见的别墅软文，不过，软文重点突出了别墅的两大卖点，一个是区位，一个是环境，而且二者都具有稀缺性。都市与自然环境的连接点，也意味着都市的便捷和自然风光的静谧优美可以同时享受，这不是一般别墅能够提供的。

如此巧妙的趣味加上无与伦比的森林、湖泊环境，传达给受众的信息是：这是不可多得的稀缺资源。如果在最后加上"限量预订，欲购从速"等宣传词，则可以进一步夸大产品的稀缺性。

强调稀缺性绝对不是奢侈品软文的专利，例如超市里常常有限期特价宣传单，"全场商品满 68 元送购物袋 1 个。限量抢购，仅限 4 天"。这是一种从时间上强调稀缺性的软文营销战略，限期 4 天的打折促销，营造一种时间上的紧迫感。其实，这是一种超市人为地制造特价产品的稀缺性，主要是为了抓住消费者害怕错失良机的心理。而且，采用这一招吸引消费者绝对百试百灵，超市的销售业绩往往成倍增长。

5.6.2 钻石的价值

然而，最常使用稀缺性文案战略的恰恰是奢侈品，戴比尔斯钻石的经典宣传语“钻石恒久远，一颗永流传”，不仅道出了钻石恒久不变的稀缺价值，也从另一个层面把爱情的价值提升到足够的高度。从此，在受众的心中，钻石的珍贵就如爱情一样，这的确是最美妙的感觉。

奢侈品强调品牌稀缺性，然而正是这种稀缺性，给稀缺性的维持及产品的扩散提出了一个不小的挑战。在国际上，奢侈品的定义是：“一种超出人们生存与发展需要范围的，具有独特、稀缺、珍奇等特点的消费品。”稀缺性是奢侈品最显著的特点，如果丧失了稀缺性，奢侈品将不复存在。

所以，在软文中，尤其是在奢侈品的软性广告中，强调稀缺性，对于消费者有极其强大的心理影响。经济学家布洛克曾经提出：“任何一种商品只要不可获得，就会增加其价值。”消费者希望区别于他人，在心理上产生“希望与众不同”的需求时，为了追求这种与众不同的感受，就会努力去获取其他人不能获得的稀缺产品。与从众心理相区别，对于稀缺性产品的追求，体现了一种不从众的心理动机。这是为了维护自己的自我识别。

稀缺性在软文中的运用，有一个心理学上的抵抗理论，认为某种产品的逐渐稀缺，会导致消费者现在享有的购买自由受到限制，为了抵抗这种购买自由的逐渐丧失风险，消费者会产生较之前更强烈的购买欲望。

从单纯经济理论的角度上来看，人们对于各种经济变量之间的关系，其认知和期望在消费领域表现为，稀缺的产品具有较高的品质，象征着高品质，所以，价格也会更高昂。价格越高，购买的欲望也会越高。认为稀缺的，就是最好的，在软文中，对于受众也同样适用。

此外，软文标题可以强调时间上的稀缺性，即限时型标题，规定在某段时间的事件。例如“冬季保暖外套每天 6:00～7:00 限时抢购”、“圣诞日登录网站千元大奖等你拿”、“网络 114 周年庆，品牌实名免费申请”等。

虽然现在打着促销的手段已经被用滥，但是新的手段也应时而生。电子商务的优点在于其能够不限地域地发生购买行为，不过这个优点也是其硬伤之一。因为电子商务的广阔无边加剧了竞争的激烈程度，店家的营销手段只有越来越独特才能吸引受众的眼球。因为电子商务的无限无时，必须要让消费者看到真正的实惠才能将其留住。所以限时抢购、秒杀等新型营销手段随即面世，“小心服务器死机”，店家应该随时准备一场限时营销。

5.7 不合常理型：吃得越多，瘦得越快

所有不合常理的东西都能吸引人的关注。人人都想知道，人人都会打破砂锅问到底。例如“今年 48 岁了，我还是一个光棍”、“千万不要跟产品人讨论产品”、“发小广告我赚了 5 个亿”等。对于某些读者来说，不合常理型标题往往能让其站在自己的一边去讨说法，从而吸引更多眼球。尤其是伦理性话题，软文的点击量将是巨大的。万科城市花园一则软文的标题为“不要把所有的鸡蛋都放在一个篮子里”。

5.7.1 他在说谎

美国顶尖的文案人罗伯特·布莱认为，作为广告的一部分，标题的功能在于引起注意，引起注意是说服消费者购买产品的第一步。而屡试不爽的方法是想消费者做出看似矛盾的说法或承诺。在软文标题中使用矛盾说法，具有出其不意的效果。

“不需要开冷气，您家里的每个房间就能立刻凉爽无比！”“吃得越多，瘦得越快！”“花得越多越有钱！”如果读者看到这些标题，是否会读下去？答案是肯定的。这些看似矛盾的说法，往往更能引起读者的注意。传统的逻辑是“因为……所以……”，而矛盾说法的逻辑是“虽然……但是……”。这种利用伪逻

辑或者逆向思维的文案，在吸引读者时屡试不爽。

日本五十铃汽车公司在美国推出了一则轰动一时的电视宣传片，片中主角是谐星大卫·里特，饰演“五十铃约瑟”，共有五个镜头。在第一个镜头里，约瑟说：“五十铃房车被汽车杂志权威评为汽车大王。”字幕打出了一行十分醒目的字：“他在说谎！”第二个镜头是，约瑟说：“五十铃房车最高时速可达300英里。”字幕同样出现了这样一行字：“他在说谎！”在第三个镜头里，约瑟说：“五十铃房车经销商非富即贵，因此，他们把它贱卖，只售9美元。”字幕打出：“他在说谎！”第四个镜头，约瑟说：“假如明天你来看看五十铃，就可以获得一栋房子作为赠品。”字幕再次打出：“他在说谎！”最后一个镜头，约瑟说：“我从来不会说谎，而且，我绝不是一个吹牛皮的人。”字幕仍打出：“他在说谎。”

这部宣传片充满了自相矛盾的说法，在当时不仅引起了人们的热烈反响，还颇受好评，得到《广告时代》周刊的赞赏。五十铃汽车由此在美国一炮而红，迅速打开市场。这则利用矛盾说法的文案后来被评为20世纪美国经典文案创意之一。

文案最本质、最核心的要素就是创意，只有好的创意才能吸引读者的注意，进而带来实质性的效果。看似矛盾的说法，实则需要文案创作者的逆向思维，从反面推导出正确的逻辑，达到吸引眼球的目的。是否能先声夺人不重要，最重要的是要能出奇制胜。具有矛盾说法的文案正是利用读者求新猎奇的心理，与众不同的说法往往能带来意想不到的效果。

5.7.2 蠢方法成就的大富翁

做出看似矛盾的说法是一种对传统逻辑的彻底颠覆，打破原先固定的思维模式。这不是对逻辑思维的背叛，而是从相反的角度看待事物、认识事物，实质上是提供给读者一个全新的视角和全新的观点，让读者重新认识世界。

日本设计师福田繁雄曾经为“反战”题材做了一个公益文案，一把开火的枪，子弹却反向飞回枪管，以此讽刺发动战争者最终将自食恶果。这样的视觉冲击力和反常识的画面感，使观众自发感悟到其深刻的内涵。这比长篇大论或者鲜血淋漓的战争场面更能起到禁戒的效果。

一家投资公司曾经以“我是如何运用一个蠢方法致富的？”作为标题，推出了一则投资计划推广海报。这是一则看起来相当矛盾的文案，以至于公司里的人都对它不抱任何希望。然而，文案推出一周，出人意料的事发生了，前来咨询、认购这项投资计划的人比公司之前推出的投资计划多了 5 倍。

而且最重要的是，这则文案让该公司扭亏为盈，迅速在市场上打响了知名度。其实，这项投资计划比起之前的那些根本就没有什么差别，都是大同小异，只是在标题中加进了一个矛盾的说法，取得的效果就完全不同。

因为在一般人看来，致富通常需要大量的初始资金，需要强大的社会关系网，还需要聪明而复杂的投资理财技巧。但是，几乎每个人都有发财梦，而且都有轻松致富的愿望。虽然明知可能性渺茫，但是，只要有一丝希望，谁都会抱有侥幸心理。

自相矛盾的、与常规不合的说法，更能激起读者一探究竟的兴趣。读者渴望相信文章中的说法，虽然明知有违常理，但还是会义无反顾地去探究其可能性。在这里，读者的好奇心和参与感完全被调动起来，吸引读者一辨真假。达到了吸引读者的目的，就是一篇好的软文。

5.8

制造恐慌型：如果你超过了 20 岁，这篇文章会激怒你

用标题制造恐慌的做法最早见于保健品软文中，主要通过恐吓的手法引起读者对软文的关注。尤其是对于患有某种疾病的患者，制造恐慌型软文标题更能引发共鸣。当读者阅读软文时，会发现文中的恐吓手法也开始转变，转为陈述某个事实。而且软文中提供的这个事实，能让读者意识到其之前的认识是错误的，或者可能产生一种危机感。

例如，保健品软文标题“高血脂，瘫痪的前兆”、“天啊，骨质增生害死人”、“30 岁的人 60 岁的心脏”；某品牌床垫软文标题“一生有三分之二的时间，是在床上度过的，为什么不选个好床垫呢？”；某食品软文标题“如果你不在乎钙和维他命，请继续喝这种豆浆”。

5.8.1 如果能重返 20 岁

史玉柱说：“满足人们的基本需求，但别忘了，有时候可以把他们的需求转换成恐惧。”恐惧是一个心理学名词，是心理学的重要元素。恐惧的力量有多大？尽管人们都说，真正应该恐惧的是恐惧本身，不过，毋庸置疑，恐惧对人类的影响力远远超越自欺欺人这一心理。由于对寒冷的恐惧，人类学会了使用火；

由于对饥饿的恐惧，人类开始了圈养牲畜；由于对野兽的恐惧，人类建造了房屋……

一个好的文案创作者也一定是一个好的心理学家，从读者的需要出发，才能赢得消费者的青睐。不过，对人有用并不能保证人们一定会选择你的产品，这时好文案的作用就凸显了出来。于是，那些明察读者心理，把读者的需要转化成恐惧的文案脱颖而出。具体的恐吓营销方式如图 5-3 所示。

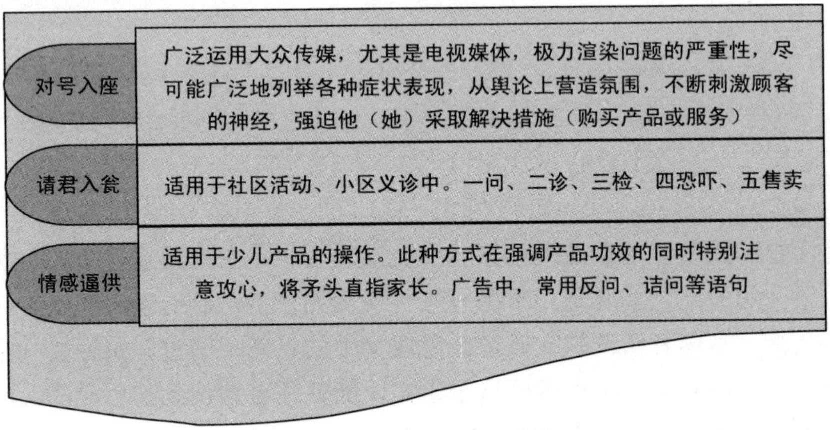

图 5-3　利用读者的恐惧心理方式

“如果你超过了 20 岁，这可能是最能激怒你的文章。”BT 终身信托投资公司以此为题，详述了为什么要选择该公司的储蓄计划。软文以一个颠覆传统思维的说法开始：一个决定不存钱的人可能比一个存钱一直存到 65 岁的人更有钱。为什么呢？软文紧接着抛出正题——一项聪明的储蓄计划可以让你事半功倍。当然，前提是选择 BT。

BT 向读者展示了选择该公司储蓄计划的魔力。如果重返 20 岁，读者只需每年存 2000 美元，一直存到年届 30，然后就不用再存钱了，剩下的工作只需交给 BT，因为 BT 推算，即使抛开通货膨胀率，客户仍然可以获得 8% 的年均收益率。

如果读者决定等到 31 岁时再存钱，每年还是存 2000 美元，收益率还是 8%，但是很快会发现，这种方法辛苦得多，因为需要存够 35 年。而第一种方法，掰着手指头都算得清楚，只需 10 年。接下来，软文用一整版篇幅列出了选择两种储蓄计划的基本计算过程。这个例表展示了在一个严格有序的储蓄计划中，“复利”所起到的惊人效果。这也是 BT 带给客户最大的惊喜。

接着，软文画龙点睛——科学的方法带来金钱，BT 终身信托投资公司就拥有这样的储蓄计划。本公司的目标客户群包括已身为父母或祖父母，想为子孙后代投资的人，以及明白了存钱永远不会太晚的有识之士。软文最后提到如何获取公司的详细资料，告诉读者可以咨询财务顾问，或者拨打公司的免费电话。

5.8.2 还在买那种牙膏，要买就买我们的

恐惧是众多感觉要素中最能左右人们心理的情绪，很多与生活相关的广告中都加入了恐惧的元素，尤其是保险公司、汽车、银行、医药保健公司等，无一例外。同时，软文也会把消费者的需求无限放大。

也许消费者需要的只是一支普通牙膏，不过软文会告诉消费者，为了避免选到市面上的黑心商品，推荐购买该厂家生产的原装进口牙膏。无论是主动还是被动，读者的消费都被“恐惧”所把控。

将读者的需要转换成恐惧，通常文案创作者要从三个步骤做起：首先，提出一个与读者切身利益相关，但是读者很可能尚未发觉的问题；其次，加剧读者对该问题的恐惧感；最后，向读者兜售解决方案。

恐惧诉求型软文标题需要适度刺激才可以达到效果。一项实验证明，当人们面临强威胁时，通常更容易感到害怕，不过一星期后，反而是受到中等程度威胁的受试者更服从说服内容，而对于受到强威胁和没有受到威胁的受试者说服效果相同。也就是说，威胁一旦过度，反而达不到效果。因为人们自身存在着一个知觉防御体系，在感到过度的恐惧和威胁时会产生逃避、阻滞和反应缓慢的倾向。

所以，恐惧诉求型软文标题必须掌握一个适度原则，恐惧的强度太小达不到吸引读者注意的效果，而恐惧过大则可能导致读者的逃避。

这种恐惧诉求型软文曾经在西方国家盛极一时，包括奥美在内的大型广告公司，都将之运用于针对汽车和保险行业的客户，被证明是一种很有效的营销策略。不过，用得不好也可能是搬起石头砸自己的脚。有一则古老的笑话："报纸上天天都在宣传吸烟的害处，于是，我把报纸戒了。"

不过，东方人与西方人的心理有所不同，对于恐惧诉求型软文的接受度没有那么高，甚至从心里排斥这些不祥之兆。人们不愿意面对恐惧带来的心理负担，即使处在极端恶劣的情况下，也总有人心怀希望。这也是为什么会有斯德哥尔摩综合征。无可否认，恐惧更具震撼力和传染性。但问题是，要确保恐惧不要过了头，让读者躲避和排斥的文案内容，注定是失败的文案。

06

内文撰写八部曲

奥美广告公司创意顾问尼尔·弗兰奇在入行的第一天，便得到了一则非常简单的忠告："记得，年轻人，今天的广告明天就会拿来包薯条。"经过30多年的文案生涯，尼尔·弗兰奇得出结论："我有个衷心的理论就是大家都讨厌广告，所以我试着避免写出'广告'，或者至少用力让我的东西看起来不同，所以它们不会在纸页间大声疾呼：嗨！我是广告！别理我！"

6.1 开头第一句可能比标题都重要

如果说软文标题能够起到画龙点睛的作用，那么文案开头第一句则起着开宗明义的作用。奥美公司的全球品牌服务总经理史蒂夫·海登说："如果你想当一个收入丰厚的文案，取悦客户；如果你想当一个很会得奖的文案，取悦自己；如果你想当一个伟大的文案，取悦读者。"

这个过程就好比营销人员与受众正一起从15楼坐电梯下楼，只有几秒钟的时间向受众介绍产品。营销人员只能介绍产品的一个方面，必须用让受众感兴趣的方式，让受众离开大楼时在思考营销人员给出的承诺，等红绿灯时在思考营销人员给出的承诺，过了马路后还在思考营销人员给出的承诺。营销人员不能要鬼把戏，只能想出一个具有吸引力的高招，几句话就能快速击中受众的心怀。要不然，迟早会完蛋的。

因此，文案的开头第一句可能比标题都重要，文案创作者必须以重点将受众一击即中。世界博达大桥广告（Foote Cone & Belding，FCB）的创意总监曾经告诉海登，只有4%的读者会在无论这则文案写得多烂的情况下都坚持读超过70%的内容。所以，文案创作者的任务是，击败这个比例。

6.1.1 当你听音乐时，你没有听到全部

一个喜欢耳机的人在一次逛数码店时，先试听了 beat 耳机，不过发现并不喜欢耳机的音质，刚刚把耳机放下，无意中瞄了一眼包装盒，结果第一句话就深深打动了这位耳机爱好者。

这句话是这样写的：“People aren’t hearing all the music.”（当你听音乐的时候，你并没有听到全部内容。）这句话出自 Dr.Dre，一位说唱歌星，是公认的西海岸痞子说唱的创始人和领军者，尤其受到滚石杂志的推崇。

软文的第一句和标题一样难写，既要有对标题概念的延伸，又要能够引起读者读下一句的渴望。英国 Sainsbury 超市出售的皇后橄榄，软文的第一句是：“皇后橄榄比老百姓橄榄大两倍。”“柠檬”（威廉·伯恩巴克为大众汽车甲壳虫写的文案标题，在美国俚语中，柠檬代表次品和不中用的东西）文案的第一句是：“这辆大众汽车错过了航班。”

文案创作者应该尽可能地把利益点放在文案开头，突出的利益点是对读者最具吸引力的、唯一的焦点。例如英国 Sainsbury 超市出售的皇后橄榄，文案的第一句强调橄榄更大，第二句强调“加倍美味”，“果肉肥嫩，却有嚼劲，更有种清香的果味使它成为美味的开胃小品”。

许多文案创作者以文字游戏、双关语及一些与产品毫不相关的信息作为内文的开头，希望借此吸引读者，打算在文案末尾给读者留一个惊喜，来一个漂亮的收尾，于是把产品最有吸引力的利益点留到文案最后。

但是这样做大错特错，因为如果读者不能在一开始就看到产品最吸引人的好处，可能连标题都懒得看完。因为读者最感兴趣的仍然是产品的实际功效。在软文开头第一句成功吸引到读者的注意之后，还要让读者尽可能多地阅读内文。文案创作者需要向读者指出需求，因为任何一件产品都可能在某种程度上为人们解决某个问题或是满足某种需求。

6.1.2 一半是水，一半是鱼

先声夺人的软文开头模式有以下四种。

1．开门见山式开头

软文采用开门见山式开头，特点在于直截了当、直奔主题，而不是拖泥带水。在软文开头第一句引出文中的主要人物，或者表明发生的故事，揭示软文主题，点明软文描述对象。软文采用开门见山式开头，必须运用朴实的语言，快速切入中心，将自己希望向读者传达的内容直接摊开来。

例如：健身达人们保持健美身材的运动技巧分享非常值得大家学习，多亏了一种新兴的健身软件柯普的出现，掀起了一股“科学健身，健康一生”的风潮。

2．情境导入式开头

软文采用情境导入式开头，有目的地给读者引入或营造一种软文行动目标所需要的氛围、情境，以激发读者的情感体验，调动大众的阅读兴趣。情境导入式开头一般运用在情感类软文写作中，主要起到渲染氛围、预热主题的效果。

例如：春暖花开，阳光明媚。在这美好的阳春三月，我们选择了彼此作为相伴终生的伴侣。选一块绿意浓浓的草地，让蓝天白云见证我们的幸福，接受大自然赐予我们的幸福和亲朋好友们的祝福。这个春天，让我们走出教堂、迈出酒店，来一场最自然、最明媚的户外婚礼。

3．名言名句式开头

采用与软文主题相关的名人名言、经典语录作为软文开头，一般能留住读者的目光。文案创作者在软文的开头精心设计一个短小精练、意蕴深厚又紧贴主题的句子，或者直接选用名人名言、谚语、诗词等，往往能起到出其不意的效果，凸显软文的主旨、情感。读者看到这样的开头，一般会隐形地向内心释放一种心理暗示，认为软文的作者文采飞扬。

名言名句式开头既能吸引受众，又能提高软文的可读性，还可以引申出故事导入。文案创作者也可以在软文开头引出一个富有哲理的小故事，或者与软文的中心思想相关的小故事，以一句话揭示道理。

例如理财类软文采用股神巴菲特的投资名言“在别人贪婪时恐惧，在别人恐惧时贪婪”，提醒投资者在任何时候都应该保持理性、冷静、不盲从。

4．修辞式开头

采用比喻、比拟、借代、夸张等修辞手法作为软文的开头第一句。例如：在大学校园里青春烂漫的时光，犹如手中的细沙，稍不留意，就纷纷从指间流逝，而且一去不复返。再如采用夸张的修辞手法：人们都说，西沙群岛，一半是水，一半是鱼。

6.2 确定文案中说的是重点

一个显而易见的事实是，人们对于放在面前的任何一篇软文能够读进去的量都是有限的。无论软文在推广什么产品，人们只看自己对主题有没有兴趣，然后再看其中说的有用的话。

坐拥众多头衔的史蒂夫·海登说："硬功夫在这儿。你必须让读者满意，而且必须在几秒钟之内让读者满意。"如果软文没能让读者一开始就抓住重点，那么，这无疑是一篇失败的文案。

6.2.1 苹果真诚地欢迎 IBM

"我不相信最聪明的广告一定要有聪明的标题，但一定要有重点。"史蒂夫·海登的名声最开始为业界熟知，是因为其策划的苹果电脑"1984 篇"。当时苹果还只是一家小公司，与蓝色巨人 IBM 比起来简直是一个天上一个地下。海登的一则软文却让苹果从 24 匹赛马中跑了出来，成为最大的黑马。从此，苹果和 IBM 永远被相提并论。

软文标题并不是那么聪明——"真诚地欢迎 IBM"。内文是：欢迎进入最令人兴奋的电脑市场，计算机革命已经过去了 35 年，现在消费者已经迎来电脑市场最重要的时刻。对于每位拥有自己的第一台个人电脑的消费者，苹果公司致以最真诚的祝贺。经过计算机权威之手的改造，人们的工作、思考、学习和交流方式已经发生了翻天覆地的变化，人们的休闲时间也得到了前所未有的充实。现在，苹果公司欢迎消费者来使用苹果电脑。

文案创作者应该具备抓住重点的能力。史蒂夫·海登建议，文案创作者可以去读读史上最成功也最原始的创意黑皮书——《圣经》，不仅可以了解人性的脆弱面，而且《圣经》也是一本非常有用的文体参考书，还是书写过最强销售力的软文广告。近20个世纪以来，《圣经》说服人类以自己所能付出的最高代价去买某种完全不可企及的东西。

同时，《圣经》也是匿名的力量的象征，没有人知道这本书出自何人之手，甚至连最初出自何人翻译也无从得知，不过，谁都不会否认，这本书写得非常好。即使是那些赢得过金铅笔的文案高手，也没有人的作品被人们称为“神说”的。

因此，想要了解人性，想要在文案中表现能让读者抓住的重点，去模仿《圣经》吧，而不是从那些得奖作品集里去发现最酷炫的点子。这绝对不是一个坏主意。也就是说，让作品变成“IBM说”、“玛氏食品说”或者“苹果说”。

要达到这个层次，文案创作者必须倾听声音，以及发出自己的声音。有许多伟大的文案创作者，往往只靠一种声音就可以一辈子不愁吃、不愁穿。不过，大多数人每天都必须随着客户、座谈会人员、国家及银行贷款的不同而改变自己的风格。

所以，在创作软文时，不管写的是什么，必须和客户公司的总经理或负责人见一面，如果幸运的话，这些人高超的表述能力和深远的思考力会带给作品很多启发，避开牵着大部分公司鼻子的愚昧和物欲，而创造出客户“最好的自我”。

6.2.2 用600美元到国外安享晚年

软文的重点由此而来：找到客户的最佳一面，然后将之表现出来。那么接下来的问题是：如何让人阅读软文？塞缪尔·约翰逊说，大承诺是广告的灵魂。

所以，大承诺是在文案中应该突出的重点。大承诺在软文漏斗模型中决定能否引起读者的关注、兴趣、渴望，能否被记住，并最终引发购买行为，如图 6-1 所示。

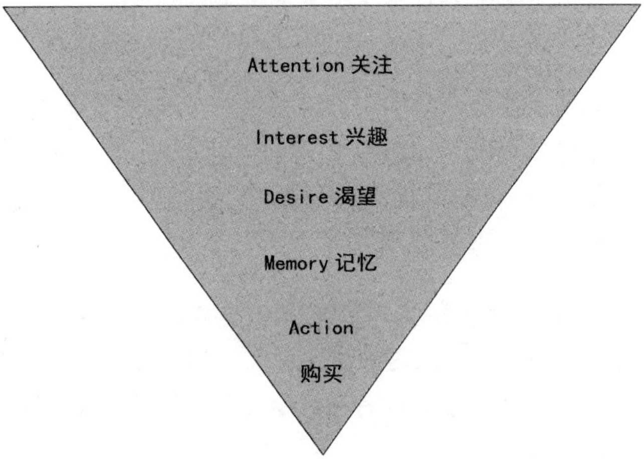

图 6-1　软文漏斗模型

软文在重点部分应该为受众提供承诺。塞缪尔·约翰逊爵士认为，要在众声喧哗中凸显自己的广告，同时创造能够带来回报的反应，任何直复营销（Direct-marketing）都必须做出一个重大承诺。

来看看下面这则承诺式直邮文案的范例：一个月只需要付 600 美元就可以在国外安享退休生活。这是本公司专门为消费者保留的免费资金。肯尼迪总统拥有了，黛安娜王妃拥有了，迈克尔·乔丹现在也有了。这就是这几位名人能受到数百万人敬爱的原因。打开本公司的信一探究竟，就可以知道如何得到这些名人拥有的东西。

可是问题随之出现：万一读者心存怀疑呢？罗伯特·布莱说过，如果读者并不相信重大的承诺，就为其提供次要的承诺。所谓的次要承诺，是指在产品能够为读者带来的功效中，那些比较不那么令人注目的好处。它们听起来可能不如重大承诺那般美好，不过它们的存在还是要有一定程度的重要性，足以成为吸引读者购买产品的理由，同时还要保持又不至于好得难以相信的程度。

例如一则投资文案在标题中给出一项重大承诺：虽然现在这家小研发公司

的股价只有 2 美元，但是可以想见，不久的将来该公司股价却可能飙到 100 美元。这的确是个很大的承诺，真如宣称的那样，股价从 2 美元涨到 100 美元，那么读者相当于赚了 49 倍。如果读者认购 1000 股，最后将会有 98000 美元落袋。不过，由于当时正处熊市，这种收益对于部分读者来说简直高得难以置信。

只有在一种情况下可能有例外：假如这家公司发明的一种新药获得食品药物管理局（FDA）的认证，那么完全可以预期股价能够上涨 50 倍。所以，这家公司可以做出次要的承诺。

说服读者相信的办法就是，在文中做出主要承诺，并抛出一个次要承诺：只要这项治疗肝病的新科技得到成功研发，公司的股价上涨 50 倍完全不是问题。即使新药未获成功，这项疗法也完全失败，这家公司也能保证在未来 2 年内为原始股东赚到 5 倍的收入。

这段话的诱人之处在于，即使新疗法没能通过 FDA 的认证，公司仍然会将同样的研发科技发挥在其他应用上，为投资者赢得丰厚利润，虽然所获利润会少于被 FDA 认证的情况。在这种情况下，就算重大承诺没能成真，读者还是会认为次要承诺足以让这只股票看起来值得拥有。

6.2.3 饮料激发的兴奋感

软文必须找到能把读者从狭隘的居住空间和钢筋水泥世界中解救出来，与真正关心的广阔、阳关普照的大自然关联起来的方法。止汗剂的重点不是保持干爽，而是为了让消费者成为一个受人喜爱的人；汽车的重点不是运输，而是进入另一片天地的自由；食品的重点不在于让人吃饱，而是提供一种物质与精神上的双重满足；饮料的重点不在于止渴，而是获得身体与心灵的享受。

如果文案创作者能让自己保持对那些别人看来可能异常无聊的产品或服务（如快递包裹）的兴奋感，找出这件东西与这个广大世界的相关之处并向人们展现出来，文案创作就会成名。至少在软文创作这个默默无闻的行业里，采用这种方法，文案创作者很容易出名。

文案创作者可以在乡村歌曲和西部歌曲中找找感觉，就算做不到源源不断，至少也可以找出一些共同的情感经验，引起读者的共鸣，或者一些惯常的让人哭笑不得的例子，以及一针见血的警句。海登最喜欢的乡村歌词："如果你的电话没响，就是我。"这是每个在商业写作的黑暗世界中摸索挣扎的人都应该好好学习借鉴的佳例。《圣经》，除去"创世纪"，可以是书名的好来源，不过只能偶尔用来写出文案重点。

要写出有重点的文案，其实很简单，因为大部分人的生活都是单调而重复的，文案创作者只需给消费者带去一点暂时的变化、一件好玩的事情。只要是能给消费者带去一点改变的承诺，都能让消费者爱上软文。

6.3 热点事件是东风

软文借助于热点事件，可以有效地提高阅读点击率。事件评论型软文是围绕热点事件、热门新闻或者热门话题，以评论、追踪观察、揭秘、观点整理、相关资料等方式结合自己要推广的产品品牌而创作的软文。

6.3.1 事件评论四要素

事件评论型软文相当于评论软文，一般是针对某一热门事件发表意见的软文。事件评论型软文所针对的事件大小不限，所站立场也基本不受限制。只要不违法，企业可以利用事件评论型软文达到推广产品品牌的目的。

事件评论型软文有两方面的作用，一方面是阐述文案创作者自身的看法，另一方面也有利于培养文案创作者在相关领域的地位和名气，增强自身的影响力。最重要的一点，文案创作者站在特定的立场上所阐述的看法往往是比较独到的，有利于开拓受众思维，分享新鲜知识。

事件评论型软文既有软文的优势，又有软文自身的限制。优势是软文的写作形式相当自由，不拘泥于各种具体的文体限制。然而自由也是相对的，不代表毫无章法。软文的营销性质决定了文案创作者必须控制话题朝着有利于推广产品品牌的方向发展，同时凸显文案创作者或者第三方自身的地位。

通用事件分析方法主要是对某一热门事件进行分析，这是一种获取流量、吸引关注的绝佳方法。其实，只要文案创作者了解了事件分析的基本方法，也就知道了如何组织事件评论型软文。

采用事件分析法的第一步是明确事件要素，包括时间、地点、人物、缘由。事件评论型软文主要针对这四点进行深入剖析。关于时间要素，文案创作者主要从事件为何发生在此时、前后是否有关联事件发生等方面进行分析。关于地点要素，文案创作者主要从此事发生于此地是否具备明显的支撑因素、因素为何产生两方面进行分析。关于人物要素，主要从事件涉及的人物、人物与事件本身的关联、人物的身份和性格，以及人物身上一些值得关注的地方展开分析。关于缘由要素，软文主要从事件缘由是否清晰、缘由与事件结果之间是否存在清晰的逻辑关系，以及是否有逻辑断裂等方面展开剖析。

6.3.2 QQ 与 360 大战

文案创作者应该注意，在创作事件评论型软文时，最好选择四个要素中的一点进行构思和写作，而不是面面俱到。文案创作者需要将主题控制在一个点上，进行集中评论。例如 2010 年发生的 QQ 与 360 之间的“斗争”。

文案创作者分析此事件，可以从时间、地点、人物和缘由上考虑。例如从人物角度考虑，主要包括涉及此事的双方的高层领导、各自的离职员工、网民、水军等。以“水军”为主题，文案创作者可以按照“是什么、为什么、怎么样”的步骤进行分析。如《从 3Q 大战看互联网水军的实力》、《网络水军引导舆论 3Q 大战实为水军对抗》等软文。

在“是什么”部分，文案创作者可以谈论“水军”说法的由来，介绍其在互联网上的地位和作用。在“为什么”部分，软文可以介绍水军为何兴起、为什么具有引导舆论的力量，以及水军为什么愿意接受统一领导。在“怎么办”部分，文案创作者可以写企业应该如何控制水军为自己服务，或者如何限制水军的活动。只要文案创作者能够按照自己的目的组合各部分的要点，最终整理而成的软文一定是一篇中上等的事件评论型软文。

撰写事件评论型软文，要求文案创作者善于发现和总结热点事件背后的问题。因此，文案创作者在软文中一定要展现自己的观点，只有观点鲜明的软文才有可能引起众多读者的关注。一篇具有鲜明观点的软文容易激起讨论和热议，甚至是争议，从而达到软文推广的目的。

同时，事件评论型软文需要做搜索引擎优化，将热点事件与软文推广的关键词联系起来。通过合理的逻辑推理，软文应该让热点事件与产品品牌的关键词具有相当的联系。因此，在软文的开始或结尾，需要带上合理的产品品牌关键词，并加上合理的关键词锚文本，以提升搜索引擎优化效果。

事件评论型软文的事件本身应该比较大众化、平民化，将源头定位为靠平民传播，而不是媒体，因为媒体传播的成本相当高昂。以平民化路径传播，能够引起媒体的重视，最终实现引导媒体介入的效果。

而且软文应该让事件产生延续性，这是制造热点事件的关键，能够让软文保持持久的热度。例如借助美团与大众点评网的斗争与合并，撰写相关软文——《新美大，鹰与狼的合谋》。不过，事件评论型软文最好不要产生负面影响，或者涉及政治问题，更不能抛弃道德观。

6.4 经验技术是干货

人们时常能看到这样的软文：“你会洗头吗？我来教你怎么洗！”“你洗得好吗？让我来教你怎样洗得更好！”企业不是用硬性广告说“我们的产品好，大家都来用我们的产品”，也不是说“我们的产品比别人的更便宜，快来买我们的产品”，而是采用一种投入更少、收效更大的经验技术型软文营销。

6.4.1 要买洗发水，先教消费者洗头

经验技术型软文在教给人们“怎样将头洗得更好”、“怎样更科学地刷牙”的同时，能够让公司的形象结合日常的知识，以一种分享性联想情节进入人们的记忆库。这是一种能够让消费者以一种主动的心态记住产品品牌的软文类型，而且这种品牌印象记忆远远比被动的、死记硬背的品牌认知记忆更长久。

经验技术型软文主要是知识分享、经验技术介绍和用户体验三种形式的软文，通过向读者介绍实用的经验方法等，博得读者的信任，同时在介绍方法的过程中融入推广信息。其中用户体验类的软文主要是以一般用户、网络红人、知名博主等第三方的切身真实体验，进行品牌和产品优点、正面形象、企业实力、服务质量等方面的传播。采用经验技术型软文，能够悄无声息地对消费者和潜在客户产生良好的关联与影响。

消费者在进行产品选择时，通常同一类别的产品总有两种以上品牌，而且价格不一。对于那些还没有决定买哪一种产品的消费者而言，最基本的要求是比较不同品牌产品的差别之处。

然而如果消费者上网时突然发现一篇介绍怎样挑选某类产品，分析产品的使用方法和功能等的经验技术帖，一定会潜移默化地接受软文中传达的内容。因此，文案创作者需要找出其所推荐产品的核心竞争价值，让产品在同类各品牌中具有强大的竞争力。

文案创作者应该主动学习产品知识，提炼出产品独特的核心卖点和竞争力，将产品有价值的方面与消费者分享，这样才能给消费者带来利益，协助消费者解决问题。产品的价值主要体现在能够对消费者提供的效用，因此，学习产品知识并不是一个静态的熟记产品的规格与特性的过程，而是一个动态的过程。

文案创作者应该不断地取得和产品相关的各种信息，并从积累的各种信息中筛选出产品对消费者的最大效用，这也是最符合消费者需求的效用，这样才能树立起推荐产品的竞争力优势。

例如，软文在介绍中国首批治疗原发性骨质疏松的纯中药制剂——阿胶强骨时，应该将重点放在这款产品不是单纯的补钙产品，而是国药准字号药品。而且，软文应该重点介绍阿胶强骨是以独特的酸解法从牡蛎中提取出钙离子，从综合角度出发，有利于人体吸收和全面调理。因此，阿胶强骨可以替代其他补钙产品，但是阿胶强骨的功效却是其他任何钙剂产品都无法替代的。

6.4.2 珊莎·米勒怎样获取消费者

文案创作者应该及时掌握市场变化的同类产品相关信息，因为只有这样，才能在软文中介绍一些实用的经验方法等“干货”。例如下文：在珊莎·米勒的经验里，以下几个策略对于获取消费者最有效果。一是找到当地专家，当地专家能够提供当地市场的详细知识，有利于开拓新市场。二是持续测试产品，即使在市场一片大好时也应该保持随核心产品流的持续测试。通过深入分析和测试，珊莎·米勒团队发现了真实的消费者行为，激发了印度市场对产品的认可。三是从各个维度分析消费者，并检验产品所有的数据。

此外，软文还从获取、激活、留存、病毒传播、推送等角度，介绍了“对用户画像的分析决定了新用户转化”、“怎样让人下载产品或访问你的站点”、“怎样让人开始用你的产品”、“怎样让他们持续使用产品，并愿意回来”、“怎样让活跃用户愿意邀请他人来使用产品”。

珊莎·米勒认为，获取更多消费者的方式是，让留存的消费者乐于分享和传播产品。要实现这个目的有两个秘诀：一是在正确的时间提供给消费者正确的东西，为消费者制造惊喜；二是通过消费者的社交场景曲线了解消费者是否愿意并容易分享传播产品。软文后半段介绍了想要成功地推送通知需要注意的事项，包括内容、触发点、受众、传递等因素。

还有一篇介绍“华为凭什么成为最受外媒尊敬的中国 IT 公司”的软文。软文将华为的成功总结为“六个一”，包括品牌提升幅度第一、一体化通信创新、加一元钱的创新价格模式等。

经验技术型软文比较适合品牌形象的树立和推广，一些喜欢查看行业性软文的用户群体决定了经验技术型软文的诞生。这类软文以传播知识和经验为主。因为人的心理都有一种互惠原理，通过传播有价值的行业知识经验，软文能够帮助企业树立在行业内的品牌地位。

6.5 新闻词汇做伪装

尼尔·弗兰奇为一个水族馆写了一篇文案，简直可以参加作文比赛了。软文标题是“周末记事”，内文以一个走在玻璃管子里的学生身份，一点点感受鱼在“你”旁边游过的所见所闻。尼尔·弗兰奇还写了这样一个有趣的副标题:“这篇文章有一处拼写错误，第一位发现者将获得500美元的奖励。”

6.5.1 曝光佳洁净热销背后

避免和同行一样写出“广告”，也许这是软文营销最重要的部分。软文不同于硬性广告，不能强行植入产品信息，而必须借助一定的伪装形式，包括信息资讯、明星或使用者的经验心得和技巧分享、企业的管理思想和方法、企业文化、行业领军人物、行业热点事件和大型活动等。

文案创作者应该试着避免写出“广告”，选择以新闻体的结构组织软文。例如一篇名为“曝光佳洁净热销背后”的软文，介绍一种改变消费者便后清洁方式，以洗代擦的佳洁净产品。这个产品近日在西安悄然兴起。

佳洁净是一种智能便后家用清洗器，可以安装在家用便器上，为消费者便后供应温水清洗。软文的主人公是一名记者，他采访了家住紫薇花园的牛先生。

而且为了营造产品热销的景象，说明截至记者发稿前，佳洁净的安装预约已经排满了三个工作日，火爆景象不断升温。

记者采访商场导购时，得知佳洁净上市之初知名度并不高，只有那些有国外生活经验的消费者才知道佳洁净是什么。这类消费者购买时通常不会考虑太多，因为佳洁净已经在国外得到了普遍推广使用，他们也切身体会过佳洁净的使用效果。在国内市场，购买佳洁净的消费者也从前卫的时尚人士扩展到普通市民，消费者已经普遍认识到了佳洁净对日常生活的重要性。

这篇软文的作者是佳洁净公司的企划主管，之前，这位企划主管是一位报社记者，学广告策划出身，后来做了 4 年的营销策划。难怪在后来的效果调查中，有很多读者还坚持认为这篇软文“就是新闻呀”。

6.5.2 新闻词汇有哪些

在软文的写作过程中，作者应该善用新闻惯用的一些词汇，以增强正文的“新闻性”。这些新闻词汇包括以下 4 类。

（1）时间、地点词汇：例如“近日”、“昨天”、“正当……的时候”、“某月某日”和“在我市”、“……商场”、“家住……街的……”等。文案创作者为读者提供确切的时间和地点的概念，能够引导读者产生与出现的时间和地点的相关联想，从而加深印象，淡化广告信息。

以《“神舟三号”葫芦里装啥药？》这篇软文的开头为例：

“14 日上午 10 点 30 分，有太空人形象、‘神舟三号’字样的黄绿色彩车如腾飞的巨龙蜿蜒驶入南门。数百米长的车队吸引了众多行人的目光。

“‘快看，这么长的车队，是部队的车吧？’‘不是，像结婚的车队，好像也不对，这么多车。’两位行人远远看见车队就大声争论起来。等车队靠近后，大家才看清楚车体上的字迹是‘神舟三号甘露聚糖肽口服液’。”

这则软文大胆的用图也是其成功的主要方面，4 张新闻图片占据了报纸半版的 3/4。尽管并不能称为纯粹的软文广告，但是其广告文的写法非常值得学习。

（2）新闻源由词汇：例如“据研究”、“据调查”、“笔者还了解到”、“在采访中了解到”、“据某某专家说”、“笔者亲眼看到”等。作者在软文中运用这些词汇，会让读者感到这些信息都是真实而有据可查的。

《曝光佳洁净热销背后》这篇软文即是如此，全文中多处运用新闻源由词汇，增添了软文的可读性，同时也一步一步地吸引读者读完全文，接受企业想要传达的多方面信息。

（3）身份词汇：通常，企业发布的软文喜欢使用“某某公司”、“某款产品”等进行介绍，这样让读者既看不到也感觉不出作者的身份，无法在阅读的时候把自己融入到软文的角色中。读者在阅读习惯上缺失自我角色，在阅读中无法判定自己的立足点和视觉点，就会产生“第三只眼”看热闹的感觉。

文案创作者为软文增加身份词汇，可以使用“笔者”、“记者（某些媒体软文禁用）”、“我”等有明确角色的人称，让读者与文案创作者“合二为一”，这样，读者的视角、观点也会“跟着文案创作者的感觉走”。

例如《“神舟三号”葫芦里装啥药？》一文中“20 分钟后，车队绕出南门。无法弄清‘神舟三号’葫芦里卖啥药，我们只好拨打车体上标注的咨询电话……”。而在《曝光佳洁净热销背后》一文中，作者大量运用“记者”、“采访中”、“对记者说”等身份词汇和语句，让读者读起来“现场感”十足，就像亲临现场一样，跟着“记者”一起“采访”。

（4）专有名词：在软文中提出一个专业性较强的词汇，能够增强软文的可信度和公正性，尤其是引入一些科学概念、专业术语等，更能提高产品对读者的吸引力。

在脑白金的试点阶段，无论是报纸、杂志等纸质媒体，还是张贴栏里的各种宣传资料，铺天盖地都在宣传“脑白金体”这个概念，而全篇内容并没有脑白金这个产品。实例：《人类可以“长生不老”？》，主要讲美国《新闻周刊》

刊载脑白金体一事，报道脑白金的神奇功效；《两颗生物原子弹》，将当时世界级的话题克隆羊多利的技术与脑白金相提并论，提高脑白金的学术地位；此外还有《98 全球科技最受关注的人》、《两场科学盛宴》、《不睡觉，人只能活五天》、《宇航员服用脑白金》等软文。

在软文广告的创作过程中，“说什么”和“怎么说”是文案创作者应该首先考虑的两个重要因素。如果以“广告”形式自卖自夸，读者并不会买账。在广告界，最优秀的文案通常能使 100 万美元的预算看起来像花费了 1000 万美元，然而大多数的文案都是在耗费了 1000 万美元之后，看上去只值 100 万美元。如何让 100 万美元的文案预算发挥出 1000 万美元的效果，文案创作者首先应该试着避免写出“广告”，而是采用新闻报道形式，为广告做伪装。

6.6 故事诉求的魔力

故事诉求型软文主要通过讲述主人公的个人经历，表达情感，从而达到宣传产品的目的。故事诉求型软文比较适合发布在论坛、博客等互动参与性强的地方。由于描写的内容范围广泛，表现形式也不受拘束，这类软文是最利于文案创作者发挥创作才能的软文形式。

故事内容必须有一个主题，这个主题比创作软文的技巧更为重要。只要有好的创意和主题，并不需要软文的辞藻多么华丽，情感的传达也不需要让读者潸然泪下。正如根据盖洛普的调查，那些通常能够在摄影比赛中斩获大奖的图片（这类图片往往敏感、精致、细腻而且具有完美的构图）并不适用于文案，那些语言华丽的软文也并不适合于软文广告。

6.6.1 独眼模特发生了什么

最有效的软文是那些能激起读者好奇心的作品。软文一映入读者的眼帘，就足以激起读者的想象和探究欲望，“这是怎么回事？”接下来，读者会读文案，以期弄清事情的来龙去脉。文案中故事诉求的圈套就设在这里。

在广告大师哈罗德·鲁道夫看来，这种有魔力的因素就是“故事诉求”。而且，软文中注入的故事诉求越多，吸引的读者也越多。奥美公司曾经承接了一项策划哈撒韦牌衬衣全国性广告活动的推广工作。奥美公司的目标是，为哈撒韦牌衬衣制作一支超过比扬罗必凯公司为箭牌衬衫创作的经典之作的广告。不过，比起箭牌衬衫200万美元的广告费，哈撒韦的广告预算只有少得可怜的3万美元。所有的一切都需要奇迹。

奇迹来源于“故事诉求”这一剂猛药。为了让读者停步动心，奥美公司策划了18种方法，最后一种就是让模特戴上一只眼罩。一开始，这个文案被大家否定了，不过，正式开始制作图片之前，还是决定采用这个文案。

后来，这个文案被证实大获成功，使有着超过一百年默默无闻历史的哈撒韦衬衣一下子走红起来。以如此低的广告预算，收获如此迅猛的蹿红速度，从而建立起了一个全国性品牌，这在当时还是绝无仅有的一例。

很快，世界各地的报纸、网络都争相刊登谈论该则广告的文案，这张图片也成了抄袭的对象，引来几十个厂家的模仿，仅在丹麦就有5种不同的版本。后来，这个戴眼罩的模特出现在不同场景的广告中，在卡耐基大厅指挥纽约爱乐乐团、驾驶游艇、演奏双簧管、开拖拉机……奥美公司从这一系列文案中得到的总利润是6000美元。

6.6.2 屋子为什么空无一物

为宣传波多黎各旅游业，文案大师埃利奥特·埃尔维特曾经在软文中使用了一张图片，没有直接表现西班牙全能大提琴家帕布洛·卡萨尔斯演奏大提琴的情景，而是展示一间空屋子里，只留一把大提琴靠在椅子上的场景。

这张图片立即引起了读者的兴趣，“屋子为何空着？卡萨尔斯又到哪里去了？”这些问题需要得到解答，读者必须到广告文案中找答案。了解了文案之后，读者就会订票去波多黎各圣胡安参加在那里举办的卡萨尔斯艺术节。这支广告投入市场的前6年，波多黎各旅游业的年收入从最开始的1900万美元一下子攀升至5300万美元。

只要文案创作者能在文案中使用精彩的故事诉求，不仅可以推销更多的产品，而且可以赢得良好的社会声誉。前提是不仅要有好的软文创意，更要能不怕麻烦地持续选择。美国著名经济学家，同时也是严苛的广告评论家约翰·加尔布雷斯教授曾对埃利奥特·埃尔维特说："多年来我对故事诉求型软文一直怀有极大兴趣，在相当长的时间里，我总认为你的文案作品在选题和印制方面都是最优等的。"

6.6.3 豪门媳妇不容易

一篇名为"面临傍大款与自食其力，农村姑娘该如何抉择"的求助信，软文主人公是来自湖北武昌农村的25岁女孩。与其他姑娘不同，软文主人公喜欢自食其力，喜欢有自己的事业，目前，女孩经营着一家奶茶店。主人公自述：我一向认为自己什么事都可以解决。但是现在，我在自己的人生路上也遇到了无法解开的难题，我该怎么抉择呢？请求大家帮助。

主人公回忆了自己与白马王子的第一次相遇是在一个朋友的生日晚会上。渐渐地，两人相识、相知、相爱。男孩1.8米的个头，举止端庄有礼，主人公尤其喜欢男孩炯炯有神的眼睛。两人相处了半年多后，主人公真心爱上了男孩，希望两人能一起过一辈子，甚至违背了自己传统的性格将初夜给了男孩。

后来，主人公知道了男朋友是一个不折不扣的富二代，父亲是一家公司的老总，很有钱。男朋友在父亲的公司当经理。尽管如此，当男朋友向主人公求婚时，主人公还是答应了下来，毕竟那是自己喜欢的人。

不过自从嫁入豪门，主人公发现做富二代的老婆压力很大。丈夫要求主人公关闭奶茶店，认为一个女孩子如果成天守着奶茶店影响不好，而且自己家资产颇丰，完全不需要主人公赚的那些钱。可是主人公坚持自力更生，希望保有自己的事业。丈夫恶语相向，说主人公是丢人现眼，像自己这么有钱的人家，不可能容许有一个开奶茶店的女主人。丈夫放出狠话，如果坚持不关奶茶店，两人只好分手。

最后，主人公陷入了艰难的抉择，对丈夫也有了一些抱怨。自己把最宝贵的东西都奉献了出来，难道丈夫可以说分手就分手吗？如果因为自己嫁给了一个有钱人就必须放弃自己喜欢的工作，这样的结果并不是主人公想看到的。自己开奶茶店也没有给有钱人丢人。虽然一年不能赚几百万元、几千万元，不过赚上十几万元却是小菜一碟。主人公完全可以靠奶茶店养活自己。而且，主人公还是用自己的双手劳动赚钱，又不是什么见不得光的事情。

虽然故事诉求型软文有如此大的魔力，但是文案创作者切记不能去编故事，而是应当把自己想象成软文的主角，将自己的感悟经历移情到软文主人公身上。对于自己不曾经历过的故事，文案创作者应该尽量避免去写。因为软文的脉络走向由文案创作者自己控制，文案创作者完全可以选择不走国道，而挑选山中小路。换位思考是文案创作者必需的能力。文案创作者只有学会换位思考，写作的内容才能有血有肉，为软文注入鲜活的情感。

6.7 原创与伪原创的抉择

在软文内容建设中，目前主要有三种方法：一是采集；二是伪原创；三是原创。当然，做好原创是最难的，同时也是最重要的，但并不是说软文必须原创。在原创与伪原创之间，文案创作者需要做好抉择。

原创软文是指，文案创作者经过自己的理解，组织语言进行有别于其他任何内容的描述，而且保证只发布在唯一的地方。原创内容是文案创作者首先创作出来的，既不是抄袭的，也不是模仿的。例如博主今天遇到了一件非常顺心的事，于是将这件事情写了出来，并发布在自己的博客中，这就是原创软文。

6.7.1 内容源在哪里

原创内容的来源主要有两种：一是用自己的语言将自己知道的知识、技能等表达出来；二是将自己的经历、想法、感悟描述出来。值得注意的是，如果企业在建设自己的网站，则必须坚持原创内容。

因为对于一个网站来说，内容为王。网站存在的意义是价值，也许可以帮助用户解决问题，也许可以促进某种产品的销售，或者能够让更多志同道合的朋友相聚一堂。这就是真实存在的价值，通过转载、伪原创根本体现不出这种价值。

如何打造大量的优质原创内容？第一种方法是参与热门话题的讨论，为热点事件写评论。文案创作者必须保持对网络热门话题和热点新闻的关注，在浏览的同时，搜集一些本身感兴趣的话题。

根据自己的想法，文案创作者可以撰写一些评论性质的软文。对于评论性质的软文，文案创作者可以采用“概述 + 分析 + 观点 + 结论”的模式进行撰写。运用自己的语言将话题进行总结并形成概述，然后根据自己的想法进行分析，描述自己的观点，最后得出结论，首尾呼应。

因为在互联网上，热点话题会得到持续不断的更新，所以文案创作者采用这种类似读后感的原创方法，完全不用担心没有写作的题材。这样做既迎合了“热点”，又有源源不断的优质原创内容。

第二种方法是利用推广平台进行总结。各大平台既是软文发布的地方，又是软文的来源。例如论坛、问答网站等，文案创作者可以从中发现很多值得撰写的题材和内容。因为很多网友喜欢在论坛中讨论，遇到不懂的问题网友也会直接到问答网站提问，还有些网友喜欢帮助他人解答这些疑问。

这时，文案创作者可以利用网友的参与性，将自己的疑问发布到各大平台上，让网友讨论或者帮助解答。然后，文案创作者可以将这些答案收集起来，并一一罗列，再用自己的语言组织成一篇软文。这是一种整合网络资源，打造原创内容的高效方法。

第三种方法是，当自己没有创作灵感时，可以通过大量阅读他人的软文，在他人的软文中寻找灵感。文案创作者应该经常阅读他人的软文，从他人的软文里搜集一些独到的观点或写作素材。文案创作者可以以自己的语言将自己的见解融入到软文之中，将他人的观点转换成自己的观点。这是一种丰富自己知识量的做法。不过千万不要直接挪用他人的观点，否则与抄袭无异。

第四种方法是进行伪原创。有时候，文案创作者难以避免面临伪原创的情况。这时，文案创作者应该注意，伪原创并不是仅仅变换段落和词组就算完成了。这样做既不能保证软文的质量，更失去了原软文的价值。

6.7.2 工具生成的软文可行吗

文案创作者应该掌握一定的伪原创技巧。在进行伪原创之前，文案创作者应该明确，百度、谷歌等搜索引擎都具备辨识伪原创的能力。因此，文案创作者应该放弃使用传统的伪原创工具。伪原创工具生成的软文不仅极大地影响读者的阅读体验，而且很容易导致网站被搜索引擎降权。

因此，文案创作者要进行伪原创，必须拥有一定的识别能力和自身的知识。首先，文案创作者应该以原文为主旨展开伪原创。即以模板软文内容为主旨，文案创作者由此展开讨论，将原文转换成“素材”来使用。

进行伪原创的第一步是搜集素材，然后以此素材的中心思想展开伪原创撰写，并以此中心思想为关键词搜索相关软文，同时将搜索到的多篇软文的观点综合为一体，打造出伪原创软文。

其次，文案创作者应该以自己的语言风格进行表达。不同的人具有不同的语言风格和习惯，因此，在创作伪原创内容时，文案创作者应该以自己的语言展开内容，以更好地区别于原文。拥有独特风格的软文更能引人注目，也更能让人记住。

再次，文案创作者应该做到去粗取精。取其精华，去其糟粕。大量的原创内容充满过多的修饰词语或口水话，文案创作者在进行高质量的伪原创时，需要将原创内容的精华部分提炼出来，并适当地砍掉一些不必要的重复的话语，然后进行一些词语的替换。文案创作者在进行伪原创时，切记不能将原文的广告带进自己的软文中。

最后，也是最重要的一点，文案创作者在进行伪原创时，需要融入自己的思想，并形成自己的观点。软文有没有思想，决定了这篇软文有没有灵魂。文案创作者在进行伪原创时，需要加入自己的思想，用自己的语言描述自己对原文的看法、认可或者否定。并且，在融入思想的过程中，文案创作者可以进一步提高伪原创内容的质量，使软文更具说服力。

虽然软文的撰写并不一定要求原创，但是，不到万不得已，文案创作者应该尽量选择原创内容。原创内容的质量好坏不仅关系着软文被收录和转载的次数，更关系着读者对网站、企业的看法和评价。文案创作者应该用优质的软文内容，用心经营企业的产品品牌。

6.8 收尾的 6 个小技巧

软文的结尾主要承担着总结全文、突出主题、与开头相呼应等作用。总体而言，撰写软文的结尾比开头的难度稍低一点。合适的收尾犹如将车停在合适的停车位一样，文案创作者必须保证软文被准确无误地停放。

如果一篇软文没有合适的收尾，就像司机把车开进了一个显示有停车位的车库，却发现自己的车子已经无处安放。这样的车库只会引来司机的骂声一片，人们都感觉自己被骗了。所以，软文的收尾也具有举足轻重的作用。下面探讨软文收尾写法的 6 个小技巧。

（1）顺其自然式收尾。这种收尾方式一般运用于记叙性软文中，以事情发生的结局作为软文的自然收尾。文案创作者在表达完故事的来龙去脉后，并不设计含义深刻的哲理语句，也不描绘丰富的象征形体，而是随着事情的发展步入尾声，软文也自然而然地结束。采用顺其自然式结尾的软文，既让读者觉得是在意料之外，又让读者认为是在情理之中。一般来说，情感故事类软文会采用这种技巧结尾。

例如某护肤品软文，主人公通过使用某品牌护肤品，最终从丑小鸭变身白天鹅。购买这套护肤品让主人公充满了自信，因为越来越漂亮，从前无人问津的丑女无敌变成了拥有无数追求者的万人迷。

（2）首尾呼应式收尾。软文采用总—分—总式结构。结尾以开头为依据，首尾呼应。在软文开头提出一个观点，然后进行观点分析，结尾则回到开头的话题，做一个观点性的总结。议论性软文大多采用首尾呼应式收尾，能使软文结构更加完整、条理清晰、浑然一体。

例如洗洁精推广软文的结尾“妈妈手工好、厨艺好，说真的从小就希望有科学家的智慧之手，画家的丹青之手，医生的回春妙手……可现在我希望有一双像妈妈那样的巧手”与软文的开头“人人都有一双手，可每个人的手并不一样，科学家的手——智慧之手，画家的手——丹青之手，医生的手——回春妙手……而我却希望有一双妈妈那样的手——巧手”相呼应。

（3）名言名句式收尾。采用名言、名句收尾，能够升华软文的主题，让软文的意境更加深远，揭示人生的真谛。因为名言名句以其短小精悍、入木三分著称，三言两语就能表述一些含义深刻、耐人寻味的哲理性、警醒性内容，更能直击读者的内心，让读者久久难以忘怀。名言名句式收尾能够起到“言已尽，意无穷”的效果。如果巧用名言名句结尾，则软文能够添色不少。

例如一篇科技公司的软文，以英国大文豪莎士比亚的名言“生存还是死亡，这是个问题”作为结尾。软文最后一段讲述：一等硬件生产商忙着开辟多元化投资领域，以求突破既定的结局；二等硬件生产商在被收购的路上排队等待；三等硬件生产商甚至连在被收购的路上占个地儿都不可能。从前的硬件生产商朝气蓬勃，现在的硬件生产商则暮气沉沉，宛若明日黄花。硬件生产的黄昏，生存还是死亡，这是个问题。

（4）留白式收尾。一则好的软文应该让读者自己来完成交流，因此，很多文案创作者在撰写软文的结尾时，都喜欢采用留白的手法，给读者留下一个自由驰骋、纵横想象的空间。在这个空间里，读者可以适当补白，进行续写，以揣测文案创作者的心思。留白式结尾可以是文案创作者的妙手偶得，也可以是文案创作者在对生活有了独特的感情后，加以精心提炼而成的结晶。

留白式收尾技巧多用于记叙性软文中，文案创作者以独特的认识和理解，撰写出深刻含蓄的结语，力求意味深长、引人深思。读者会进行反思、回复，这时，文案创作者需要抓住机会与读者互动。

例如一则展望苹果公司推出的 iPhone 可能取消 home 键的报道，结尾是：在取消 home 键的 iPhone 正式推出前，不管怎样的推断都是徒劳，无论苹果公司最终是否保留 home 键，相信都会是经过深思熟虑和权衡各方利益的结果。至于消费者是否会接受，最终还是由产品本身决定的。

大屏幕的 iPhone，有手写笔和键盘的 iPad pro，凸起的手机摄像头和稍显突兀的天线条，所有这些在常人看来难以成功的事，在库克领导下的苹果公司都做到了，而且都做得不错。取消 home 键？没准儿 iPhone 7 真的是这样的。

（5）建议号召式收尾。采用建议号召式收尾的软文主要是健康、运动、减肥类产品推广软文。例如，在吃米饭的时候，人们应该注意增加咀嚼的次数，掌握细嚼慢咽的饮食诀窍，就能轻松降低 GI 值（Glycemic Index，血糖生成指数）。而且，多咀嚼米饭也会对大脑造成刺激，产生饱腹感，避免过多进食导致的肥胖。

此外，公益性软文也多采用号召式收尾。文案创作者在前文罗列出种种条框后，向读者提出某些请求或发出某种号召，如“让我们共同抵制公共场所吸烟的行为吧”。读者看到最后一句，会在心里产生共鸣，隐形地支持软文所发起的号召。

（6）预期联想式收尾。采用预期联想式收尾技巧，关键在于文案创作者应该站在第三者的角度，对软文中的人或者事物做出预期的判断，可以是祝福，也可以是否定、怀疑等。例如，从某长寿老人的饮食习惯，预期其遵循的都是健康的饮食习惯，值得年轻人效仿。

真正将预期联想式收尾运用到极致的是作家鲁迅，在其作品《故乡》一文中，以“地上本没有路，走的人多了，也便成了路”收尾。这样的结尾技巧由此及彼，由表及里，由具体到抽象，升华了主题，引人入胜，使读者也如同作者般展开联想，达到了软文的效果。

07

引爆新媒体的配图六大样式

一篇好软文，不仅内容是重要组成部分，好的配图也是关键。对于文案创作者，尤其是新媒体运营人员来说，常常会面临软文配图的苦恼。以下是6种软文配图样式，如果文案创作者没有合适的图来配文时，那么这些样式将是好的参照。

7.1 信息图风格：如何用 Apple Watch 做营销

信息图风格的软文配图最大的优点是统一性，尤其是一些专注社会化大数据营销的企业公众账号，更适合采用信息图风格的软文配图。信息图风格配图既能让软文显得专业、整洁，又和企业公众号定位完美契合。这样的配图方式，很容易让软文在众多同质化账号中脱颖而出。

7.1.1 方寸之间有大猜想

“如何用 Apple Watch 做营销，方寸之间的大猜想”是公众号“时趣（Social Touch）”做的一则软文。时趣（Social Touch）是一家成立于 2011 年的新型企业移动社交营销解决方案提供商，从 2013 年开始，连续三年先后获得宝洁最佳数字创新大奖、年度最佳社会化媒体代理商大奖、创新创意奖等。

在时趣（Social Touch）公众号上，最突出的特色是统一的信息图风格：“如何通过 SCRM 实现客户的逐级转化”、“品牌营销：大数据时代，企业需要精细化运营”、“如何提升品牌宣传效果？你得先知道怎样增强用户黏性”。

信息图（Infographic），顾名思义就是信息（Information）+ 图表（Graphics），通过直观的图形表现所要传达的信息。信息图能够将长篇软文、研究报告的数据可视化，帮助读者高效、准确、简明地了解信息。而且，信息图简单易记，可以帮助读者节省很多时间。同时，信息图设计优美、效果极佳，带给读者无穷乐趣。

工欲善其事，必先利其器。为软文配上信息图，需要信息图制作工具。最常用的信息图制作工具是 Visual.Ly。文案创作者可以用 Visual.Ly 快速创建自定义的信息图表，而且不需要任何设计相关的知识就能够使用。按照 Visual.Ly 联合创始人斯图·兰吉尔的解释："我们将开拓一个全新的领域——帮助用户创建美观、具备强烈视觉冲击力的可视化数据。"

拥有网页和桌面两个版本的信息图制作工具 StatSilk，可以帮助文案创作者对数据进行简易的分析，创建更优质的地图、表格、图形及各种视觉元素进行数据展示。文案创作者甚至可以运用 StatPlanet 的 Flash 模板创建 Flash 地图。

Infogr.Am 也是较为常用的一款信息图制作工具，可以让文案创作者快速地创建静态的或者交互的信息图表。文案创作者只需要导入数据，就可以通过 Infogr.Am 的各种功能来创建绚丽的图表。

此外，Vizualize.Me 是主要用来创建超炫个人简历、企业发展历程的工具。这个网页服务可以导入用户的 LinkedIn 简历信息，将其制作为一张信息图示。因为人们在互联网上很容易被各种信息分散精力，注意力持续时间不长，使用简历格式比较容易吸引读者的注意力。

使用 Gliffy 可以创建高质量的流程图、平面设计图和技术图表等，并且可以支持拖拽操作。ICharts 是一个通用型的图表创建工具。Dipity 是一个用时间轴进行各种信息图展示的网站，文案创作者可以在这里找到自己所需要的信息图。由 IBM Research 联合 IBM Cognos 软件公司提供的试验工具 Many Eyes 为文案创作者提供了一系列可视化效果，文案创作者可以一键将其整合在一起。Venngage 比较适合市场销售人员和出版商，是一个强大的信息图在线创作平台。Venngage 能够帮助用户创建并发布信息图表，可以提高用户作品的体验，同时跟踪用户反馈。

7.1.2 刚起步的视觉革命

那么，信息图表的下一个趋势是什么？信息图表似乎是一场刚刚起步的视觉革命。在无处不商业的时代，信息图表并不是单纯的数据展现工具，而更多地被赋予了营销学问。面对不断增加的网络饱和现实，越来越多的人开始担心信息图表的命运，甚至有人认为在这种情况下，信息图表会慢慢走向消亡。

其实，并不是信息图表的价值下降，而是读者对其的新鲜感褪色已成事实。即使信息图表更加流行，也不会让人们放弃使用其他媒体创建出质量更好、使用率更高的内容。不过，数据的繁荣和增长也预示着，数据更加需要用简单明了的方式展现其复杂概念。这正是信息图表可以达到的效果，也是信息图表设计、制作的机会。

信息图表被用于各式各样的目的，已经使用了上百年，却在近些年来有了一些新奇的面貌，当然这都要归功于互联网。静态图表是目前最常见的媒介，大概是由于静态图表最容易制作。这也影响了图表的传播。作为一张可以方便上传、下载、编辑的图片，对于媒体分发及博客等都是非常有吸引力的，随便点击一下分享，大多数人都是愿意操作的，更何况，信息图表给人们带来了真实的价值。

在内容的使用中，交互式信息图表被用得越来越广泛。设计者和开发者能够在单个界面上将多层次数据可视化，并且为用户提供动态体验。另外，使用动态或者动画的信息图表设计方式也成为一个上升趋势。这些动态图有一个共性——以叙事为主，以图例说明、数据可视化、动态文本为辅，将一个特定的主题展现给读者。采用这种方式可以为读者提供一种完全不同的浏览体验，比起那些通过解释、展现观点的软文方式似乎更有价值。如果将动态信息图与营销相结合，则能够为需求用户带来生活中的信息。因此，动态信息图能够有效地增强品牌信息。

信息图表的增长趋势是使实时数据可视化，为读者提供实时更新数据。例如国内的新浪微博、国外的Twitter等，以及各种跟踪分析工具，都能提供实时更新功能。根据媒体热门话题、网友热议话题、品牌监控、跟踪、评估等，分析产品品牌社交展现情况及其在网络上的人气。

7.2 分析报告封面样式：易观智库专题研究报告

易观智库分析报告案例："中国在线亲子游市场专题研究报告 2015"；"易观分析：2015 年第一季度中国 B2C 市场 3C 品类交易规模达 1234.5 亿元"；易观分析：外卖市场不断垂直细分目标用户群落，白领家庭市场成竞争新热点"；"2015 年 4 月八大电商平台，电压力锅销售情况 TOP10"；"易观分析：2015 年第一季度中国第三方手机浏览器市场，从细微之处提升用户体验"；"易观分析：2015 年第一季度中国家用智能微投市场高速增长，100 寸以上大屏幕所谓体验"；"互联网理财产品指数评级（2015.5.11-5.15）：货币基金收益两极分化，薪金煲排名蝉联第一"；"2015 年 4 月移动 APP 排行榜 TOP200"。

7.2.1 今日头条领跑免费新闻榜

详细分析易观智库发布的一则分析报告—"行业数据：今日头条以'内容＋服务'创新继续领跑 App Store 新闻类免费榜"。文章软文中以"eAM（易观智库·中国互联网应用监测系统）发布的 20130304-0310 周度 App Store 监测数据"为分析资料。

文章软文用表格列出 App Store 中国区新闻类免费榜 TOP10，并进行分析。

报告指出 :“新闻类应用前五名排名有了变化，其中腾讯新闻、网易新闻排名都呈现先升后降的趋势，爱看新闻和凤凰新闻排名总体呈上升趋势，而今日头条则延续了其上周较大的下载量优势，依然稳居本周新闻免费榜榜首。”

最后，文章软文得出结论 : 今日头条以其细致入微的用户体验得以长期稳居榜首的位置。与传统新闻客户端搜狐、网易客户端等门户网站的新闻直接搬到移动端手机上的做法不同，今日头条着力于对用户阅读兴趣的数据挖掘，甄别用户的独特需求，并推送给用户最感兴趣的资讯内容，使用户能够在今日头条上用最短时间看到自己最感兴趣的新闻。

今日头条作为国内首款社交化资讯阅读应用，用户可以与好友相互关注，也可以追踪好友或名人的阅读动态，与志同道合的用户一起评论时事，分享自己的观点。除了内容上的创新，今日头条还开发了离线阅读、夜间模式、一键分享等功能，进一步提升了用户的阅读体验。

文章软文完结后，还给出了一条信息 :“欲想了解移动互联网、应用商店的更多内容，请访问 EnfoDesk 易观智库的网站，或者致电客服 4006-515-715。”

把封面图做成报告封面的样式，能够吸引众多对行业感兴趣的读者一探究竟。而且，采用分析报告的形式，软文更具权威性和可信性，无形中增加了品牌的公信力。

7.2.2 分析报告架构形式

分析报告包括市场分析报告、行业分析报告、经济形势分析报告，以及社会问题分析报告等。分析报告的标题包括公文式和新闻报道式。在标题之下，分析报告一般都有一段导语，用以说明此次情况分析的目的、对象、范围、调查分析过程、收获、基本经验等。

说明这些方面时，应该有侧重点，而不必面面俱到。导语要求文字精练，概括性强，扣住中心内容，让读者对调查分析内容有一个总体认识，或者提出行业内所关注和调查分析所要迫切解决的问题，以此唤起读者重视。

在这方面做得十分出色的是“易观智库”。互联网行业的从业者对易观智库并不陌生，这是一家互联网分析公司，产生了很多行业报告、数据分析。易观智库是易观国际推出的互联网营销销售商业信息服务平台，主要立足于新媒体经济（互联网、移动互联网、电信等）的发展研究成果。易观智库具有信息可视化、数据模型化、分析研究工具化、内容定制化及解读互动化等诸多亮点，为企业提供可靠的商业信息。易观智库最终能够帮助企业节省 30% 的时间和人力，同时提高 30% 的工作效率。

分析报告的主体包括调查分析的主要情况、方式方法、经验或问题。主体部分有以下四种基本架构形式。

（1）分述式。采用这种结构的分析报告主要是从多角度、多侧面进行结果分析。在谋篇布局中，采用分述式分析报告可以体现创作者的多向思维。其特点是能够反映较宽的业务范围，具有较广的概括面。

（2）层进式。采用这种结构的分析报告主要用于表现对事物逐级逐层深化的认识。在谋篇布局中，采用层进式分析报告可以体现创作者的收敛性思维。其特点是对某一观点或事物的看法具有深度挖掘性。

（3）三段式。采用这种结构的分析报告主体部分包含三个段落：现状；原因；对策。分析报告主要从这三个方面展开，故称三段结构。

（4）综合式。即分析报告主体部分将上述各种结构形式融为一体，进行综合运用。例如，用“分述结构”来写“三段结构”中的“现状”；用“三段结构”来写“层进结构”中的一个层次，等等。分析报告的结尾部分主要分为自然结尾、总结性结尾、启示性结尾和预测性结尾。

7.3 纯配色打底：行动派 DreamList

采用纯配色打底的软文，因其统一的色调和简洁明了的画面，在繁多的信息中很容易吸引读者的注意。纯配色打底是扁平化设计的典型。扁平化设计（Flat Design）从 2012 年开始在媒体上流行起来。

从字面上理解，扁平化设计类似于极简主义设计，二者都追求简洁、简约。不过，扁平化设计是一个侧重于运用简单效果，或者刻意不使用三维效果的设计方案。在扁平化设计中，不可能出现阴影、浮雕和渐变等三维立体效果。

7.3.1 纯色是首选

由于扁平化设计具有简单、直观、使用方便等特性，因此，在手机界面和网页设计中，扁平化设计变得越来越受欢迎。扁平化设计并不局限于某种特定的色彩基调，创作者可以使用任何色彩。而且，大多数创作者倾向于使用大胆鲜艳的颜色。

通过不断地增加色彩层次，创作者将原本的一两个层次叠加至三四个甚至更多。而且这些色彩的亮度和饱和度都非常高。传统的色彩法则对于扁平化设计并不适用，而彩虹色这种流行色更适合其配色。

不过，扁平化设计必须遵守特定的设计法则，包括利用纯色、采用复古风格或者同类色。虽然这并不是唯一的选择，但是纯配色打底已经成为一种流行的趋势，也更加受读者的欢迎。

纯色不仅是配色方案的首选，更能带给读者一种独特的感受。纯粹的亮色可以与或明亮或灰暗的背景形成鲜明的对比，达到一种极富冲击力的视觉效果。因此，在进行扁平化设计时，纯色是最受欢迎的色彩趋势。

在扁平化设计中，挑选最受欢迎的色彩是第一步。一般而言，采用三原色的基调配色是很少见的，即正红、正蓝和正黄。在一个扁平化设计方案中，如果创作者想实现快速的配色，则应该选择相似的色调和饱和度。

在纯配色方案中，每一种色彩都应该与背景形成最强劲的视觉冲击，而最受欢迎的色彩包括蓝、绿、紫。在进行扁平化设计时，复古色也是常见的一种色彩方式。虽然这种色彩饱和度低，然而是在纯色的基础上添加白色，从而使色彩变得更加柔和。复古色通常以大量的橘色和黄色为主，偶尔也使用红色或蓝色。

在扁平化设计中，以复古色作为主色调十分常见，因为这种色彩能使页面变得更加柔美，富有女性气质。此外，最受欢迎的色彩包括橘色、粉色或绯色和深蓝等同类色（单色调）。在扁平化设计中，同类色已经迅速成长为一种流行的趋势。这是一种以单一颜色搭配黑色或白色以创造一种鲜明而有视觉冲击效果的配色方案。

7.3.2 暖色调传递正能量

通常，同类色利用一种基本色搭配其他两三种色彩。其中最受欢迎的色彩选择是蓝色，不过很多创作者倾向于使用黑色搭配一两种流行色（例如红色）作为按钮。还有一种方法是利用少量的色彩变化。例如，蓝色配以绿色，呈现出一种蓝绿色渐变的色彩效果。在移动设备和 APP 设计中，同类色格外受欢迎。与其他的色彩搭配一样，同类色也需要一定的色彩对比。其中最受欢迎的颜色包括蓝色、灰色和绿色。

创作者为软文配图提供纯配色打底是一件令人愉悦的事情，因此，创作者的设计作品也应该反映出这种快乐的态度。色彩的选择应该与作品相匹配，正确地引导用户积极而有效地使用网站、阅读软文，并且在这一过程中收获一个有趣的经历。在进行扁平化设计时，创作者不能拘泥于传统的色彩搭配法则，而应该开阔思路，引发各种奇思妙想。

例如目前中国发展最快的泛 80、90 后青年社群“行动派”，最初源自行动派发起人琦琦与一群热爱学习、分享的 90 后团队，是为了呼吁更多的青年人行动起来而组建的青年社群。这群青年人身上所呈现的阳光、向上、高行动力的特质，迅速通过互联网平台感染了一大批优质青年。

通过社员的自觉分享和传播，截至 2015 年 3 月，行动派已拥有超过 15 万的社群成员。行动派一直倡导的理念是通过学习、行动、分享来实现梦想清单，推动社群成员自发组织读书会和分享会，鼓励青年们“做行动派，成为更好的自己”。为了体现积极向上的感觉，行动派的封面图基本上选择纯色图片打底。

同时文案创作者应该注意，在软文中的配色多选用暖色调，较少使用灰色或者深蓝打底，因为这些颜色可能会传递负面情绪。不过，具体颜色选择还是应该视情况而定。纯配色打底的颜色选择应该根据软文主题、网站风格等制订方案。

7.4 卡通漫画形式：清新雅痞的“改变自己”

同为传递积极向上观念的微信账号，“改变自己”的软文则统一采用漫画形式，一篇软文配一幅漫画，给读者清新雅痞之感。尤其是在设计微信插图时，应该尽量坚守一个原则——轻松轻盈。

7.4.1 配图界的急先锋

在移动互联网时代，海量信息席卷而来，用户获取知识的时间越加有限，冗长的内容只能被掩埋。采用轻质的插图，不仅能够对段落内容加以说明，同时也能缓解用户面对大量信息的压力感。采用卡通漫画的形式，需要从以下两方面入手。

（1）内容“轻”，配图内容尽量风趣幽默。以“改变自己”为例，这是一个服务于年青一代的生活类微信公众账号，推送的软文内容大多与日常生活、学习等较易理解的观点有关。对于这样轻松的内容，文案创作者应该将配图卡通化，通过一些风趣幽默的插图形式表现出来，而且注意画面尽可能地简洁，这样可以大幅度增强图文内容的趣味性，清除用户阅读时的心理障碍。

卡通漫画是借助卡通手法风格而编绘的图形图案。例如暴走漫画，这是一种以固定的表情模板，通过不同的表情搭配，表现对现实生活、网络世界等方面的记述、讽刺、发泄的漫画形式。因为这是一种独特的情绪表达方式，能够随心地进行表情搭配，所以此类漫画在网络上受到了广泛的欢迎，更成为网络用户的生活必需品。

（2）先锋漫画。至今，这种漫画形式在国际上尚无明确的定义，一般指介于传统幽默漫画、叙事的多幅或连环卡通漫画之间的探索性先锋漫画。先锋漫画是漫画与前卫艺术之间的边缘艺术形式，也是当代先锋艺术催生的一种新的漫画流派，侧重于在价值观和审美取向上的探索功能，以及对传统漫画的“颠覆性”。

漫画主要是将人物形象进行夸张变形，呈现在绘画作品中。最初，由于漫画的夸张变形特征和指桑骂槐的隐喻性，成为教派之间斗争的利器。后来，随着资产阶级的兴起，漫画又担负起政治派别斗争的任务。

直到幽默漫画变得更加贴近普通人的日常生活，并不断派生出各种风格和内涵的漫画艺术作品，赋予漫画更大的发展空间。因此，现代漫画已经不仅仅是政治讽刺漫画，而是人们喜闻乐见的一种通俗的艺术形式，同时也是一种表达历史信息的方式。

7.4.2 漫画的三国

漫画以人为本、关注人性，重在满足人们的精神需求，包括幽默漫画、多格漫画、长篇连环漫画等。而漫画业发展成为日本和美国的支柱产业，把漫画开山鼻祖英国远远地抛在了后面，并开创了现代漫画的新纪元。

随着网络的发展，许多业余爱好者也纷纷涌入漫画领域，单纯的漫画娱乐并不能保证从业者的生活。因此，只有将漫画与商业结合，才能产生经济效应，获得长足发展。于是，杂志期刊漫画营销、书籍漫画营销、音像制品漫画营销、动画漫画营销等多种漫画营销形式出现。

而电子漫画杂志的出现更利于现代贸易的进步，同时借助网上免费阅读、在线观看进行传播，能够实现重复利用。这类电子漫画杂志主要通过一些热门漫画，以及创造一些受网友欢迎的漫画人物故事等，把要推广的商品、公司名、网址、联系方式、广告背景等植入进去。

漫画品种繁多，包括抒情系漫画、联想性漫画、理念性漫画、水墨系漫画等，而且相互之间的界限模糊。然而，抛开所谓的漫画种类名称和形式上的区别，其创作规律和精神内核基本上是一致的。而且，漫画艺术除了继承讽刺漫画和幽默漫画传统，也衍生出冷幽默漫画和实用漫画等新形式。冷幽默漫画包括黑色幽默、荒诞幽默和前卫漫画等；实用漫画包括插图漫画、广告漫画和趋利漫画等。

在现阶段，讽刺漫画、幽默漫画和实用漫画在漫画界三足鼎立。然而，由于受到商业利润法则的驱动和控制，讽刺漫画和幽默漫画已经在经济利益大潮的冲击下呈现退却和萎缩趋势，只有实用漫画这种准漫画形式得到无限的膨胀和发展。

可见，实用漫画十分迎合大众消费与叛逆心理。实用漫画以其感官刺激和商业气息消解了漫画艺术的严肃深度意义和艺术灵韵，让漫画成为大众消费文化的附属品和衍生品，服务于大众。

7.5 栏目的固有图标：微在（Wezeit）的封面图

微在（Wezeit）是一款趣味生活信息应用，其官方介绍中说成为微在（Wezeit）的读者是百里挑一的人才，表明其是一个富有内涵的阅读平台。“软件介绍：微在（Wezeit.com）是朋友圈里趣味病毒携带者，只传染有另外一种存在方式的地球人。这里没有成功学、低俗八卦和脑残吐槽。反正只有 1% 的人能成为微在的读者。”

7.5.1 点击图标，远离无趣

微在（Wezeit）的软文举例：“如何去激怒逻辑思维特别强的人？”；“不要再去宜家买杯子了！”；“19 个一看到祖国游客逼近就颤抖的原因”；“我也是个 loser，但我绝对不穿 A&F”；“如何做一个合格的两会发言人，新技能 Get √”；“我为什么不去音乐节，虽然我也是个文艺青年”；“帅到狂吐血的萌宠 Coser 们”。

微在（Wezeit）的口号是“下载微在，干掉无趣”。作为一个十分有特点的公众号，微在（Wezeit）是微信公众号里面的今日头条。而且，微在（Wezeit）的封面图也非常有意思，把栏目做成了图标，让用户一目了然。用户将软文转发到朋友圈时，能够让其他用户一眼认出，个性十足。

例如在标题“养了大狗狗的人简直帅！呆！被蹂躏也心甘情愿呢”右侧有

一个图标“萌”；在标题“敢不敢用世界上最屌的方式画个皮卡丘送女神”右侧有一个图标“YES！”；在标题“清凉油的真正用途”右侧的图标为“棒”；在标题“全国最能吃的省份是哪里？中国餐饮业年度报告”右侧的图标为“？”；还有一些符号、网络用语图标。各种图标立足于网友喜闻乐见的萌文化、动漫文化、宅文化，深深抓住受众的兴趣点。

当用户打开微软、百度等网站后，常常会看到浏览器的标题栏、地址栏，以及多浏览器的标签上有一个小图标。图标是具有特定指代含义的计算机图形。其中，桌面图标是软件标识，而界面中的图标则是功能标识。

图标有一套标准的大小和属性格式，而且常常是小尺寸的。每个图标都含有多张显示内容一致的图片，而每张图片的尺寸和发色数各有不同。一个图标相当于一套相似的图片，每张图片都有不同的格式。因此，图标是三维的。此外，图标还含有透明区域，在透明区域内，图标下的桌面背景可以显示出来。在结构上，图标相当于麦当劳的巨无霸汉堡。

7.5.2 “萌”图标：受众的快捷方式

在 Windows 操作系统中，单个图标的文件扩展名为 .ico，通常这种格式的图标可以直接浏览。而扩展名为 .icl 的代表图标库，它是多个图标的集合，一般的操作系统不直接支持这种格式的文件，需要借助第三方软件才能浏览。

在图形用户界面中，系统中的所有资源分别由三种类型的图标表示：应用程序图标（指向具体完成某一功能的可执行程序）、文件夹图标（指向用于存放其他应用程序、文档或子文件夹的“容器”）和文档图标（指向由某个应用程序所创建的信息）。

在 Windows 操作系统中，快捷方式也是图标的一种形式。作为一种特殊的文件类型，快捷方式能够对系统中的一些资源对象进行快速访问。因此，快捷方式图标是原对象的替代图标。快捷方式图标是定制桌面，是用户快速访问经常使用的应用程序和文档最常用的方法。

而图标本身不仅是一种个性、风格的象征，更是一种企业态度的传达。如果企业网站的栏目图标选用贴近年轻人的“萌”、“基”、“宅”等，则受众能够在第一时间从海量的信息中区分出面向自己的信息。这个过程也节省了受众获取信息的时间、精力。通过图标，企业也可以更有针对性地明确自己的受众，吸引自己的受众。

例如，如果一篇软文标有“潮”，那么毫无疑问，广大年轻人会争先恐后地点击进去查看；而对于中老年人，这篇软文可能就不那么有吸引力了（至少从图标上来看）。如果一篇软文标有“GYM”，则对运动健身系人群有强烈的吸引力。如果一篇软文标有“商”，那么软文的受众指明为对商业有兴趣的商界人士。

使用栏目的固有图标，能够在受众心中形成品牌印象，同时也可缩短受众选择信息、获取信息、接受信息的时间，让受众在海量的网络软文中找到自己感兴趣的内容。对于企业网站，使用图标也是一种节约成本、吸引受众的好方法。这种双赢的局面，正是使用栏目固有图标能够带来的。

7.6 品牌识别特色 +Logo：ELLEMEN 睿士的品牌价值感

ELLEMEN 睿士是一本男士杂志，所以封面基本上是男士，而且清一色地在上端打上自己的 Logo。ELLEMEN 睿士旨在打造中国新时代男士，从外在到内在都树立一名具有独特风格的男士。而且，ELLEMEN 睿士更加注重培养男士强大的内心和责任感，成为中国男人学习的榜样。

7.6.1 睿士不凡，品牌风范

ELLEMEN 睿士向读者传达了中国睿士的概念，这是一个睿智、具有风范和非凡魅力的男性群体。ELLEMEN 睿士担负起向外界和内部宣传、打造睿士男人形象的重任。ELLEMEN 睿士精确抵达男士的内外部世界，不仅发扬男士迎风而立的外在面，更深入挖掘其有情有义的内在面。ELLEMEN 睿士不仅专注于简单的物质成功，还专注于男人强大的内心，以及敢作敢为的真性情。

在 ELLEMEN 睿士的官方网站上有这样一句话："外在洒脱不凡，个性锋范，同时他也有一颗多样、自在、开放的心。"如果一个微信账号具有或需要打造出强烈的品牌价值感，可以参考 ELLEMEN 睿士突出品牌识别特色的做法。

品牌识别（Brand Identity）对品牌的树立非常重要，也是企业营销部门着力打造并维持的，能引起消费者对品牌美好形象的联想物。消费者看到这个联想物，想到的是企业的某种承诺。品牌识别对品牌创建和传播的整个过程都有指导作用，因此被赋予了一定的深度和广度。

品牌识别可以从产品、企业、人、符号等不同层面阐述，目的在于打动消费者，并形成区别于竞争者的品牌联想。品牌识别与品牌核心价值一起构成完整的品牌联想。一个强势品牌必然有完整而丰满、特色鲜明的品牌识别。

品牌识别体系能够有效传达品牌核心价值，同时与企业常规营销传播活动、价值活动实现有效对接，指导企业的营销传播活动。品牌识别体系的组成如图 7-1 所示。

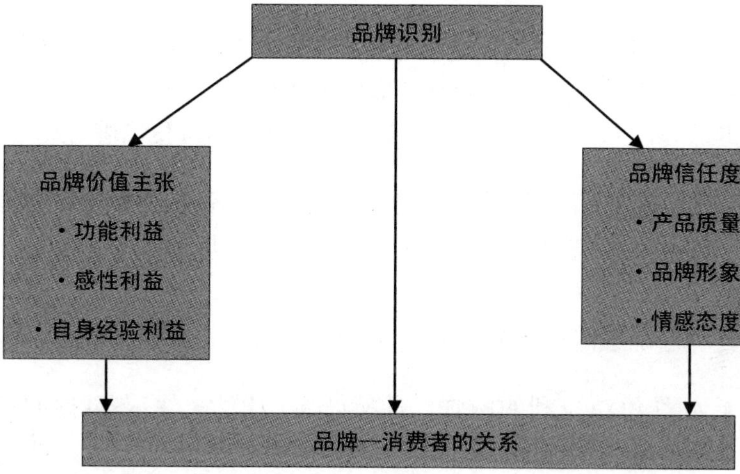

图 7-1 品牌识别体系组成部分

品牌识别的立足点在于品牌的价值、风格，企业的长期目标和终极目标，品牌的持久性，品牌的总体现状，以及品牌的辨识符号。品牌识别本质的六个指向构成了品牌的内涵。

7.6.2 可粉碎的苹果品牌

成为强势品牌的关键在于高效的实践能力，而具备清晰的品牌识别系统则是有效实践的要诀。品牌识别系统实施流程的第一步是定义品牌识别，第二步是建立和消费者的关系，第三步是品牌形象的传播，最后一步是消费者体验。

品牌 Logo 是品牌识别的一个重要表现形式，但并不是唯一的表现形式。iPod、iPhone、iMac、iWatch 的成功，在于苹果公司建立了一个“可粉碎品牌”。这个称谓源于 1915 年经典可口可乐瓶子的设计思想：即使可口可乐的瓶子碎成了碎片，可口可乐的 Logo 被彻底淹没，消费者仍然能够根据每一块碎片辨认出其身份。

在英国尚未限制烟草行业广告时，加莱赫烟草集团可以隐藏旗下的卷烟品牌“丝刻”的 Logo，巧妙地在文案中展现锋利的剪刀划过紫色丝织品的画面。据此进行的一项调查显示，看过这则文案的消费者中，有高达 98% 的人会将这幅画面与“丝刻”品牌联系起来，尽管该品牌的 Logo 从未出现在文案中。

当然，并不是只有“丝刻”这一卷烟品牌懂得通过弱化 Logo 而强化共同身份。一提起牛仔，消费者会想起另一个卷烟品牌；一张骆驼的相片，也会让消费者想到一个卷烟品牌。而且这些品牌几乎都高居全球最具价值品牌之列。

为何没有 Logo，一个品牌的影响力仍然能稳固提高？营销专家曾经从世界各地招募了 2000 多名志愿者，一同参与了一个名为“No Logo”的实验。结果显示，没有 Logo 的卷烟广告之所以有效，在于人脑中有一个叫作“伏隔核”的部位，这是人脑中处理愉悦心情与愿望的神经首要散布区域。

消费者看到红色法拉利的图画、性感妩媚的模特、憨态可掬的动物，大脑中的“伏隔核”会显示出被激活的痕迹。而且在某些情况下，即使不展现 Logo，消费者对一个上面只有牛仔的万宝路广告牌比一个同时拥有万宝路牛仔和 Logo 的广告牌更能产生品牌联想。

现实是，在美国，一个 65 岁的消费者终其一生平均会接触到 200 万个电视商业广告。相当于一个消费者在整整 6 年的时间里，平均每天花在看广告上的时间就达到了 8 小时。尽管隐藏 Logo 也是品牌联想的一种方法，毫无疑问，品牌识别特色 +Logo 的形式同样让人印象深刻。

7.7 案例一：掉进巴菲特的思维圈

“股神”、“巴菲特定律”、“巴菲特午餐”、“巴菲特股东大会”……一个个“品牌 IP”的打造，不仅为巴菲特吸引了无数粉丝，其个人影响力和财富价值更是持续增长。一切源于巴菲特的互联网 IP 思维圈。

在一般人眼中，巴菲特的形象是老古板的典型代表，而实际上，巴菲特不仅从未脱离时代，而且还拥有时下最火热的互联网思维，玩转 IP 大号和粉丝经济。在移动互联网时代，最优质的 IP 资源主要由明星个人魅力、优质的资源、紧俏的产品和品牌资产等众多因素组成。

这也是众多企业家热衷于培养自己的拥趸者的真正目的，包括聚美优品的陈欧、小米的雷军、阿里巴巴的马云、格力的董明珠、锤子科技的罗永浩、乐视的贾跃亭等，都在千方百计地打造个人的精英形象，以期形成明星效应，打造出个人的品牌 IP。

而在互联网巨头和影视巨头争相加入的优质 IP 争夺战中，打造出明星产品与培养明星人物可以说是打造 IP 大号的关键所在。例如一些大热的综艺节目，也成为优质的 IP 资源，并借此孵化出个人品牌 IP，拥有强大的市场号召力。

7.7.1 股神不只是个名头

在这个由 IP 带动的粉丝经济时代，作为当今全球投资界的神级人物——巴菲特又是怎样打造出自己的 IP 大号的呢？主要是“巴菲特定律”加上“股神驾到”，IP 大号与世界首富的名头加持。

巴菲特以投资理财大师的身份进入公众的视野，因此并不是一夜爆红。当时，巴菲特收购濒临破产的伯克希尔公司，之后，其持有的伯克希尔公司市值飙升 1.8 万倍，达到令人咋舌的 215 800 美元 / 股，被称为世界上最昂贵的股票。

巴菲特跻身福布斯富豪排行榜前 10 名，自此便拥有了新的称呼“股神”，而且巴菲特的名气与个人资产随着这个名头持续飙升，更在 2008 年跃居福布斯财富排行榜榜首，从比尔·盖茨手中夺得世界首富的宝座。

而最为人们津津乐道的是巴菲特定律，不仅被誉为投资界的《圣经》，还成为众多投资者热捧的投资风向标。这些投资者也是巴菲特的种子粉丝，人们渴望在股市获得成功，因此把已经成功了的巴菲特视为偶像和神话。

而自 2000 年开始，“巴菲特午餐”便频频拍出天价，巴菲特这个新 IP 也直接导致史上最昂贵午餐的诞生。而 2008 年，一位来自中国的商人以 211 万美元成功拍得与巴菲特共进午餐的机会，也创造了成交价的历史之最。

之后，巴菲特午餐的价格一直居高不下，频频刷新成交价纪录，引来社会化媒体、社交网络平台的跟风报道和热烈讨论。而巴菲特午餐作为诞生的新 IP，也让巴菲特的名气更上一层楼。

其实，巴菲特不仅具有超高的投资眼光，同时也拥有独到的互联网思维，从诞生的第三年开始，巴菲特午餐便开始利用互联网拍卖了。2003 年，巴菲特在互联网巨头 eBay 上出售自己的巴菲特慈善午餐，而网络则为巴菲特午餐添了一把火。

此外，“巴菲特股东大会”这个老 IP 也借助巴菲特这个 IP 焕发出新活力。在 2015 年伯克希尔·哈撒韦 50 周年股东大会上，启用了巴菲特股东大会的全新名称，这个自成立以来每年一次的老 IP 在冠上巴菲特的名头后，也焕发出新的活力。

根据伯克希尔·哈撒韦公司的数据，在 2015 年巴菲特股东大会当天，有 40000 人以上出席，超过 2014 年的 39000 名与会者，再次刷新参会人数纪录。来自世界各地的商界精英怀揣着朝圣之心来到这个名为奥马哈的美国小城镇，成为巴菲特最忠实的粉丝。而且与一般粉丝最明显的区别是，这些粉丝不仅拥有超高的个人财富，更有相当一部分是掌握着亿万资产的商业骄子。

自 2005 年开始，巴菲特便拉拢互联网巨头——微软创始人比尔·盖茨进入伯克希尔·哈撒韦公司董事会。一封邀请函、一场演讲、一次会议便足以吸引全世界的目光，可以说这正是互联网时代的精髓。而且与乔布斯技术流 IP 大号不同的是，巴菲特的 IP 大号是无形的品牌 IP，不管是拍卖天价午餐还是召开股东大会，都是巴菲特个人精心打造的 IP 大号。

而巴菲特股东大会也已经不再是一个简单的上市公司年会，而成为全球投资界的节假日。这段时间是巴菲特所投资的众多公司开设柜台大把捞金的绝佳时期，包括巴菲特本人也拿出自己的私人物品搞起了慈善拍卖，甚至还把糖果搬进了会场。

2013 年的股东大会，巴菲特在 Twitter 上的账号开通仅仅 3 小时便收获了 14 万粉丝。2014 年的股东大会，会议间歇，巴菲特甚至通过镜头频频向全世界“卖萌”，咬雪糕喝可乐、高举棒糖玩游戏、与粉丝玩自拍等举动让众人真实地感受到这个“老古董”其实是个“老顽童”。之所以这样做，是因为巴菲特可以通过一系列举动吸引大众的注意力，为其背后众多的公司带来海量的机会与市值的上升，并间接拉升自身的财富值。

7.7.2 全球最昂贵股票是怎样的

在巴菲特一手打造的商业投资帝国中，不得不提的是伯克希尔·哈撒韦公司。伯克希尔·哈撒韦公司是一家多部门控股、多元化投资的综合性大公司，以持续经营净收入198.4亿美元、营收1946亿美元，成为全球最赚钱的联合企业。

自从巴菲特接手伯克希尔·哈撒韦公司的50年来，公司股价从每股账面价值9美元上涨到20.9万美元，公司市值增长了1.8万倍，是名副其实的全球股价最昂贵的财团，市值复合年均增长率为21.6%，远远高于同期标准普尔500指数9.9%的复合年均增长率。

伯克希尔公司坚持多元化投资战略，涉及保险业、建筑业、地毯制造商、快速消费品，以及航空和私人喷气机业务。旗下的子公司包括美国第六大汽车保险公司GEICO、世界四大再保险公司之一General Re、最大的非保险公司伯灵顿北方圣达菲铁路(BNSF Railway)，以及服装制造商Fruit of the Loom等。同时，该公司还投资了富国银行、通用电气、IBM、American Express及可口可乐公司等。伯克希尔·哈撒韦公司板块收入统计图如图7-2所示。

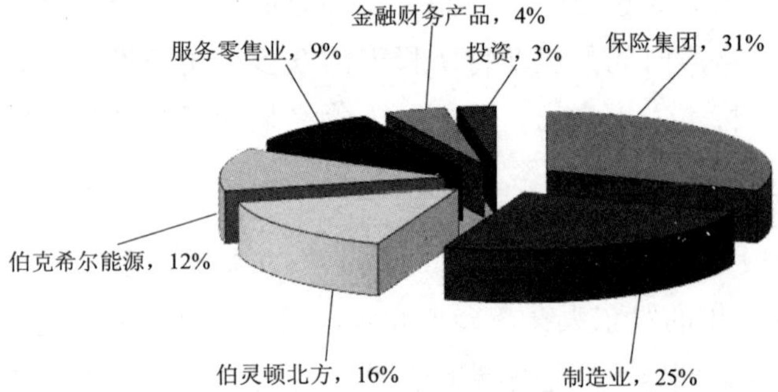

图7-2　伯克希尔·哈撒韦公司板块收入统计图

当初巴菲特之所以买下伯克希尔公司，只是因为从统计数字上看它的价格很便宜。在接手的最初十年里，公司几乎没有盈利，净亏损却在不断增加。不过，“雪茄烟蒂式的投资”最终被证实大获成功。靠着白手起家，巴菲特把生意越做越大。在伯克希尔·哈撒韦公司总部奥马哈，粗略估计有200名左右巴菲特级的亿万富翁，都曾在巴菲特的劝说下投资于该公司。

在巴菲特看来，保持声誉是最重要的公司资产。公司赔钱能理解，但损害公司声誉的话，巴菲特绝不姑息。不过通常伯克希尔·哈撒韦公司对所雇佣的优秀人才甚至有一点过度信任，从来不干涉部下对公司业务的管理。处于这种信任的环境中，公司的高管具有发自内心的工作欲望，而不是被迫工作。

实际上，伯克希尔·哈撒韦公司甚至没有人事部门。巴菲特本人也和多数高管一样，常常而且喜欢按照自己的原则和意愿行事。因此，巴菲特也拥有更多的个人时间来认真阅读和思考，只做那些自己能做好的事。这样，伯克希尔·哈撒韦公司的多元化战略定位大获成功。

7.8 案例二：士力架逗乐憨豆先生

士力架推出的饿货系列广告有一则是中式武侠风格，片中主角为久别观众视线的憨豆先生罗温·艾金森。1990 年，罗温·艾金森凭借作品《憨豆先生》在英国首播一炮而红，吸引了近 2000 万名观众，连续播出长达 6 年。

1997 年，罗温·艾金森推出了电影《憨豆先生的大灾难》，在全球收获了 2.4 亿美元的票房佳绩。2003 年，罗温·艾金森在《憨豆特工》中当了一次“007”。2007 年，罗温·艾金森主演的《憨豆先生的假期》在戛纳上演。2011 年，罗温·艾金森主演的《憨豆特工 2》上映。

7.8.1 吃完士力架，瞬间来劲啦

在士力架广告中，憨豆先生来到了中国唐朝，与众位弟兄一起潜入武林盟主家盗取武林秘籍，然而却在中途饿到乏力，飞檐走壁间洋相尽出。落入敌手时，憨豆先生也只能打打耍猴戏般的“饿货拳”。最终，憨豆先生吃完士力架就“瞬间来劲啦”。

这则广告由制作出科幻惊悚电影《地心引力》的团队全力打造，在一系列

猪八戒、唐僧版饿货广告后，将憨豆先生搬进中国武侠情景中来的创新做法，虽然依旧无厘头，但是从主角的高人气和浓浓的中国风可以看出，士力架显然在讨好中国消费者上花了大力气。

作为热量型巧克力的典型代表，士力架花生夹心巧克力主打为运动员、普通人群提供热量来源。包装从大到小分别为20g装、35g装、51g装、70g两条装、175g多条装、240g劲享满足装和460g畅享全家桶。

士力架巧克力的宣传口号是“横扫饥饿，真来劲（横扫饥饿，做回自己；横扫饥饿，活力无限）”。士力架巧克力的广告口号是“饿了吧，把它吃掉，把它吃掉；饿了吧，把它吃掉，把它吃掉，士力架！”士力架巧克力还是2008年北京夏季奥林匹克运动会独家巧克力赞助商。

士力架视频广告比起平面广告更有创意，动态的图像也让受众印象深刻。研究发现，人脑处理视觉信息比处理文字信息快6000倍。杂志编辑发现，读者看图像下面的文字说明要多于读文章本身。这个规则同样适用于软文。根据斯塔奇《生活》杂志文案调查数据，读插图说明的读者平均比读文案正文的读者多两倍。换句话说，采用图文并茂的形式，比起单独使用文字，会给文案创作者带来多两倍的读者。

这说明，无论是没有图片的文案，还是只有图片没有文字说明的文案，都达不到最理想的效果。文案创作者必须在文案中使用图片，同时加上文字说明，而每则插图旁边的说明都应该像一则微型广告，传达出品牌名称和承诺。

7.8.2 当你倒芝华士皇朝酒的时候

针对读者对文案视觉信息的处理，90%的读者都能够理解文案中传递的视觉信息；40%的读者认为相对于文字信息，自己对视觉信息的处理更好；46.1%的读者把文案是否有视觉信息作为评价文案好坏的标准，如图7-3所示。

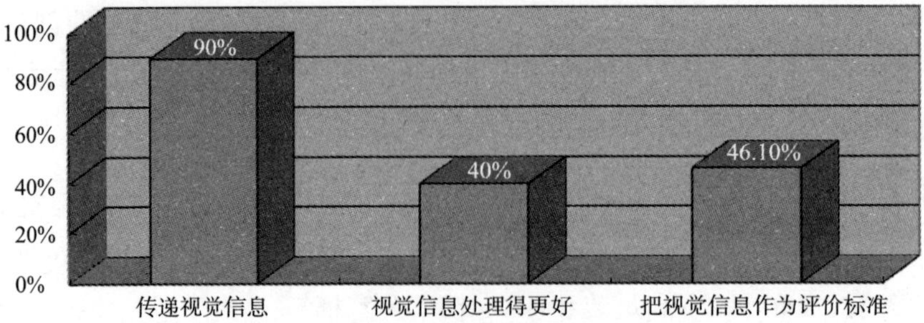

图 7-3　读者处理视觉信息的调查结果统计

广告大师托尼·布里纳尔曾经为芝华士撰写了一则文案，整个画面几乎被一个正在倒出芝华士酒的酒瓶和满得不能再满的酒杯占据。装满美酒的酒杯上方有一个打引号的文案标题“当”，而芝华士酒瓶下方则是文案内文：

“当你倒芝华士皇朝酒的时候，要限制客人喝多少酒可不是明智之举：通常情况下，客人们会让花生仁塞满嘴巴。唯一的慰藉是让客人们喝你的芝华士酒，品出我们酿了 12 年之久的格兰威特混合麦芽威士忌的味道来。芝华士皇朝酒的酿造时间、口感和顺滑度至少优于一般威士忌的两倍。因此，没过多久，你会发现你的客人们人手一瓶芝华士酒。这回轮到你费尽唇舌了。”

而托尼·布里纳尔最经典的文案也是运用图文并茂形式的最佳代表。托尼·布里纳尔为派克钢笔制作的一款海报，一名倒地的工人横贯整个画面，一支派克钢笔从空中直插工人的胸腹，这支派克钢笔纵贯整个画面。

文案标题是“受伤艺术的重新发现”。内文是这样的：“你知道管道工人从来不会让自己的工作失控吗？你认为失去工作的理发师们会去做屠夫吗？干洗工是否会让你的衣物和衣物上的污点一起消失？今天，派克赋予你收回属于自己的东西的机会。快，让自己拥有一支派克钢笔，让它随意挥洒。在某时某地，总有东西应该受到真正来自你的谴责。”

“眼睛能留住耳朵会忘记的东西”，这就是软文得以存在的原因。而图文并茂的软文，除了提供给读者必要的产品信息，还留给读者一定的想象空间。所以，软文插图的作用就在于引起读者的参与感。

08

排版风格设计

软文中的图片设计并不复杂，一般由产品照片、背景和文字组成。不过，模式化的软文排版不容易出彩，只有融入创意的设计才能脱颖而出。在一篇软文排版中，最重要的元素有两个：一个是产品照片；另一个是文案。其中最重要的工作就是完成文案的排版。

8.1 斜向排版 PK 竖向排版

大多数传统的页面设计都是直愣愣的竖向水平的设计。但是现在，斜向页面设计和视差滚动设计（一种特殊的网页呈现形式，其基础原理是让多层背景以不同的速度搬动，形成立体的感觉，带来卓越的视觉体验）的出现正在颠覆这一传统。

斜向排版是指对版面主体形象或多幅图像作倾斜编排，从而造成版面强烈的动感和不稳定因素，非常引人注目。倾斜的设计构图与之前设计人员接触的各种理论背道而驰，将读者的注意力从页面内容中吸引到一些不规则的图形设计上。

还有一些版面仍然采用传统的竖向排版，再添加一些精致而小巧的斜线设计，也是十分惹眼的。而另一些版面则使用对称的斜线或者多边形，这样的布局相对比较平衡，能让读者有更好的阅读和欣赏体验。对于这部分读者而言，布局和页面的内容同样重要，同时，页面的导航也很自然到位。

8.1.1 倾斜带来的动感

然而，在 2011 年 12 月的网页设计会上，有一部分网页设计完全舍弃以往的干净简洁理论，让网页看起来有点杂乱无序。这就要求使用斜线设计制造抢眼效果，前提是不能牺牲了读者的体验。如果页面上的东西太过于杂乱，并且读者也不能很容易地在这个页面上阅读，那么读者不会坚持阅读完全篇。

在传统的竖向排版中，色彩十分重要。而在斜向排版中，色彩也有其一席之地。如果页面的布局、设计色彩丰富，而且并不会干扰读者的体验和注意力，那么色彩在斜向设计中就有画龙点睛的作用。

斜向排版较常运用于创意和设计类杂志、画册上。作为一种比较新颖的排版方式，整个版面上的文字、图片都采用倾斜编排，既充满了强烈的活跃动态美感，而且显得斜中有序，能够引人注目。

如果设计人员不希望自己的作品被客户说画面没有动感、画面不够活跃，就可以采用这种打破常规的斜向排版方式，让版式富于变化。斜向排版有以下几种情况。

第一种是在图像不倾斜的情况下，让文字元素倾斜。文字元素的倾斜是让版式具有动感的最有效方法。版式中文字元素的倾斜要保持一定的方向和角度，过度的角度和方向会给读者的阅读造成麻烦。因此，文字倾斜的角度应该控制在 30° 以内。右上倾斜的文字元素应该有上升趋势，右下倾斜的文字元素应该给人下降的感觉。

第二种是在文字元素和图像元素不倾斜的情况下，让辅助元素倾斜。辅助元素是指色块或者背景元素，是设计人员人为添加进去的装饰性元素。这是在画面元素无法倾斜、文字元素倾斜之后影响阅读、版式的型材不适合的情况下不得已采用的方法。不过，如果辅助元素倾斜十分出色，也可以带来动感效果。

第三种情况是文字、图像和辅助元素一起倾斜。这种方法非常考验设计人员的版式控制能力，如果控制到位，则画面将非常有动感；如果控制不住，则效果表现力一般，甚至会十分混乱。这种方法是一把双刃剑，应该慎用。

无论是哪一种斜向构图，都要注意平衡问题，各元素之间相互制约、相互呼应、相生相克才能达到平衡。在设计斜向排版时，可能会采用多幅图片做图版。在倾斜排列的时候，秩序是必要的，这种秩序精确到图片与图片之间的间隔、文字与文字之间的标点符号间距。如果稍有疏忽，版面就会在倾斜中崩塌。

8.1.2 金字塔原理的普遍性

竖向排版则是最广为应用的排版方式。不过，竖向排版并不简单，从字体的选择到颜色的搭配再到位置的摆放，每一点都有讲究。很多设计人员的设计习惯是边加内容边排版，这样很容易导致一个问题：需要花费大量的时间调试各种各样的排版方式。每一次设计，设计人员在很多时候都把时间花在元素位置的摆放、大小的调整、颜色的调配上，无形中浪费了很多时间。

采用竖向排版，也需要精致。在写作中，由巴巴拉·明托提出的金字塔原理是关于写作的指导思想，其本质是一种层次性、结构化的思考、沟通技术，能够用于结构化的写作过程。巴巴拉·明托的金字塔原理假设创作者已经知道如何写出漂亮的句子和段落，因此，其所关注的是创作者落笔之前的思考过程。金字塔原理也可以运用到图文排版中。

在不添加任何格式设计的情况下，大标题开头用“一、二、三”的形式并加粗，代表软文金字塔结构的塔尖部分；二级标题开头用“1、2、3”并加粗即可。这样做是为了让读者在阅读的过程中更清晰每个部分的划分，凸显金字塔原理在图文排版中的价值。

8.2 创意的发声练习

软文构图排版不论是好是坏、精彩或平淡无奇，都是一种创意的设计与声明。它应该提供给读者产品信息的精神和精髓，同时也能说出文案创作者是谁。然而大部分文案创作者对于到底如何运用文字和构图达到传达创意的效果没有一点头绪。

很多文案创作者会在文案上添加一行行的文字做标题和内容，或者配一大幅看似与主题相关的图画。采用这种方式与其说是在宣传，不如说是在自言自语，以表明自己的确存在。文案大师詹姆士·伍尔夫认为，只有掌握熟练的文字和构图技巧，才能自如地传达文案创作者的创意。文字和构图二者缺一不可，优秀的文案创作者总是能正确地组合这二者。

8.2.1 最伟大的声音：黑脸圣诞老人

曾经，乔治·路易斯为《风尚》杂志设计了 92 个封面，每个封面都引起了业内极大的骚动和激烈的争论，同时也为该杂志吸引了众多的新读者。乔治·路易斯的作品登在超过 1 亿份发行量的刊物上。

《印刷》还为乔治·路易斯专门写过一段话：如果说美国的平面设计中有任何能被奉为珍品的作品，乔治·路易斯设计的《风尚》封面将是当之无愧的一个。

这些封面是所有媒体中最具影响力的宣传影像，而且是前所未有的最令人难忘的杂志封面。更重要的是，这些封面成功帮助该杂志度过了财务困难的那几年。

乔治·路易斯开始为《风尚》设计封面的时候，杂志正处于财务赤字状态。而5年之后，该杂志的盈利超过300万美元。毫无疑问，乔治·路易斯的封面设计功不可没。尽管最后《风尚》还是没能维持下去，但那几年该杂志为世人奉上的精彩封面，值得整个广告史记录在册。

在一系列不按常理出牌的封面中，最让人印象深刻的是第一位黑脸圣诞老公公的诞生。那是专为圣诞节设计的封面。于是，杂志上出现了一个黑脸包公似的圣诞老人特写，当然，这位圣诞老人不是别人，正是世界杯重量级拳赛冠军桑尼·里斯顿。当时，桑尼·里斯顿正被媒体渲染成全球最坏的罢工硬汉，而且美国正处于黑色革命的风潮中。

这个带着白边红帽、表情十分不友好的黑脸圣诞老公公一出现，就让世人震惊不已。当时，自由之路、马丁·路德·金和种族狂热日趋高涨，然而杂志一点都不在意白人读者群体的感受，而选用了这幅令人终生难忘的画面。

纽约城市大学亨特学院的一位教授来信，赞美这个封面作品是自毕加索的格尔尼卡（以西班牙内战为主题，运用复杂的图像和个人象征语汇，表达艺术家憎恨战争暴力与野蛮）之后，造型美术史上最伟大的社会声音。

熟练的文字和构图，运用文案的视觉效果传达文案创意，对于任何一个作品来说都是不可或缺的。在文案刚刚兴起的时代，一般呈现在纸质媒体上的文案都以文字为主，采用大段大段的产品信息介绍，因为当时文案创作者认为，产品信息传达得越详细，吸引到的读者就越多。

后来，随着创意人员，尤其是艺术指导的加入，文案又走向了另一个极端：整个版面倾向于采用一幅完整的画面，绝少有文字出现。这种文案留给读者的印象是，画面感十分震撼，传达的产品信息却太少，以至于感受不到文案的宣传目的，而只是被当作一种一晃而过的图片。

8.2.2 最诱人的食品广告

真正意识到文字和构图具有同等重要性的，是撰稿人詹姆士·伍尔夫。詹姆士·伍尔夫认为，任何一个优秀的文案创作者，都必须熟练运用文字和构图双重手段传达广告创意。

特别是由于媒介的多样化发展，出现了许多新形式的文案类型，例如树立于高速公路入口处或道路两旁的路牌广告，尤其要注意文字和图画的结合运用，不仅用文字，也要用图画来说明产品的承诺。这种方法看似简单，其实只有少数文案创作者才具备这样的才能。

如果路牌广告针对来来往往的驾驶员，那么必须在5秒钟之内引起读者的注意。而根据调查，使用强烈而单纯的色彩，能够更快地把信息传递给读者。所以，文案中，文字和构图必须注意，不要让整个画面看起来颜色混乱、显得肮脏，也不要在设计中使用超过3种素材。最重要的是，文字的字体要尽可能地大，品牌名字也要安排得醒目。

广告平面设计的视觉元素主要构成如图8-1所示。

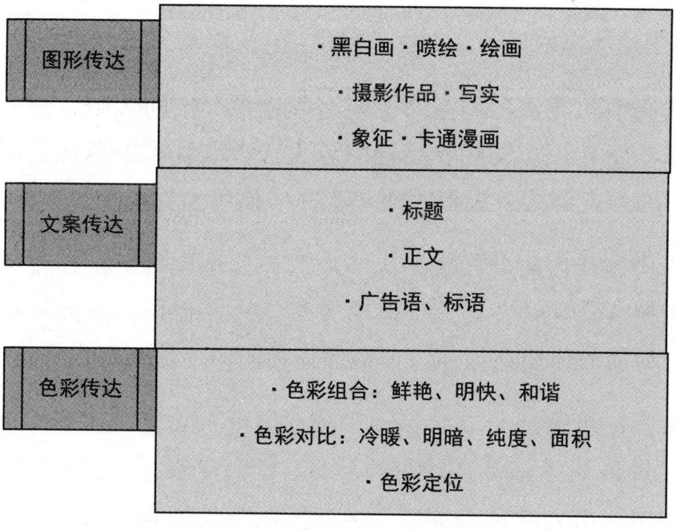

图 8-1　广告平面设计构图视觉元素

无论是利用文字直接说明，还是运用视觉形象及各种符号，都是为了传达文案创意。所以，文字和构图是文案表现的形式。软文表现是整个作品的肉体，而软文创意是整个作品的灵魂。软文表现是看得见的，而软文创意却是隐藏于文字和构图背后的思想。软文创意只有通过文字、视觉形象、各种符号的表现，实现最终的外显，才能构成完整的作品。

心理学家哥斯达认为，人们在注意版面时，上部比下部注目价值高，左侧比右侧注目价值高，因此版面的左上侧位置最引人注目，称为最佳视域，如图 8-2 所示。

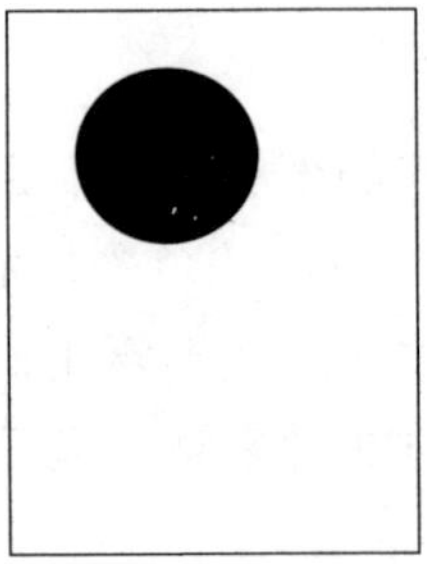

图 8-2　最佳视域

一个好的文案作品，必然具有独特而优美的创意。而要使创意得到更好的、更具效果的传达，则要求文案创作者在运用文字和构图时，采取更熟练、更精妙的方式方法，生动形象地让软文创意外显出来，更好地完成营销活动的一个环节。

在平面软文中，文字和构图的比例必须遵循一定的规则。例如以食欲诉求为中心来创作的软文，使用的食品插图越大，食欲诉求力越强。在食品软文中不要出现人，因为人会占去大幅版面，版面应该用来表现食品本身。

食品软文应该使用彩色印刷，因为用彩色印刷比用黑白印刷更能勾起人的食欲。应使用照片，照片比图画更具食欲诉求力。使用一张照片比使用两三张照片更醒目。如果非使用几张不可，则应该使其中一张占据主导地位。

在软文中，如果可能，应该在文字部分提供一些菜谱或食用方法。家庭主妇总是在寻求新的烹调方法以愉悦家人。不要把烹调方法写在正文里，把它独立出来，要突出，引人注目。可以在主要插图照片上表现出烹调方法来。突出包装，但不要遮挡引起读者食欲的照片。

8.3 数字的巨大化

在软文配图中使用数字，主要是为了强调产品在时间或金钱方面的经济性，例如打折促销信息等，尤其要注意数字的突出和巨大化。上海一家航空服务公司的宣传语是“飞机的速度，卡车的价格”。如果消费者要乘坐飞机，那么这家航空公司肯定是首选。如果功能型产品打出“一倍的效果，一半的价格”，这样的产品当然也会大受欢迎。

8.3.1 最低百万富翁成本是多少

乔布斯说过，消费者不是爱买便宜产品，而是爱占便宜。所以，无论是超市商场大甩卖，还是精品服装店换季打折促销，对消费者的杀伤力都非常大，其根源在于满足了消费者普遍追求质优价廉的心理。

现在，跳楼大甩卖和买一送一等策略仍然实用，商战渐渐演变成价格战。某些厂家在宣传语中直接标注立即节省多少钱，这比标注原价多少、现价多少的方式销量大得多。除了直接体现价格的优惠，还有其他的形式，例如德乐电器在江苏苏北地区打出的宣传语“买灶具、送烟机”。

由于德乐电器针对的消费者大多是专购灶具的农村居民，因此，另外加上 15 元便可以“再搬回一台大家伙”对消费者有很大的吸引力。这则文案一推出，德乐电器的销量直线上升，其他大品牌标价为 2000 元的烟灶套装的销量受到较大影响。

美国营销大师科特勒说过，没有不被降价一分钱所打动的消费者。这句话在软文界同样适用，没有不被强调在时间或金钱方面经济性打动的读者。

美国巴伦金融杂志曾发布了一张“最低百万富翁成本”的宣传海报，说明美国巴伦金融杂志在做广告上，比商业周刊、福布斯和财富、Period 杂志的平均成本更低。而且更吸引人的是，在巴伦的读者之中，几乎 1/3 来自拥有 100 万美元以上资本净值的家庭。这一点是其他竞争对手难以想象的。巴伦的广告费用只比一个百万富翁财产的 2.5% 多一点。

相较于其他竞争对手，这个数字少得多了。因此，如果企业把视线转移到高消费阶层的读者上，没有哪家媒体能够像巴伦金融杂志一样进行有效的宣传。而且，巴伦金融杂志到目前为止没有犯过一次错误，也没有人为失误支付一点儿费用。这是世界上最好的回钱之道。

8.3.2 买股票还不如买宝马

文案创作者可以向读者强调时间或者金钱上的经济性，主要目的是为读者创造购买的欲望。“只要一个人还有脉搏，那他就有渴望。”如果消费者发现一件产品能够实现自己的渴望，那么完全不用推销员喋喋不休地劝说，消费者会自掏腰包。而且，如果消费者发现自己付出更少的代价就可以享受同样的产品或服务时，毫无疑问，消费者会选择更经济的产品。

为了促进消费，高级威士忌品牌“野火鸡”的文案标题是这样写的：“当你花 2922 天来制作一只纯熟橡树桶时，你将非常、非常想出去参加一次社交活动。”内文更强调了“野火鸡”“历经 8 年陈酿，经过 101 次检验，正宗肯塔基州产”。

因为该品牌难以与其他威士忌品牌比价格，所以，在文案中突出酿酒的长期性，以及检验工序的复杂，从侧面传达给读者一种时间和金钱上的经济性。比起那些价格较为低廉的威士忌，该产品的品牌价值更值得被瞩目。

不过，对于目前很多商家使用的降价策略，一些消费者认为并不值得相信。这些消费者可能会说："今天看到一个牌子搞降价 50% 的促销，我不知道之前它的价格是多少，万一这 50% 是先提价之后再降价的呢？"这就向厂家和文案创作者提了个醒：消费者想占的是实实在在的便宜，所以，文案要重点体现实在的、看得见的经济性。研究消费者购买行为因素的调查结果如图 8-3 所示。

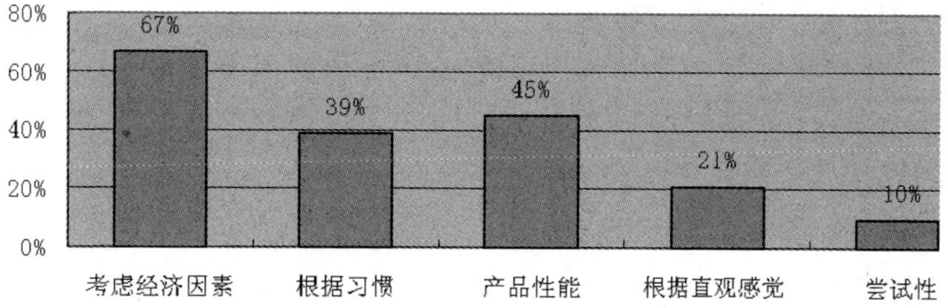

图 8-3　决定消费者购买行为的因素统计

豪华汽车品牌宝马充分利用消费者的心理，使用了一则文案："去年，在纽约证券交易市场上，一辆汽车比 318 种股票更为走俏。"内文是："假如你在去年年初购置了一辆新的宝马 320i，到了年底又卖掉它，那么你的这笔投资将保留其原先价值的 92.9%。然而如果你在任何 318 种 NYSE（纽约证券交易所）股票上做了同样的事情，你就不会干得这么漂亮了。而且你将会失去一个重要的日常股息——驾驶着一辆世界上高性能小轿车享受的永恒欢乐。"

每个人都是消费者，如何做出一个消费决策？不得不说，时间和金钱是重要的考虑内容。在文案中，用巨大的数字强调时间或者金钱上的经济性，无论是对于客户还是读者来说，都是一个获利颇丰的举措。

然而，文案创作者应该注意，不要在标题中使用商品规格数字，诸如"TX－17"这类表示客户商品规格的数字。这些数字在标题中起的作用就像阅读加速器，读者一见到它们就会快速跳过这个数字，去理解句子的意思。

8.4 视觉设计的形状

不管是何种形式的软文，决定其成败的关键通常只有一个因素，即读者的第一印象，包括读者看到的第一幅图像、第一段文字等。如果读者的第一印象是这篇软文与自己无关，或者我不感兴趣，那么毫无疑问，读者不会读这篇软文。

如果不能吸引销售对象，那么这则软文就是失败的广告。而如果这则软文让读者感觉到为自己提供了新的、有用的信息，或者一些听起来颇为可靠的承诺，这则软文就成功地给读者留下了良好的第一印象，也吸引了读者的注意。这是说服读者做出购买决策的第一步。

8.4.1 为您处理硫酸对谁很无聊

读者对于平面广告，包括路牌广告、招贴广告、购买点广告等的第一印象如何，取决于标题和视觉设计。视觉设计不仅可以吸引读者注意，而且文案中的字句通过画面来表达，更具有直观、直接性，有利于文案信息的传达。文案大师罗伯特·布莱说："有一些艺术指导，他们根本不读文字，你必须利用视觉设计来强调文案中的字句。"

视觉设计包括利用绘画、摄影、拼贴作品等，可以采取写实、写意或者抽象等形式，同时视觉设计必须与标题进行合理的搭配，以构成整体性的销售概念。

软文应该达到强化产品销售信息、吸引读者目光、激发读者热忱的目的，这些都是平面媒介的重要元素。

其实，软文深入人心的关键不是华丽的言语和极富冲击力的画面。简单明白的陈述和朴实的视觉设计，这些最基本的因素才是软文的关键。也许你会觉得“为您处理硫酸”看起来平淡无奇、毫无创意，不过，对于那些天天都要面临昂贵地处理这种腐蚀性物质的化学工程师来说，如此简单直接的标题具有非凡的意义，绝对能吸引读者继续看下去以证实文案提供的解决之道。

软文的真正目的是沟通想法和提供产品信息，而不是为客户提供娱乐。如果客户认为软文很无聊，可以问问读者：“对谁很无聊？”是对于客户自己，还是要读这些软文的读者。通常让读者不感到无聊的软文，往往是那些直接提供信息的软文。要达到这个目的，可能只需要视觉设计与文字的和谐搭配，利用视觉设计强调文字，利用文字详细说明产品信息。

文案中的视觉设计，包括利用各种图形、图像、文字符号，将其提炼为形状的呈现。因为形状通常是人类视觉意识中最先被感知到的元素，也最能吸引人的注意，能够对视觉唤起和引发思维起一个导向作用。

8.4.2 点、线、面、体的诠释

无论是哪一种形状，都可以在大自然中找到原型和启示。例如圆形给人的感觉是圆满，三角形给人的感觉是稳定，而曲线给人活泼、流畅、柔软及女性的温柔之感，这些认知心理基础是表现文案意图的前提。

形状可以归纳为点、线、面、体四类。点由于其特定性，具有定位视觉焦点，形成趣味中心，制造心理张力，进而引发潜在意念的作用。视觉设计中点的运用具有三个层次：一是独立点的相对性；二是多个点的视觉引导作用；三是点的构成对画面的光影与肌理效果的影响。这种由“视觉”调动“触觉”，让二维的设计传达出三维的表情，对于引发心理的亲切感与情感的共鸣十分有益。

线是视觉设计中最基本的构成要素。美学家温克尔曼认为，线条决定了一

个物体的形式。线条在情感的传达效果上优于点，这是线条语言的最感性之处。同时，线条又是理性的，因为线条的长短、走向、粗细及形态等具有极强的造型力，充分刻画了它的性格，而且能够向读者传达出特定的风格与形式，带给读者不同的感觉。

通过多线条的排列组合，或渐进、或转折、或渐隐、或延伸等，在塑型的基础上启发读者连续性的思维，充满节奏和韵律的美感，甚至具有某种升华和象征意义。

面是比点和线更具象化、更丰富的设计语言，是视觉形式上最直接的设计语汇，其中蕴含的实质内容及形式感更强。通过图形化、图像化、图案化、符号化或者文字化，文案创作者能够让自己的设计思想与创意理念直接或间接地传达给读者。

以个性的形式将作品的信息、意象、内涵等传达给读者，是作品主题与主旨内容的提炼。而且，各种奇思妙想、知觉空间，正是通过不同形、面的配置与组合表现出来的，能够再现生命的秩序，发掘受众的思维潜能。

体是一种利用二维平面表现三维空间意象的设计语言，其实是“虚体”，它的产生是基于视觉的深度错觉。这种错觉的出现是由于形的构成本身所形成的空间张力，能够让人在直觉层面感受到心理空间。这也是很多梦幻般的构图，例如一些超现实、反传统的思维的灵感来源。基于这种思维的设计，是打破常规、经验的“定势”，寻找信息传递的最佳切入点。

8.4.3 色彩心理学的平衡

无论是哪一种设计语言，在视觉设计中，都应该把握秩序和整体的均衡制约，与文案中的文字相辅相成。“秩序”代表着“美”，“整体”代表着“宗”。只有平衡多元素的设计，归于秩序与整体之中，才能巧妙地传达出设计的主题和意旨，达到不言自明的境界。

文案的视觉设计可以起到强调文字部分的作用，除了利用形状，还可以利用色彩。色彩是创造设计的生命，直感性最强，通感度也最大，从设计思维角度对色彩进行演绎应是最细腻、最微妙、最见功力的。

人眼感知到的第一印象色是贴切而真实的，色的美学范畴中讲求用色的单纯与统一。例如色彩对比强烈、鲜艳、醒目的招贴广告，白底红字的宣传标语，中国传统水墨中“墨分五色”的精细与微妙，网点制版所依据的原理，彩色电视的空混成像等。

同时，色彩也会给人留下心理印象。色彩的心灵感应就是色彩心理学，这是人与色之间的一种互动过程。这种浅层的知觉是人对生活的记忆与视觉经验积累的结果，并且带有相对性。

在文案的视觉设计中，色彩能够给人们提供一种情感上的释放渠道，这一过程谓之情感联想，是一种深刻、成熟且相对稳定的高级心理体验。设计成功的关键就在于怎样有目的地引导受众达到这个层次。

8.5 让图像为你说话

广告业里的艺术家纳尔逊·奥莉维拉在创作文案之前，总是先找一张白纸，并按照画纸比例画上一个长方形小框，之后，将创意画在这个小长方形里。纳尔逊·奥莉维拉认为，如果一个文案创意看着不顺眼的话，那么画出来也不会是好广告。

然后，纳尔逊·奥莉维拉才开始正式的创作。纳尔逊·奥莉维拉认为，所有的艺术形式都是从第一条线衍生而来的，最难的事就是画下第一条线，但是艺术家必须从这里开始。

8.5.1 文字是沟通的障碍

首先，拿出一张白纸，画好一个小长方形，然后要怎么画下第一条线呢？为了打开思路，还是先动笔写吧，把自己要说的一五一十地写下来，可以平铺直叙，也可以只是一两个字、两三个字组成的词语，总之，先写下来再说。之后，可以修饰词语，目的是为了让词语变得印象深刻、与众不同并富有新意。

作为第一步，文案创作者可以只想好这个文案是关于哪种东西、哪种意象或者哪个词就好了。然后，再接着写下去，并注意灵感的迸发。接着，一幅画面会跳出脑海。如果出现大脑堵塞，要把自己想表达的画出来，这是最好的方法。具体步骤如图 8-4 所示。

图 8-4　文案图像步骤

想象手中有一块陶土，想把陶土捏成一个有趣的东西，然后用尽不同的指法，从不同的角度制作这块陶艺。其实软文创作也是如此。文案创作者可以从不同的角度描绘产品。不过，太过平白的语言犹如一览无余的风景画，让人看了第一眼后就没了探索的欲望。所以，试着把画面进行修饰，不要让其太显露，否则只能停留在平淡鲜明的阶段，失去了魔力，对读者而言，读起来也很没劲。

要想避免文案的单调乏味，从画的时候开始，就要允许自己狂想。不管好的坏的，就像小孩子一样，想到什么就画下来。因为除了文案创作者自己，没有人可以看到这个画稿，而且不管画得好不好，你都可以进行修改。在有趣的文案创作过程中，你可以把所有进入大脑的声音和影像画到纸上。

不用担心浪费纸张，因为那是其应得的归宿。纸张不是博物馆里的展览品，也不用全被用来记录阳春白雪，纸张只是一个工作平台。让自己动起笔来，画下去、写下去。不要干预他人画的东西，正如文案创作者自己画的是什么别人也无权干涉。

如果发现搭档的创意不算太好，也千万不要表现出来，因为极有可能自己的一皱眉就扼杀了一个伟大的创意，尽管它在初期看起来是那么不起眼，或者离经叛道。对于初生的创意，呵护和肯定比打击和挑剔更明智。想想它好在哪里，而不是直接以魔鬼的身份出场。作家西德尼·肖尔说，“做天使的保护神”，这一点对于文案创作同样适用。

在伦敦的 BBH 广告公司大楼里，每一台电脑的屏保画面都写着：“文字是沟通的障碍。”该公司的合伙人之一约翰·赫加蒂认为，人们根本就不会去读广告。事实上，绝大多数人不会去读广告，至少，没有人会认真读广告的内容。

是的，一张图片胜过千言万语。当读者翻开一本书后，哪一页会让读者停留？肯定是有图片的那一页。读者会目不转睛地想去探究图片精美的画面，如果感兴趣，会去看图片的介绍，也就是书本的文字内容。

8.5.2 让别人发现你的好

软文也是如此，读者首先会被富有冲击力的画面、醒目的标题所吸引，然后可能会去读广告内容。所以，只要有可能，文案创作者应该先用画面去解决问题。图像比文字传达表现更有力。那么，用画面解决问题也同样有力。

耐克公司的产品从来不会说："看，我们很好。"不过，展现出来的图像显示，它的确是好的。所以，图像可以达到文字和语言达不到的效果，给予读者自己判断是否购买的空间。正如我们通常所说的那样："在没有提示的情况下，别人就发现了你的优良气质时，你才更有魅力。"

即使封存多年的文案，如果人们能够看到它的画面，也会感到深深的震撼。只有一张图画和简短的几个字，就可以恰到好处地展示出作者的创意。

让图像为文案创作者说话，让图像传达主要的销售信息，而不是交给内容说明。因为如果读者不能从图像中获取文案创作者想要传达的信息，就会把这篇软文丢在一边。关于这一点，只需去看看人们是怎样在上下班途中翻阅报纸和杂志的。

将推销的产品画出来，首先要耐心地从产品中找出一幅画面，从产品的不同角度，以不同方式观看，想象成一只可塑的橡皮。每天都从不同的角度看，并且将之与别的画面联系起来看，甚至可以和名牌广告对照着看，为产品创造出一种戏剧性的形象。

把自己的创意画出来，但是要抛弃老掉牙的画面，尤其是那些已用过千百遍的画面。可以翻阅历年的广告画面集锦，那些成功的广告作品呈现出的画面，就是文案创作者要借鉴起来极力避免的画面。

画面比文字更有说服力，所以，展现出来，而不是写出来。在画面中，将产品的优点展现给读者，让读者自己做出选择，用图像更能激发读者的参与性。而且，说出来和展示出来不是一回事，让读者自行体会产品的好处，比劝说读者购买产品更有效。

8.6 文字的鲜活性

为什么视觉感这么重要？在心理学中，有一个“鲜活性效应”，指的是人更容易受到事件的鲜活性（是否有视觉感）影响，而不是这件事情本身是否有意义。人类的基本需求之一是形象化的想象，没有人喜欢抽象的东西。因此，从古至今，所有虚拟的概念、物体都会被形象化成一个鲜活的具体形象。

龙其实是一个虚构的东西。为了表达对自然的敬畏和对平安吉祥的渴望，人们创造了鲜活的龙的形象，有鹿的角、牛的头、驴的嘴、虾的眼……构成龙各身体部位的都是现实的生物。于是才有了几千年的龙的崇拜，以及叶公好龙的传说。

8.6.1 报道一个家庭就够了

在伊拉克战争中，许多战地记者不停地报道有多少美国士兵死于战场，都不能让美国民众动容。不过，一旦报道有某个家庭因为失去丈夫或儿子而承受了多大的痛苦，很快就会激起全美的反战情绪。并不是因为这个士兵的生命比成千个士兵更宝贵，而是因为这样的故事是“鲜活而真实”的。

在软文营销领域，视觉感同样重要。用文字塑造出一种视觉感，是每个文案创作者都必须掌握的能力。如果需要宣传一款手机的夜拍功能，一篇软文定位“夜拍能力超强的手机”，有着“大光圈、优质感光元件，保证暗光拍摄效果”。另一篇软文定位“能够拍星星的手机”，“极致夜拍，借助独特设计的大光圈和感光元件，第一次，你可以用手机拍摄璀璨的星空”。如果你是手机厂家，你会采纳哪一篇文案？

这就是塑造视觉感的魔力。文案必须让读者看到后就能产生具体形象的联想。对于教育课程广告，传统的文案是“我们追求卓越，创造精品，帮你与时俱进，共创未来”，如果加入视觉形象，则变成“我们提供最新的知识，帮助你应对变化的世界”。对于 MP3 广告，大多数厂家的文案都是这样宣传的:“纤细灵动，有容乃大！”然而乔布斯是这样写的：“把 1000 首歌装到口袋里！”

还记得芝麻糊广告吗，从“传承制造经典”，变成“小时候妈妈的味道”，读者觉得这样的变化合理吗？同理，视觉化也可以运用到生活的方方面面。例如求职时，为了凸显自己有责任感、使命感，做事一丝不苟，能够吃苦耐劳，文案可以这样说：“我为了 1% 的细节通宵达旦，在让我满意之前决不放弃最后一点改进。”

求婚时也可以用这一招，变传统的“我们一定会幸福生活、白头到老”为描绘一个具体场景，“我想在我们老的时候，仍然能牵手在夕阳的余晖下漫步海滩”。这样的说法不是更能让人动容吗？马丁·路德·金博士演讲的时候，为了表达追求平等、减少种族歧视的愿望，向听众描绘了这样一幅蓝图：“我梦想有一天，在佐治亚的红山上，昔日奴隶的儿子将能够和昔日奴隶主的儿子坐在一起，共叙兄弟情谊。”

8.6.2 我要我的麦宝

用文字塑造产品视觉感，对于市面上从未出现的产品推广尤其有效。有一款新推出的巧克力燕麦片，品牌为麦宝，文案标题是“我要我的麦宝”，副标题是“饿了就往嘴里倒麦宝”，在海报上，一个英雄正朝嘴里倒麦宝，传达给消费者的印象是，就连英雄饿了都吃麦宝。这么形象化的语言，立即获得市场的好评，麦宝从此走红。

一个内容多为陌生概念的文案，很难流行开来。所以，为了让全新的产品或者概念为读者所了解，文案创作者需要将其视觉化，与一个大家熟知的东西联系起来。视觉化的形象与读者的安全感相联系，因为能够用视觉展示出来的东西通常会令人一览无余，这不是陌生的事物。通常也意味着这个事物没有危险性，自然读者能够更快、更好地接受。此外，文案要留给读者遐想的空间，进而激起读者的好奇心。

视觉感对读者的冲击力更大，运用文字塑造一种视觉感，不仅更能激起读者的想象力，也会让读者产生熟悉感和亲切感。尤其是对于陌生的产品，塑造一个读者熟悉的视觉形象，更容易为读者所接受。

文字塑造形象的时候，这个形象必须是具体而鲜明的，抽象、模糊的概念只会让读者产生不安全及不可理喻之感。心理学上的鲜活性效应给文案创作者的启示是，具体的形象比虚拟的概念达到的效果更好。

文字塑造视觉感的同时，要给读者留下想象的空间。太过平铺直叙，或者文字用得太过生活化，很可能流于庸俗，引不起读者的兴趣。让读者对文案保持好奇，这就需要文案创作者平衡好形象化的度。

8.7 案例一：加多宝凉茶从 1 亿到 200 亿

当加多宝与广药王老吉的“改名案”和“怕上火案”闹得不可开交的时候，争夺红罐成为两大凉茶巨头的首要任务。不过，失去了王老吉品牌运营权的加多宝，仍然打造出了正宗凉茶的品牌形象。

8.7.1 从打悲情牌到彻底决裂

其实，在加多宝公司运营王老吉品牌的初始阶段，其广告营销的功力并不深厚。尤其是对于北方消费者而言，“怕上火，喝王老吉”只是一个能让消费者记住的差异点，而不能成为促使消费者购买的理由。

因为北方与南方在气候上的差异，北方人并没有喝凉茶去火的习惯。因此，在 2010 年之前，一个北方的消费者如果买了一瓶王老吉，其购买的理由肯定不是“去火”，而是出位和差异化的形象。

不过在这一阶段，加多宝团队在渠道商方面表现亮眼。加多宝公司在地面构建起了一张巨大的地网，消费者被红罐凉茶包围了。从便利店的门头、海报、冰柜，到餐饮场所的牙签盒、门口的把手处，再配合央视大规模的宣传，加多宝公司迅速打响了王老吉品牌。

失去王老吉品牌之后，加多宝毅然走向台前，让新品牌取代王老吉。在营销策划中，加多宝沿袭了王老吉品牌一贯的定位思想，将加多宝凉茶定位为正宗凉茶领导者。加多宝公司利用媒体大张旗鼓地宣传加多宝是正宗凉茶，直接挑战王老吉的正宗凉茶地位。

加多宝冠名浙江卫视的《中国好声音》栏目，宣传“正宗好凉茶，正宗好声音”。为了有效狙击王老吉品牌，加多宝以“全国销量领先的红罐凉茶改名加多宝，一样的配方、一样的味道，怕上火，喝加多宝”为广告语。加多宝公司巧妙地利用了王老吉的资源，配合地面的推广，最大限度地留住了原来的凉茶消费者。

后来，“全国销量领先的红罐凉茶”这则广告被叫停了。加多宝又推出了另一则广告，“全国每销售 10 罐凉茶有 7 罐是加多宝”。加多宝面临的最大对手是王老吉，然而在凉茶、配方、历史等方面，加多宝都不及王老吉。因此，加多宝公司唯一能够宣传的是自己的行业地位。通过市场份额领先的诉求，加多宝公司建立起市场领先的优势，并将这一销售额领先的诉求传递给消费者，借此打压王老吉。

加多宝公司也从最初打的“悲情牌”中走了出来，与王老吉彻底决裂。而与王老吉的官司风波、仲裁，广告语一改再改，清理库存，向媒体亮明合同、专利，请求公正，产品被查扣等信息，成为吸引媒体和读者眼球的看点。借助媒体的大量报道，原本名不见经传的加多宝凉茶迅速进入大众视线。这些媒体报道和网络议论，远远超过了加多宝公司直接发广告的宣传效果。一时间，“加多宝”成为街头巷尾和各大知名网站、论坛热议的话题。

除了冠名所有卫视的知名综艺节目，以及某些二三线城市的电视节目，加多宝公司还全面打通宣传渠道。此外，加多宝公司还巧用“家多宝”的谐音和喜庆的红色包装，将加多宝品牌覆盖至婚庆场合、网吧、KTV 等欢庆娱乐场所。

8.7.2 终端巩固提高法则

成功的广告营销都遵循“终端巩固提高法则”，品牌广告不仅要在各大媒体平台曝光，也需要在销售终端让消费者触手可及，以此加深消费者对品牌的心理印象。加多宝公司深谙此理。在餐饮店、超市等销售终端，消费者可以看到加多宝的喷绘、红灯笼等各式宣传品。任何一个有加多宝凉茶销售的地方，都有加多宝凉茶的广告。为了让消费者携带方便，加多宝公司增加了塑料瓶装加多宝凉茶。

加多宝庞大的渠道队伍拥有高效的执行力，除了销售指标考核，销售人员还要接受终端宣传考核，包括每天要贴多少张宣传品都有数量要求。在营销策略上，加多宝公司一直注重软性营销。

在网易新闻客户端，加多宝公司发布题为“从 0 到 200 亿，加多宝首度披露凉茶之战详细内幕”的软文。在世界经理人互动社区，加多宝公司引发关于“加多宝”的多个热议话题。同时，加多宝公司还发布了一系列科普类软文，宣传加多宝凉茶的健康功效。通过介绍加多宝凉茶的主要成分及相应的功能，加多宝公司向消费者灌输该公司凉茶帮助人们预防肝火、留住健康的意识。

借助公益广告宣传品牌，通过公益助学、捐助贫困山区儿童，以及关爱老人健康之旅等活动，加多宝公司塑造出负责任的品牌形象。加多宝公司接受了媒体采访。于是，各大门户网站刊登了这样一篇软文——《加多宝：中华慈善奖背后的公益理念》。软文中提到关于财富观的问题：因为更重视人的精神财富，所以在公益事业上不遗余力。加多宝公司也在持续性做一些倡导型公益宣传，包括推广全民公益研讨、实行员工的银行月捐计划等。

此外，还有《资金资助与理念传播并行，加多宝引领公益助学新潮流》等软文，讲述加多宝“1 帮 2”爱心助学理念，将加多宝公司塑造为公益助学领域权威的形象，无形中提高了公司的品牌可信度和消费者的认知度。

加多宝公司还推出“健康饮料”的概念。以新闻报道的形式，让“记者”亲临办公大楼和居民区现场。记者看到前来咨询的消费者争相填写冬季身体健康调查问卷，购买加多宝凉茶，这种火热的场面与寒冷的天气形成巨大反差。记者采访促销人员得知，消费者大都看中了加多宝凉茶预防上火的健康功效。

从与人们息息相关的健康话题入手，加多宝公司着重宣传加多宝凉茶预防上火的健康诉求。同时引证各大超市的销售数据，展示加多宝凉茶引领了一轮健康时尚风。包括之前在高校和医院开展的加多宝凉茶捐赠活动等，也得到了当地社区和全社会的普遍赞同。对此，加多宝公司相关负责人表示："公司的出发点是要提醒全国各地的朋友，冬天更容易上火。希望大家对冬季干燥易引发上火重视起来。"

为了证明加多宝凉茶的去火功能，加多宝公司在多篇软文中列举加多宝凉茶"菊花、甘草、仙草、金银花等具有预防上火作用的纯天然草本植物"原料配方。同时，加多宝公司向消费者保证每一罐加多宝凉茶的天然健康功效，包括从欧美国家引进的当今世界上最先进的设备，从最初的源头进行把关，其中的每一个环节都有先进完善的科技手段严格控制。

而且，加多宝凉茶的健康功效还有相关医药专家做证。加多宝凉茶"秋冬防秋燥、春夏祛暑湿"。"现代科学研究表明：加多宝出品的正宗凉茶能预防上火，有益身体健康。"

利用广药王老吉的市场空档和纠纷热度，加多宝公司采取了密集轰炸的广告攻势。不仅仅局限在传统的电视、平面媒体、海报、流动载体、网络等平台，加多宝公司还运用了现代工具，包括媒体软文、专家评论、网络水军、微信微博、QQ 等社交媒体平台。加多宝凉茶实现了从 1 亿到 200 亿的飞跃，为软文营销做了最出色的诠释。

8.8 案例二：优步（Uber）创意营销

优步（Uber）是 2009 年诞生于硅谷的即时用车软件。作为打车软件的鼻祖，优步现在已经与空中食宿（Airbnb）一道成为共享经济的代表。目前优步在中国 9 个城市开展了业务。

8.8.1 “魔鬼 + 司机”创意模式

与其他创业企业不同的是，优步不靠打广告或线上付费宣传，也极少在媒体上宣传。那么优步是怎样做运营推广的呢？又是如何打开知名度的呢？答案是创意营销。创意营销的第一个媒介是《复仇者联盟》。

2015 年 5 月，优步联合众多超级跑车，并且让司机打扮成美国队长、钢铁侠等角色，在街头等待客户上车。当时，这个活动得到了热烈的反响。第二个活动是“520 示爱”。在 5 月 20 日当天，优步联合了许多合作伙伴，为一些想要给另一半惊喜的人提供了一个示爱表达的机会。第三个活动是“魔鬼专车”。

在 2014 年万圣节的时候，优步联合了众多司机，在广州开展了名为“魔鬼专车”的活动。当时，优步也担心广州用户对于这种万圣节的气氛是否接受。结果发现，用户对于“魔鬼 + 司机”的出现接受程度非常高，而且过程也相当有趣。整个活动并没有花费太多成本，优步联系了一个化妆学校帮司机们做了化妆的辅助。此外，优步也联系了一些夜店品牌，赞助了所有穿戴的礼品，包括一些假手假脚。

优步策划了一个表白日的活动。在 2014 年“双 11”的时候，优步也进行了一个表白的设计。由于“双 11”是电商必争之日，优步发现其实只需制作一点小的东西，就能带给用户不一样的惊喜。

优步准备了表白的红豆，附上“遇上你是我最美丽的意外”等深情系表白语，以及一些比较搞笑的表白等。整个活动的成本在 1000 元以内，结果短短两天之内就实现了宣传目的，很多参与过的用户都认为这种方式很有趣。

农历新年，优步策划了“喜洋洋”活动，挑选了一支清洁队伍为用户提供服务。此前，如果用户通过一些家政 APP 预约清洁服务，由于其后台相当人工，后台下订单会与用户核实，清洁人员也会再来一次电话与用户核实清洁的时间、用户的住址等。用户从提交订单到享受服务的整个过程，通常需要打 4 次电话，整个过程非常不经济节约。

优步在 2015 年年二十八的时候，与当地家政公司、南方电视台合作，开展了一次给 300 户家庭提供清洁服务的“喜洋洋”活动。在广州有一句俗语：“年二十八甩邋遢”，所以居民在过年前都会打扫卫生。而在这天，只要用户打开优步软件，就可以用 28 元请保洁员到家里帮忙打扫卫生。

此外，在最近两年的农历新年，优步为广州地区的用户提供了 50 支舞狮队。采用传统方式预约舞狮队，在广州当地需要花费 3000～4000 元。然而优步通过共享优化，只要用户打开软件，就可以花费 188 元得到一个优步礼包和 15～20 分钟的舞狮表演。优步也在广州做了一个萌宠日的小萌犬活动。而在上海和其他城市，也做了优步猫咪活动。

8.8.2 “读书 + 美食”食粮模式

除了创意营销，优步也采用了其他形式的联合推广，包括企业推广。刚进入广州市场时，优步每天派 100 辆车去接 100 位白领下班，这个活动得到了很多媒体的关注和曝光。优步自此开始营销推广。优步提供的条件是，如果用户提前报名，优步来到用户的企业，该用户的同事下载了优步软件，则会给这名用户相应的奖励。

优步联合合作伙伴举办了一个名为“读书日”的移动图书馆活动。在活动中，优步倡导用户把手上一些不需要的书捐献出来，活动方也会提供相应的咖啡及一些优惠，吸引用户把书捐到咖啡馆。后期，优步会把这些书清洗并包装以后放置在优步的车上。用户在坐车的时候，还能阅读到书刊，将整个资源进行回收利用。

优步与不同的餐饮商家合作，开发出美食地图。例如，用户去优步这个区域的餐厅吃饭，可能享受到车费 5 折的优惠。或者用户坐优步的车去，餐厅也会为用户提供 5 折的优惠。这其实是一个互惠互利、互相引入的过程。

优步还与运动品牌耐克进行合作，赞助广州马拉松。耐克采用的传统方式是在比赛时架起很多帐篷，而每开一顶帐篷可能需要 10 万元左右的成本，还需要人员的定料及一些物质的准备。

当时，优步把广州地区的车改装成了跑步的专线，将耐克本身用于传统帐篷的一些支出放置到了车上。这样，车内就像是一个临时的补给点，运动员可以拿到耐克送出的能量饮料、毛巾，以及一些补充能量的食品。这是一种双方互惠互利的创新性流动补给点。

此外，优步与车企开展合作试驾。在传统的汽车行业，如果用户要买一辆车，需要提前预约去体验点试驾。而如果用户通过优步体验试驾，只需打开优步软件，按一下按钮，一辆新车就会来到面前。如果用户出示自己的驾照，优步可以让用户免费试驾 15～30 分钟。如果用户没有带驾照，则可以在免费乘坐过程中体验一款车的性能。

优步联合 APP 做了一款一元钱的餐车。如果用户在午餐时间通过优步下单，则可以花一元钱叫到一份午餐。这是白领午餐活动。在美国，快递食品已经成为优步的一个常态服务。Uber eat 已经是长期出现在美国 APP 中的一项优步服务。在午餐的视频中，优步每天都会推出不同的食品，用户可以根据自己的口味和喜好自由选择。选好以后，用户可以到写字楼下面收到餐点。

优步采用多种形式的创意营销，而不是把钱花在打广告上，这也是软性营销策略的有效尝试。软性营销的渗透力和持久性远远高于硬性广告，这也是优步选择多样化营销活动的原因。

09

写软文要避开的误区

软文的隐形商业属性决定了软文并不是单纯的软文，撰写软文并不等同于写写软文。软文必须以情动人，但是，情用过了，则是煽情、矫情、滥情。同样，文案创作者也不能毫无掩饰地卖弄文笔，为了标新立异而标新立异，撰写一些吹牛型推广文案。此外，软文的发布也有一定的技巧。为了掩饰其营销本质，软文应该避免直接发在行业版面。

9.1 撰写文案 = 写写文章

软文不等同于文章，软文的撰写也需要创意，但是，软文的商业属性决定了软文的创意并不是文案创作者的天马行空，而是带着“镣铐”跳舞。创意是与以前无关的事物建立一种新意义的关系，而软文最终要为产品品牌服务。

9.1.1 就爱麦当劳

麦当劳最经典、最令人印象深刻的宣传语是 I’m lovin’it，麦当劳曾经凭借这条宣传语红透大江南北，具有极大的影响力。不过消费者可能没有留意，其实，这个品牌概念的存在时间已经超过十年，不仅让消费者记住了麦当劳，还让人不自主地哼起“BALABABABA”金曲。

在这条宣传语之前，据统计，麦当劳使用过 23 条宣传语，而 I’m lovin’it 是首条在全球范围内推广开来的宣传语。这个经典的宣传语创意来自隶属 DDB 德国广告公司的 Heye &Partner，于 2003 年 9 月正式发布。

为了将麦当劳品牌推向世界，I’m lovin’it 必须适应不同国家的语言，因此需要发展出不同的翻译表述。在中国，这句话变成了中国人熟悉的“我就喜欢”。这句听上去也许有点“任性”的宣传语，其实在相当大的程度上助力了麦当劳在全球市场的成功。

但是回顾2014年，麦当劳的经营业绩显得相当惨淡。为了提升营销业绩，自2014年4月开始，麦当劳就在全球范围内开展了一系列名为“Fun makes great things（乐趣产生伟大）”的活动，由麦当劳叔叔Ronald McDonald亲自站街，希望借此拉近与消费者的距离。

同时，麦当劳在中国市场推出了主题为“让我们好在一起”的品牌宣传活动。在随之而来的世界杯期间，麦当劳推出了继I'm lovin'it之后，在全球范围内最大规模的推广活动，这一次由薯条挑大梁。2014年年末，麦当劳在美国市场针对出现的食品安全问题，推出了“我们的食物，你的问题”（Our Food,Your Questions）的营销活动。

2015年，关于麦当劳的一些新晋品牌创意不断涌现，于是一度传言麦当劳可能在超级碗推出全新的宣传语。外界纷纷猜想，麦当劳应该不会再启用骨灰级的I'm lovin'it了。不过随后麦当劳美国宣布，绝对不会放弃I'm lovin'it，相反还要再一次加大力气突出它，而且要着重强调“Lovin”。

麦当劳的文案由李奥·贝纳亲自操刀，颠覆性地将许多被认为普遍对立的人物以一种全新的、非常“有爱”的方式紧紧联系在了一起。其中包括蝙蝠侠和小丑、伐木工人和参天大树，以及分别代表民主党和共和党的驴和大象等。伴随着新一轮的品牌概念，麦当劳美国也在2015年推出了全新的店员制服和一系列新型产品设计。

谈及品牌中突出“爱”的原因，麦当劳这样解释——“再微小的爱也能改变这个世界”。这样的观点不再单纯地强调分享之乐，而是将产品的理念上升到更高的人情化和社会化层面，这就是麦当劳借由李奥·贝纳推出的品牌创意，也是麦当劳的核心价值。

9.1.2 比创意多了创益

在文案界，甚至其他领域，“创意”一词似乎已经成为陈词滥调。但是，在大多数人声称自己的文案创意非凡的同时，其实文案创作者并不了解创意的概念，而且没有谁敢对“创意”下一个定论。通常，人们对“创意”的概念各持己见。

那些好的文案创意不是突然从某个地方冒出来的，而是早已存在于产品或服务中，以质量、价格或具有竞争力的优点的形式。在目标市场，也可能存在好的创意，包括消费者的需求、希望、梦想或者恐惧等，都有可能是创意的源头。

与一般意义上的创意不同，文案创意其实是带着“镣铐”跳舞。因为文案创意是整个广告营销活动的一个中间环节，必然受到各种条件的约束。文案创作者必须在有限制的自由空间内发挥自己的创作潜能。文案创意与一般意义上的创意有所区别，它必须服务于特定的商业目的，具体区别如图 9-1 所示。

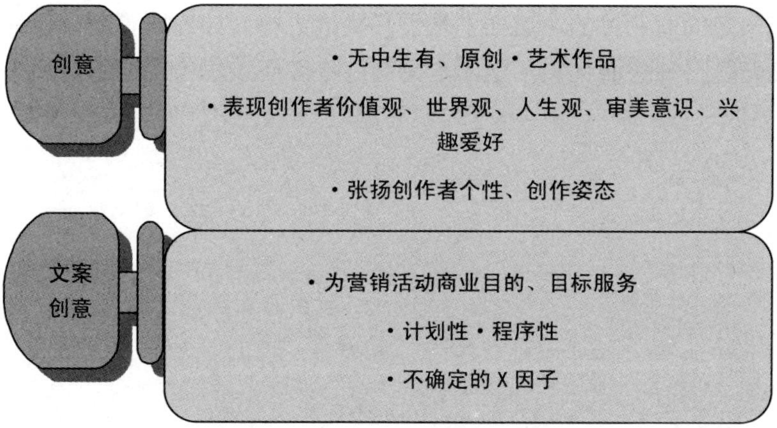

图 9-1 文案创意与创意的区别

文案创意依赖于文案创作者的创造力，正是这种创造力使得文案创意具有某种不确定性，所以很难就不同文案创意方法进行潜在效力的比较。正是这个原因，很多出色的文案几乎在面世之前就胎死腹中，也导致后世无法评判那些被客户否定的文案创意到底会不会有效。

李奥·贝纳认为，创意的真正关键在于如何运用相关的、可靠的、高雅的方式，建立起与此前看似无关的事物之间的一种具有全新意义的关系，这种新的关系可以创新性地把关于商品的新的认识表现出来。

所以，创意是与之前存在的并没有关联的事物建立一种具有全新意义的关系。同时，这个过程必须运用“可信的、品调高的方式”，而不是像今天那些喜欢信口开河、进行虚假宣传的文案。

软文最不可忽视的本质是“信息”，文案创意必须传达推广信息，以更好的方式和结果，对文案诉求对象产生影响，促进购买行为的发生。所以，这里总结出一个公式：文案创意 = 创异（吸引注意力）+ 创益（使文案产生收益）。

文案创意服务于客户，服务于读者，更服务于产品，所以与一般艺术作品的创意概念有所区别。虽然软文广告也是艺术，但达·芬奇和梵高并不是因为要推销一件产品而作画，勒·柯布西耶并不是因为要把圣家族大教堂推销出去而设计建造。然而，可以说是不幸，也可以说是一种幸运，软文广告的创意必须负担起一定的商业目的，这样不是更具挑战力吗？如何既带着“镣铐”跳舞，又把这支舞跳得独特而优美，这才是文案创作者应该思考的问题。

9.2 为了标新立异而标新立异

广告大师李奥·贝纳曾说："如果你只为了标新立异而标新立异，早上醒来嘴里含着袜子就可以了。"李奥·贝纳认为自己从未走入文案界，而是文案走进了自己的生命，教给自己如同做人一样，文案创意也要有一个度，不可为了标新立异而标新立异。

9.2.1 难道应该永远反过来看吗

从一个生性害羞不愿出风头的密歇根小镇青年，成长为芝加哥广告的领路人，李奥·贝纳带领自己创办的广告公司走过了60多个年头，而且这家公司一直表现出勃勃的生机，已经成为美国排名第一的大型跨国广告公司，多次获得各国"表现最佳广告公司"称号。

就像伦敦一位著名的艺术指导说的那样，建议每个人都把作品倒过来看一看。当所有人都把商品标志放到右下角时，文案创作者可以尝试将其放到左上角；当所有人都把产品的图片做得很小时，文案创作者可以做大了试试；当所有人都把标题做得比文案内容更醒目突出时，文案创作者不妨反过来试试。的确，这样做违背了常规，但是每当有人这么做之后，都能够收到意想不到的效果。这就是求异思维。求异思维是从问题的中心发散开来，不仅仅局限于单一的思维模式和思考渠道，而是向四周发散，具体图解如图 9-2 所示。

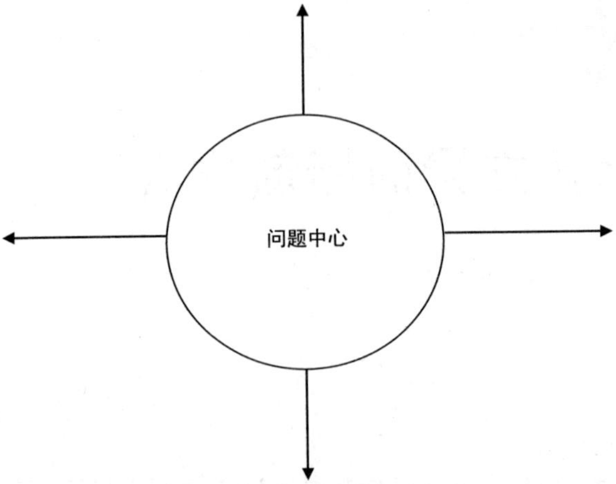

图 9-2　求异思维图解

标新立异的方式总能夺人眼球，尤其是在宣传、推广产品时，标新立异的文案总会让人眼前一亮，达到生动有趣，甚至骇人听闻的目的。有一组文案的创意是，在图像处理软件 Photoshop 的帮助下，女性身体或被分割、或被无限延伸、或被增添身体部位，以宣传丝袜、啤酒等产品。结果这则文案不仅增加了产品销量，还获得不少国际广告大奖。

但是，这种“滥用”女性身体的文案创意也让读者颇为不满，尤其让女权主义者愤慨。为了标新立异，这则文案却对社会造成了负面影响。创意是文案的核心和灵魂，直接影响软文广告的传播效果和自身效益。在竞争日益激烈的市场，只有创意独特的文案才能脱颖而出。

9.2.2　把一排电脑塞进嘴巴的痛苦

不惜一切代价寻求与众不同的文案创意，追求所谓的标新立异，全然不顾文案担负的社会责任和使命而毫无约束地搞怪和“创异”，对于造成的负面效应也置之不理，这样的标新立异只能让创意走向偏颇之路。

有这样一则电信软文，画面中一个男子痛苦无比地要将一排电脑塞到嘴巴里，文案标题是“宽带上网，一口吃尽”。这则文案留给读者的感受不会是宽带上网多么便捷，而恰恰是这一口吃下去有多么痛苦。这种为了标新立异而标新立异的文案设计，会给读者带来不适感，又怎么会促进销量？

还有一些文案以暴力、色情等内容、语言吸引读者眼球，也全然不顾造成的社会影响。在某大型超市的户外广告上，有一则文案曾经激起了人们的广泛热议。画面的主体是一个裸体女子，旁边有一句话——“只要你喜欢，随时可以上！”

而细心的读者恍然大悟，原来这是一个招租的广告位。利用裸露来吸引读者眼球，引人浮想联翩，以至于大多数人都以为这是一则色情广告。第三天，该广告牌就在一众反对浪潮中撤下，不仅没有达到宣传的效果，还引来人们的反感，这也是过度标新立异的例子。

不要只为了标新立异而标新立异，与众不同必须有与众不同的道理，如果仅仅是为了不同，那么这种煽动力并不能持久。如果仅仅是为了吸引人们的注意力，就让推销员倒立，这是不合适的。当然，除非是要说明产品可以阻止口袋里的东西掉出来，那么倒立就无可厚非了。

对标新立异的片面崇尚和迷醉，实际上是对共性的忽略，以及对社会责任的忽视。弘扬真善美，引导社会朝着健康、积极、向上的方向发展，是每一个文案创作者都应该承担的社会责任。而为了标新立异而标新立异的做法，则是独特性诉求表现与审美的分离。

过度的标新立异有许多弊端，可能导致信息传递的误导，与文案目的背离，而且这是一种社会责任缺失的表现，如果仅仅宣传送礼文化，那么整个社会都会耳濡目染。同时，过于标新立异的文案，也会导致审美趣味的降低，背离文案宣传真善美的艺术性。

软文的成功之道是独特性。不过，文案创作者应该记住，不要为不同而不同。当所有人都向左转时，文案创作者应该向右转，但不能为了向右转而向右转。文案创意要抛弃软文广告的陈词滥调，但标新立异要依据客观实际。

9.3 认为软文越长越好

传统观点认为，软文内容越长，越受客户和读者的青睐。广告大师大卫·奥格威认为，长文案尤其适用于那些有很多特征都需要向消费者介绍的产品，因为在文案中产品信息介绍得越详细，销售得也越多。

9.3.1 只要电话号码的莲花汽车

为什么长期以来长文案颇受市场好评？首先，对于真正的潜在消费者，花在阅读文案创作者精心撰写的长文案的时间简直超乎想象。其次，长文案可以提供更多用来证明购买产品合理性的原因。在文案中，文案创作者可以罗列产品的好处，展示与产品相关的照片让消费者眼见为实，或者大量列举使用过该产品的消费者对产品的称赞。

另外，长文案能满足不同消费群的要求。无论是那些需要很长时间才能被打动的消费者，还是只看很少的信息就能做出决定的人，长文案都能满足其需求。在阅读长文案的过程中，“长小姐”满意地得到了自己需要的所有细节，也不妨碍“短先生”随时停止阅读并下订单。而如果只使用简短的文字说明，那么很可能“长小姐”没办法得到自己所需要的信息，因为没有被说服而走开。一切听起来都那么顺其自然、有理有据。

然而这些观点都被文案创作者吉姆·德菲颠覆了，吉姆·德菲破天荒地宣布："没有任何文字的零文案广告，即将风行全世界。"所谓的零文案广告，并不是指全篇没有一个字，文案可以有与品牌标志依附在一起的一两句话，通常为品牌长期使用的宣传口号。

吉姆·德菲曾经为与法拉利、保时捷一起并称世界三大跑车制造商的英国著名跑车品牌——莲花汽车创作了一则文案。海报中，画面上部的 1/4 是一辆红色的行驶中的莲花跑车，画面中央是一片黑色，除了最下面的 1/5 处用白色的字写着一个标题："至少生命在某些时候是由你自己掌握的。"下面还有两行更小的字："不要只会说同意。给我们你的电话号码，我们的莲花经销商与你保持联系。"

这则文案成就了吉姆·德菲现代广告大师的地位。不过在此之前，人们普遍认可的却是大卫·奥格威给劳斯莱斯轿车做的那则平面广告。文案中，共用了 1400 个字介绍该车的性能，这则文案令创作者本人引以为豪。

9.3.2 两个字都让人烦

软文的好坏并不能以内文的长度来衡量，软文并不是越长越好。最基本的是，写的内容别让人烦。广告大师大卫·阿博特认为自己从来不是什么文案写作的理论家，不过始终坚持不会让写的内容让人烦。

所谓的好文案，有时候只需要做到不让人烦。一则让人感到厌烦的文案，即使只有两个字，也可能让人觉得太长。大卫·阿博特认为，写作时要少用形容词，而多用一些短句。"小区里充满了活力四射的、都市生活气息十足以及俊秀的年轻人"，这样的描述会不会让人厌烦？聪明的文案人比较青睐动词和名词，而不是形容词，这样短而可信。有时候，仅仅提供原始资料，远远比精心雕琢的推荐意见可信。

有些人之所以把文案写得艰涩枯燥，即"又臭又长"，是因为把软文当成了演讲稿，而不是软文广告。文案的目的是推销产品，而不是给客户说教。所以，文案创作者应该把软文写作当成一次与读者的谈话，随时注意掌握读者的心理。

文案创作者应该明白一个事实：读者是利用上下班等车的间隙，花上几分钟随意地翻看报纸、浏览网页，在每页停留的时间通常只有两秒钟，读者在接受信息的同时也进行处理，并反应出结果。所以，读者没有时间翻看存在大量冗余信息的软文。如果已经输入了“火焰”，就不要再把“红色”也输进去。因为读者会存在二度接收反应，重复的信息会产生疲劳的信号。所谓的厌烦意象就是这样产生的。

文案写作要求简洁。不过，简洁并不意味着表达较少的内容，而是对要素进行符合逻辑的安排。事实上，在一些文案创作者眼中，简洁几乎可以与简陋画等号。文案长并不意味着一定会让读者厌烦，因为读者愿不愿意读文案和文案长短没有关系。通常情况下，文案创作者写得越多，成功卖掉产品的机会反而越大。关键是不要引起人们的厌烦，避免冗长。

文案中惹人厌烦的五大要素如图 9-3 所示。

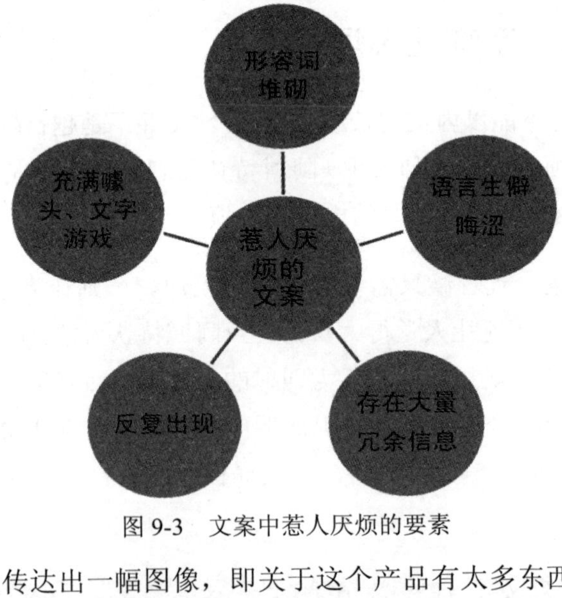

图 9-3　文案中惹人厌烦的要素

长文案本身传达出一幅图像，即关于这个产品有太多东西可以推销，一两句话远远不够。所以，即使读者最终没有读完这篇软文，也会留下一定印象。不过，如果整篇软文充斥的都是噱头、文字游戏及复杂的文字组合，那么毋庸置疑，这则软文带来的效果常常是事与愿违的。

9.3.3 只放一瓶沙宣洗发水

如今，越来越多的平面软文采用所谓的零文案形式，基本上是采用视觉表现的内容传达产品的资讯。著名创意人、前奥美广告创意总监高祖侃认为，在如今这个资讯爆炸的时代，文案创意似乎也不得不逐渐顺应“读图”时代的发展潮流，摒弃多余的文字，转而用视觉征服消费者。

对于一些已经广为人知的成熟产品，或者产品并没有所谓的 USP（独特的销售点），如果仍然用文字的方式重复传达诉求，对于消费者而言通常是一种疲劳的轰炸和无谓的浪费。因为如果消费者已经熟知一个产品所传达的资讯后，文案对消费者的影响就非常小了。

2015 年对美国市场广告形式的调查显示，品牌图形文案对消费者的影响最大，达 46%，充分说明图形在文案中的作用。具体统计结果如图 9-4 所示。

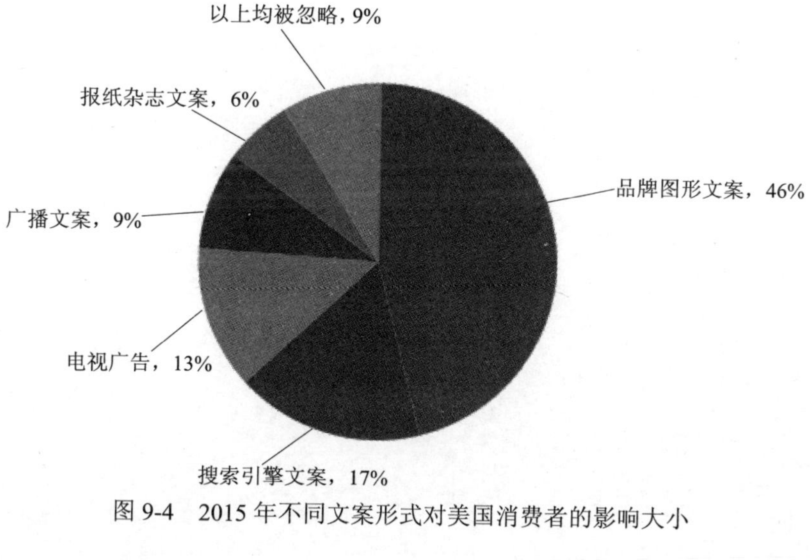

图 9-4　2015 年不同文案形式对美国消费者的影响大小

这时就为视觉传达咨询提供了一个绝佳的机会，利用图片，而不是文字，给消费者带来全新的视觉体验和感受，消费者就不会因此而对文案产生疲劳。例如一幅获得“龙玺”环球华文广告奖的平面文案，既没有标题又没有文字。画面中，只有一个似手又似梳子的东西，画面的右下角立着一瓶沙宣洗发水。相信没有不能理解该文案所传达的信息的消费者。

当然，并不是所有产品都适合零文案，例如某些房地产、电脑、家电类产品，消费者只有在了解更多产品信息后才能做出决定，这些产品的软文广告需要用较为详尽的文字去传达产品信息。

而比较适合零文案的产品，通常是那些低关心度、低单价的快速消费品，以及同质化产品众多，或者已经拥有较高的市场口碑的产品，消费者一看到该产品就有自然而然的信赖感。在日常生活中，洗发水、饮料、牙膏、食品、服装等，更多地采用零文案的创意表现形式。

9.4 认为软文必须遵循创作规则

假如软文的创作没有规则，那将是一种令人害怕的状况，因为这样会使很多文案创作者绞尽脑汁，继续寻求一种最安全的方法来保证软文的质量。然而软文广告是门艺术，不需要科学实验那样的精准复制，所以，每一次创作都要敢于打破创作规则。

9.4.1 等做了才知道

针对新的问题和新的挑战，文案创作者应该以全新的角度和开放的心态迎接它，而不是老生常谈或者沿用惯例。所谓的惯例，是为了寻求一种安全的做法。然而，惯例也是成就劣等作品的方法。

文案创作者需要注意，小心惯例和规则成为创意的绊脚石。如果已经在软文营销界小有名气，当被新闻记者问到“你认为接下来这一年，软文的趋势是怎样的”时，文案创作者应该回答：“那要等做了才知道。”

恐惧和模仿在软文广告界并不少见，即使是极富才华和盛名的文案大师都必须遵循惯例行事，以求不突破规则的边界。然而，文案创作者不能天真地以为正是规则成就了大师，事实上，成就大师的恰恰是不遵守规则。文案大师有一个极富想象力的大脑和一颗勇敢的心，敢于向过去的惯例和已经成文的规则挑战。

文案创作规则的运用方法如图 9-5 所示。

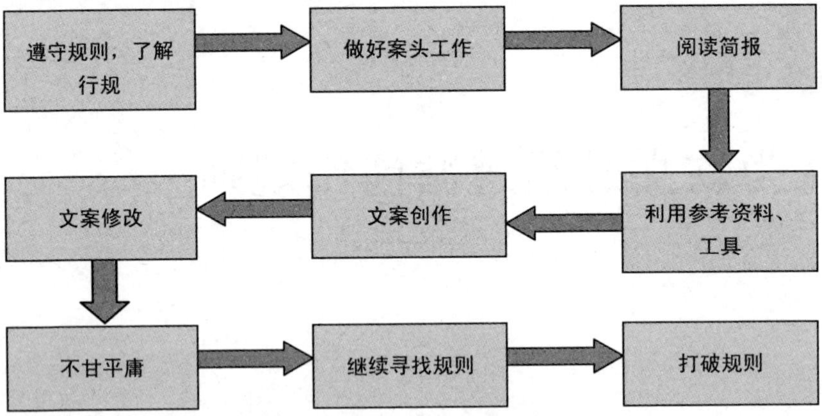

图 9-5　文案创作规则的运用

因为软文广告是一门艺术，而艺术，正如 20 世纪最伟大的艺术家毕加索说的那样，是非常个人化的表达方式，没有规则，也完全不同于当前社会的惯例和趋势。现在事实反过来了，毕加索说的每一句话都成了惯例和规则。

软文也是如此，敢于打破规则的软文，最后往往会成为规则，引领趋势。所以，文案创作者应该蔑视规则，以一种个性化的艺术的形式，在适当的时候加些神秘的魔法来推销产品。不过，如何才能既打破规则又确保安全，这就要具体问题具体分析了。

9.4.2　澳大利亚还有什么给矿山城堡

运用新的解决方法，首先要敢于向规则、惯例和趋势说“不”。软文广告总是不可避免地要强调产品及包装的优良品质。在以前，文案里出现赤脚是一种禁忌，也会被视为没有教养的表现。直到出现了第一则以赤裸的双足为主体的运动鞋文案。这种大胆、勇往直前的做法开启了文案界的新纪元，成为新的里程碑。从此，赤脚正式踏上了公共媒体的版面，也在文案界掀起了一股新趋势，赤足画面成为文案史上的常客。这是人类的一小步，却是文案界的一大步。

同样的例子还包括别出心裁的楼宇软文。将文案的幕布从纸张推向空中巨人，成就了很多文案中的精品，为读者奉上视觉盛宴。印度的阿南多牛奶希望扩大儿童群体牛奶消费市场，采用了麦肯·埃里克森广告公司的文案创意。于是，消费者可以在孟买的一栋建筑物上看到，由于喝了阿南多牛奶，一个小孩力气大到可以将建筑物的一部分推向前。

不过，打破规则并没有这么简单，需要的不仅仅是勇气。更有可能出现的情况是，面对既定的规则和惯例，文案创作者的思考模式已经僵化。如果出现这种情况，就需要先把文案创作者的人性找回来。

为了实现这一点，文案创作者可以离开办公室。如果只是坐在办公桌前瞪着一张白纸，文案创作者可能永远写不出好文案。软文的原始素材不是来自办公室或者公司附近的小酒吧，而是来自外面世界的大街上、画廊里、音乐厅、电影院、歌剧院。最重要的是，记得去看人。因为文案创作者要写的内容完全归因于读者，归因于那些来来往往的人。

说来简单，可是看一看这个既狭窄又闭塞的软文广告业内有多少人愿意拿出空闲时间去接触不同行业的人和世界。到外面去看看，看看人们怎么捕鸟，然后去找渔网，这是捕鸟的第一步。如果文案大师詹姆斯·劳瑟没有在澳大利亚剪过羊毛，那么精彩绝伦的矿山城堡啤酒广告永远不会诞生——澳大利亚已经没有什么给矿山城堡了。

9.4.3 用汽车软文模式写洗衣粉

詹姆斯·劳瑟提醒我们，最重要的规则是，如果想成为一个好的文案创作者，绝对不要认为自己做的东西已经足够好。至少詹姆斯·劳瑟是这样做的。文案创作者必须为自己的创意拼命。人们不喜欢伟大的创意，因为比起常见的广告，具有伟大创意的广告显得那样与众不同，没来由地让人害怕。这也可以解释为什么平庸的广告可以一路过关斩将，在市面上大行其道。然而，伟大的创意却总是会在被读者读到之前有一百万个理由不予刊登。

这里有一种用渔网捕鸟的方式或许值得一试：看看其他人为同类产品做的所有广告，然后反其道而行之。为什么所有房地产软文都要展现居住地的环境宜人？为什么所有汽车软文都要展示风驰电掣的速度？为什么所有洗衣粉软文都要展现一位母亲把衣服洗得白白净净？何不做一个看起来像洗衣粉软文的房地产软文，反之亦然。也许结果不会有效，可是谁知道呢？如果成功，必将开创一个新的创作法则。

独特销售点（USP）之父罗素·里维斯创建了一个规则：产品包装文案一定要有产品名称、成分说明、商标等。这样，全文案界都跟着罗素·里维斯的规则走，以冰冷的名词串成一个个文案。然而，这种方法对尚需呵护的儿童、温柔的妈妈则显得过于残忍，明智的做法是，从人性的角度出发，不用一板一眼的专有名词描述，而是选择充满情感的体贴手法，让读者感受到人情味。

规则就像一个暴君，垄断了人性和艺术的位置，让创作者跌入无边的陷阱，自以为安全，实则走上了一条不归路。当大多数人都在朝着同一条路前进时，其实新的方向才是正确的方向。文案创作者可以不守规则，学习“用渔网捕鸟”。出色的软文源于打破规则，而不是遵守规则。

9.5 过分煽情、矫情、滥情

情感诉求一直是营销的一个重要媒介，由于软文的情感表达信息传达量大、针对性强，更能与读者心灵相通。例如“老公，烟戒不了，洗洗肺吧”、“女人，你的名字是天使”、“写给那些战‘痘’的青春”等。情感诉求最大的特色是容易打动人，更容易走进读者的内心，因此，“情感营销”一直是营销领域的万金油。

9.5.1 77 万元卖书钱 VS 人与人之间的信任

在网络时代，并不乏用“情感”营销信任的人和事。例如，26 岁的康夏曾经通过自己的微信公众号发了一篇卖书帖，标题为《带不走，所以卖掉我的 1741 本书》，之后这篇软文开始在朋友圈里刷屏。

康夏在软文中使用了最惯常的心灵鸡汤式表述：“所有读过的书，放在书架上只能成为一具没有生命的躯体，只有当这本书被捧在一个活生生的人手上时，才可能重新焕发生机。”这句话将万千读书人的心一击即中。

在不到 24 小时的时间里，康夏收到了超过 77 万元的购书款。不过随着事件越炒越热，网友发现事情已经变质了，因为康夏用新书冒充旧书，于是开始纷纷指责康夏的欺骗行为，康夏只得无奈道歉，并退回了部分购书款。网络上一时间都对康夏发出了攻击，康夏以一篇措辞激烈的博文回应之后，便宣布告别社交网络。

情感诉求型软文能够让产品的“光环效应”和“神秘性”给消费者心理形成强暗示，使推广成为必然。例如“1.2 亿买不走的亲情”、“跨越千年的爱恋”、“那些年我们一起恋过的青春”等。讲情怀不是目的，情怀背后的产品线索才是软文的关键。

还记得本书前文中介绍的大卫·阿博特为芝华士酒在父亲节的推销所撰写的文案吗？一名中年男子，心怀感恩，一点一滴重拾 38 年来关于父亲的美好记忆，描绘出一幕幕父子俩相处的动人情景，让无数人为之动容，甚至让人感同身受。

于是，文案与受众之间在情感上出现了趋同。无论最终能否促成购买行为，至少，在对这则文案、这个品牌的态度上，消费者不约而同会倾向于较多的认同和好感，也为提升产品的美誉度，以及日后实现购买创造了可能的前提条件。

美国心理学家马斯洛指出，在人类的需要层次中，爱是最重要的一级，每个人都有爱、情感和归属的需要。情感是人类社会亘古不变的主题，是蕴含于字里行间、游离于内容和形式之外的无形因子，却总能在每个人的灵魂深处找到共鸣。

所以，有很多采用感性诉求的软文往往不遗余力地在产品之外附加一定的人类情感，包括亲情、友情和爱情。因为这些精神力量虽然看不见、摸不着，却无一例外有着强大而持久的功效。

例如前几年雕牌洗衣粉的文案“下岗篇”。年轻的妈妈被迫下岗，白天忙于找工作而四处奔波，劳累了一天回到家里，而她那懂事的女儿由于心疼妈妈，正在帮妈妈洗衣服。小女孩扬着纯真的小脸，以可爱的童音说：“妈妈说，雕牌洗衣粉只要一点点就能洗好多好多的衣服，可省钱了！”

门帘缓缓拉开，妈妈又一次无果而回，她正想亲吻熟睡中的爱女，无意中瞥见了女儿的留言：“妈妈，我能帮你干活了！”年轻的妈妈潸然泪下。可能第一次看这个文案，有很多观众也禁不住泪湿了眼角。

9.5.2　可口可乐，分享还是独占

如今软文广告行业面临的问题是，这类软文常常将“情”字用得过猛，往往过犹不及。曾经一段时间，国内的手机文案都走感性诉求的路子，通过青年男女的“情”来演绎产品。这类以情动人的故事，基本上可以称之为两性故事。

因为广告中往往只有一男一女，然后发生一些小的，通常也是美好得不真实的故事。这样的故事，不仅没有让人感觉到有真实的情感在里面，而且流于矫揉造作之嫌，完全达不到以情动人的目的。

类似的例子还存在于保健品黄金搭档的文案中。这类文案主打亲情牌，无论是孝敬父母，孝敬爷爷奶奶，还是孝敬叔叔阿姨，留给消费者的印象是，在这样的文案里，虽然不停地重复家人之间的感情，但其实根本看不见有亲情、友情或者任何一种情感在里面。只是停留在口号的层面，是空洞的送礼片。

情感诉求类软文依靠的是以情动人，所以，软文中如果没有真情实感，而只有冠冕堂皇的空话，或者一些虚情假意，那么这样的广告只会适得其反。大卫·阿博特曾经奉劝道：“情字固然是一方利器，但用过了头就是煽情、矫情、滥情，反而令人退避三舍。”

情感诉求有 5 种策略，如图 9-6 所示。

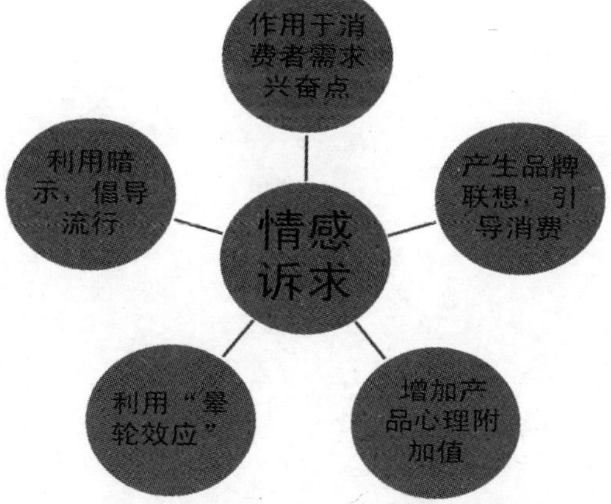

图 9-6　情感诉求策略

情感诉求类软文必须注意把握感情的限度，情感的表达必须合情合理，而不是过犹不及。可口可乐曾经的一则文案是，男女主角同时在家里玩游戏机，突然感到口渴，女主角便问男主角是否想来一罐可口可乐。男主角答应。但是，打开冰箱，女主角发现只剩下一罐可口可乐了，她打算和男主角一起分享，不料男主角一把抢过可口可乐，想自己一饮而尽。女主角气不打一处来，发火把自私的男主角抛进窗外的泳池，而她自己则心满意足地站在窗口，独自享受可口可乐。

也许这则文案的初衷是想告诉消费者，要坚持自己的评判标准，不轻易妥协。不过，文案中女主角的情绪转变引发的行为却是大多数人不能赞同的。这是一则过火的情感表达文案。而且，与强调“好东西大家一起分享”的主流观点不同，可口可乐却向人们传达出一种思想，应该争着独自享受。虽然名为“爱情篇”，事实上，这则文案并没有把握好感情的限度，结果将真挚的爱情演变成了一出流于形式的自我情感表达。

不管利用什么来赚钱，重要的是，情感诉求类广告应该在现实的基础上将产品与情感进行合理的、巧妙的结合，而不是只考虑煽情因素。如果掌握不好情感诉求的限度，一旦用过了，文案中传达的情感则是为了煽情而煽情，流于矫情、滥情的境地，毫无真情实感，自然达不到感动读者，引发读者共鸣，继而产生购买行为的目的。

9.6 卖弄文笔，而不是推销产品

无论文案创作者为一个产品撰写的软文辞藻多么华丽，创作艺术多么天马行空，都不能称之为实事求是的“广告艺术”。所以，不要为了卖弄文笔而去宣传一个毫无好处的产品，因为这些花拳绣腿很快就会不攻自破，而且，这不会为读者带来任何好处。

9.6.1 大众甲壳虫是一辆诚实的汽车

如果要让伯恩巴克选择，伯恩巴克会毫不犹豫地选择一支看起来简单至极却活泼有生机的广告，也不愿选择一支虚有其表的广告。因为只有恰到好处的创作手法，才能让产品销量得到更实际、更有效的提升。

伯恩巴克道出了广告的真谛：永远不要相信广告是科学。在广告业，最危险的是花拳绣腿，为卖弄文笔而创作广告。因为文案创作者的出发点只在于刻意制造区别，刻意制造比别人更好、更可爱、更出众的广告。在刻意求工地制作广告的背后，文案创作者往往忘却了推销产品。

比起理性和逻辑，真正让产品畅销的是消费者的直觉和幻想。所以，只要有效传达产品的信息，而不是过分的刻意与严谨，那么，平凡亦是非凡。

大众汽车的广告业务落到了伯恩巴克的头上，作为世界四大汽车生产商之一，大众汽车推出一款甲壳虫系列轿车。接到这笔单子，伯恩巴克飞一般地赶到大众总部德国沃尔夫斯堡的工厂，想亲眼看到一辆甲壳虫汽车是如何生产出来的。

回来之后，伯恩巴克决定在自己的广告中突出这样的主题——这是一辆诚实的汽车。伯恩巴克想要告诉美国民众，自己亲眼见证了生产甲壳虫汽车的工厂是如何为了避免错误而采取一系列超乎想象的预防措施，是如何为了彻底杜绝不合格的产品出厂而建立耗资巨大的检查系统。

而且，大众汽车的高效率也让伯恩巴克目瞪口呆，这是大众汽车公司以超低的价格生产出超高品质汽车的关键所在。虽然现实情况是，大众汽车公司在当时绝对没有那样雄厚的财力，不过，不管怎样，伯恩巴克都用少得可怜的资金，为甲壳虫进入美国市场披荆斩棘。

对于顶尖的文案大师而言，面临的挑战越严峻，燃起的斗志越刚强，激发出的创造性也越多。这是应对这种挑战的过程，展示了文案大师与众不同的高超技艺。伯恩巴克绝对是其中的佼佼者，在其精心安排下，甲壳虫汽车的广告是这样的：整个版面什么都没有，没有美女的陪伴，没有别墅的依托，只有一辆看起来呆头呆脑的甲壳虫停在那里。

这是一支平凡得不能再平凡的广告，没有丝毫花哨，可以说颠覆了伯恩巴克之前讲究新颖奇特的创作风格，不过同样体现了伯恩巴克的一片匠心。因为整支广告只需传达一个要素，即甲壳虫的诚实，其他因素如果再出现在广告中就是卖弄文笔了。

9.6.2 只是柠檬品

伯恩巴克遵循文案的宗旨即推销产品，独创性的甲壳虫广告一经推出就在商业界引起了巨大的轰动，不仅被广告专家评为第二次世界大战以来的最佳作品，更让大众汽车甲壳虫系列小型轿车一举打开了美国市场的知名度，实现了销量领先。这也是让伯恩巴克十分满意的一件作品。

整个文案只有一辆甲壳虫和一个标题“柠檬”。在美国俚语中，柠檬一直是次品和不中用的东西的一种标准描写。不过，在伯恩巴克的广告里，它的出现只是为了再一次证明这的确是一辆值得拥有的诚实的汽车。在大众汽车工厂里，仅仅因为存在一点肉眼几乎看不见的刮伤，一位苛刻的检验员就认为这辆车子是柠檬品，由此可见，大众汽车对于出厂的汽车质量要求多么严格。

为了向读者传达每辆大众汽车都是诚实的汽车，都经过了严格的检验程序，仅仅摆出一辆甲壳虫和“柠檬”的标题，就达到了其他文案创作者打多少广告、花多少钱都达不到的效果。这就是简单、平凡的文案设计，一击即中而不是花拳绣腿，让产品畅销，这才是文案的最终目的。

文案的写作目的不是为了展现作者的文笔有多么高超，尽管广告确实是一门艺术，但最重要的是让产品畅销。只有产品的品质本身才能说明自己的优秀，产品的畅销也说明了广告的优质。

文案成就产品，纯粹卖弄文笔的文案不仅得不到读者的认可，更会导致产品的无人问津，甚至避之唯恐不及，过于花哨的辞藻并不能糊弄聪明的消费者。好的文案需要展现产品的优质，而不是仅仅展现文案本身的优美，毕竟消费者不是在买广告，而是在买产品。而且，卖弄文笔、炫耀创作技巧的做法，也绝对得不到广告代理商的认可。

9.7 把软文发在行业版面

成功的软文营销，只有文案创作者抱着做新闻的心态创作，写出来的东西够看，才能在无形中达到营销的目的，否则就是硬文案、硬广告。

9.7.1 滨海金湾并没有沾到比弗利山庄的光

海南滨海金湾楼盘曾经撰写了一则软文，软文标题是“世界十大黄金居住区评选”。海南滨海金湾与美国比弗利山、澳大利亚悉尼玫瑰湾、纽约长岛、日本东京湾、中国香港浅水湾一道，列入评选名单。软文还进一步把滨海金湾与比弗利山庄进行比较。

在全球，追随最耀眼的阳光和最明媚的笑容，沿着最金黄灿烂的海滩，穿过最郁郁葱葱的山丘，顶级的豪华居住区将映入人们的眼帘。纵观全世界最著名的富人区，无一例外都拥有极致的自然景观资源，仿佛得到了上帝的额外恩赐，或与海岸线相连，或与森林湖畔为邻。

这些天之骄子不仅在物质上富可敌国，在修养上卓尔不凡，在成就上出类拔萃，还代表了一个时代最高端的精神追求。在某种意义上，富人区是一个国家或地区经历的沧桑巨变的缩影，阅读富人区，就可以领略不同国家或地区的特色与文化。

软文从区域环境、城市配套、生态环境三个方面进行比较。为了表明滨海金湾能够与全世界最尊贵住宅区比弗利山庄比肩，软文写道，“在这个方圆十多公里的居住区，有着世外桃源般的出尘脱俗，是暂时逃离城市的绝佳栖息地。仿佛人间仙境一般，绛珠仙草、林荫小道，让人远离凡尘的喧嚣，收获身体与心灵的双重皈依。这里不仅按照比弗利山庄的规格配备生活设施，还拥有与比弗利山庄齐名的美誉度，每年都吸引很多国际会议来此召开”。

两相比较之后，软文得出结论：滨海金湾是海南中心腹地最后的豪宅，拥有优越的区域环境、顶级的配套设施和无可匹敌的自然生态，滨海金湾比肩比弗利山庄实至名归。而且，软文中提到海南滨海金湾获得了外媒颁发的全球十大最具价值建筑奖。

按理说，这篇软文会直接带动海南滨海金湾的房地产热。但是，由于企业与广告公司签订合同时并未要求软文发布的具体版面，因此，这篇软文被放在了房地产资讯板块，海南滨海金湾也因此不幸地错过了一次地皮热炒作机会。

9.7.2 贵阳好礼电器软文发布三原则

根据“上贴新闻、下压广告”的策略，贵阳好礼电器公司将软文设计成通栏广告。在软文发布前，贵阳好礼电器公司又与贵阳魅力之友广告公司签订合同：（1）软文必须跟在贵阳新闻版；（2）软文之上应该紧贴新闻稿件；（3）软文之下应该有广告。

使用这个策略，贵阳好礼电器公司频频营销成功，尝到了不少甜头。因此，后来有一期因为报纸编排不能同时满足这三个条件，贵阳好礼电器公司执意不发软文。在软文正式发排前，贵阳好礼电器公司紧急撤稿，广告公司也在第二天退还了广告费，一直等到合适版面出现才发这篇软文。

为什么贵阳好礼电器公司坚持不把软文发在行业版面？试想一下，如果企业要推广一款减肥茶，直接将撰写的软文放在减肥瘦身版面，毫无疑问，这篇软文会变成一则硬性广告，不会有人问津。而如果企业巧妙地把这篇软文安排在一些女性爱看的时尚、健身、运动版面，再加上一个诱人的标题“跟世界第一美女学习如何保持完美身材”，这样一来是不是更吸睛？

一般而言，如果企业拥有较高的知名度，则管理层、领导者的举手投足都是新闻，完全有资格上财经版，甚至是焦点新闻版面。所以，有人说，最好不要找广告公司的文案写软文，因为广告公司本来就是做硬广告的，还不如叫上一些记者，和记者们聊聊天，将公司的想法透彻深入地灌输给记者。

而对于一些需要软文开拓市场、打响知名度的初创型企业，更不能将软文发布在行业版面。健身视频服务商可以将软文发布在媒体平台的健康板块，购物消费应用可以将软文发布在生活板块，而服装小店等则可以将软文发布在时尚娱乐板块。

最重要的一点是，不能让软文挨着硬文。虽说要注意软硬结合，不过，如果当年史玉柱直接在铺软文的同时在旁边放着脑白金广告，那么谁都看得出史玉柱意欲何为。很多广告人都说，自己有一半做营销的钱都是浪费了，不过却不知道浪费在哪儿了。那么请记住，如果把软文发在行业版面，软文这一半的钱就算白花了。

9.8 案例：借力黄牛党，炒热一款产品

“黄牛党”是上海人的说法，北京话俗称“票贩子”。在《汉语大词典》中，是这样解释“黄牛”一词的：“方言。指搞倒卖、抢购等而从中取利的人。”也就是在某一领域从事倒买倒卖的利益群体，统称为“黄牛党”。

通常情况下，黄牛党出现在需求和供给之间存在比较悬殊的差距的时候，因为这时有利可图。最典型的例子靠倒卖春运火车票为生的黄牛党。而在新兴的科技商业领域，特别是消费类电子产品，黄牛党的力量也越来越强大。

9.8.1 谁掀起的 iPhone 抢购潮

以苹果 iPhone 手机抢购潮为例。自 iPhone 4 横空出世，彻底颠覆人们对于手机的认识后，这款手机就供养了黄牛党群体。早在几年前，就有黄牛党挤裂苹果店玻璃的消息传出。当时的新闻报道是这样的：

2012 年 1 月 12 日晚，iPhone 4S 在中国大陆地区开售前一天，苹果零售店三里屯店门口开来了三辆金龙大巴，每辆车上都下来一群佩戴黄色袖章的人，这些人浩浩荡荡地准备排队。

这些队伍有的是由几个人组成的小型分队，也有由几百人组成的大型队伍。

每支队伍都有人带队指挥，而且在大型队伍中，每一个队员都佩戴臂带作为辨识。如此强大的组织和执行能力，简直媲美军队。随着领头人的一声令下，几百人同时向门店方向涌去，提早占据有利地势。

黄牛党的足迹遍及大江南北，可能会出现在全球各地的苹果店“扫货”。关于黄牛党的国际新闻报道也屡见不鲜。黄牛党绝对是一股不容忽视的市场力量。如果企业能够利用好黄牛党，基本上可以达到事半功倍的效果。

而如果企业无法把握黄牛党的动向，也有可能导致企业出现业务问题。例如电动车品牌特斯拉的创始人艾隆·马斯克在 2015 年年初访华时就坦诚，由于黄牛和投机者数量太大造成了需求假象，特斯拉汽车在中国库存积压严重。

如果现在去北京的几家苹果专卖店看看，仍然会发现店内设置有服务黄牛党的“专用通道”，不过，苹果公司并不会承认这一点。

9.8.2 企业如何与黄牛党合作

企业与黄牛党合作，相当于为产品撰写立体的软文，营造好口碑。

第一，企业可以与黄牛党合作，掀起话题，激化销售火爆程度。其中的典型是小米手机采用的饥饿营销。一位“黄牛”描述小米的营销策略是：让消费者一直抢不到，在抱怨的同时却一直心存希望，想着万一下次抢到了呢？所以小米火了。

小米手机携手黄牛党进行饥饿营销的重点是保持小米手机长时间的曝光率，再加上必不可少的公关软文铺天盖地地轰炸。而黄牛党的作用就在于，让真正的用户难以抢到手机，最终达到间接减少出货量的效果，而且数据真实，不是恶意刷单。

第二，企业与黄牛党的合作应该把握尺度，让黄牛党制造销量火爆现象，同时兼顾真实买家的需求。这个道理很简单，如果黄牛党抢多了，黄牛们每一单的“佣金”就会变低。例如在曾经的米粉节上，按照一位“黄牛”的说法，在抢购前一天已经放出话，“有多少吃多少”，然而这样做的结果是把资金都套住了。出现这种局面，“黄牛党”自然也讨不到好处。

第三，黄牛党需要从这种合作方式中获得一定利益。小米手机的销售渠道完全摒弃了传统的中间环节，但是并不意味着没有“中间环节”。据一位“黄牛”透露，在所有海量抢购数字的背后，其实真正到达用户手中的只是个零头。

人们不禁会问，黄牛们抢到的手机去了哪里？其中大部分进了淘宝天猫店，而余下的一小部分进入了街边的实体店。在传统的销售环节中，渠道的维护是成本支出很重要的一部分。而互联网公司摒弃“中间环节”，采用“轻运营”的思路，与“黄牛党”的存在一拍即合。

第四，推广的产品既要保证质量，又要保证稀缺性。只要产品的市场需求可以保持，黄牛党抢到的货最终不会砸在自己手里，就可以形成一个闭环。这样就又回到了第一点：保持曝光率，鼓吹需求。

艾隆·马斯克认为“特斯拉被黄牛坑了”导致产品滞销，其实只是一方面原因，而最根本的原因是该产品投入中国市场的实际使用存在很多致命的问题。特斯拉埋怨黄牛党，也许另一方面黄牛党也在责怪特斯拉“坑了”自己不少订车款。

而在一篇名为“手机黄牛自述：小米华为都是我们炒起来的”的软文中，更从黄牛党的角度，直接讲述了小米、华为等手机厂商的“爆火之路”。所谓的华为荣耀日、小米米粉节，在黄牛党看来其实是黄牛狂欢日。因为不少“黄牛”在这一整天都忙忙碌碌，不停重复着机械式的抢购、付款行为。作为一位“手机黄牛”，虽然会遭遇很多人的不解，甚至是侮辱、谩骂，让真正的用户买不到手机，但是只有真正进了这行的人才知道在这行里水有多深。

然后，软文一步一步解析了黄牛职业诞生的原因、行业内幕、国产手机行业的真实状况等。软文以小米、华为、中兴、联想等国内手机厂商为实例，曝光企业与黄牛党的合作在产品推广上的巨大作用——相当于立体软文。

10

怎样成为“高分享量文章”

软文被大量阅读，并不意味着会拥有高分享量。《华尔街日报》上有一个版面，专门列了一张清单，上面分别写着近期阅读量最大的软文和分享量最大的软文。只要读者留意就会发现，这两张列表并不一致。有些软文虽然被大量阅读，但是并不会被分享。那么，什么样的软文会让人们更愿意分享出去？

10.1 找准原始发布点

软文广告的成功发布也需要“天时”、“地利”、“人和”。很多文案创作者都知道，软文广告应该与新闻发布在一起，然而，软文的发布也需要原始发布点的协调配合。找准软文的原始发布点，文案创作者就占到了“地利”。

软文发布的“地利”，主要指软文的原始发布点，即软文第一次发布的地方。原始发布点决定了有多少用户会看到这篇软文，并将其分享到自己的网站或者社交媒体社区。

10.1.1 搜索引擎新闻源

百度新闻源、行业排名前三的门户网站、资讯对应匹配的栏目、置顶帖等，都是软文极佳的原始发布点。同时，企业应该注意信息、栏目的更新速度，选择更新速度快的发布点。在选择软文广告的发布方式时，企业应该考虑用户的媒体使用习惯。

企业所使用的软文广告发布方式应该适应用户的习惯，才能达到更好的用户传播效果。在搜索引擎上，大众最熟悉的是百度竞价广告，其核心推广方式是在用户寻找信息的时候推送用户最需要的内容。百度具有规模优势，因为搜索引擎是用户获取海量信息的媒介。

在搜索引擎上，用户的习惯是通过关键词获取自己需要的信息，或者通过模糊查询一步一步缩小范围，确定最终的具体需求。这个过程起源于用户主动输入关键词，百度经过复杂的计算模型最终无限接近用户需求。即使是发布在百度上的广告，用户需求的内容也是首要考虑因素。因此，百度从展现、点击到最终展现的转化率都相当高。

由于用户使用百度进行搜索都带有明确的目的，基本不欢迎其他不相关的广告推送，因此，软文广告的发布内容必须与用户的需求尽可能精准地匹配，才能符合用户使用百度的习惯。

10.1.2 电视网络发布

软文广告的原始发布点也可以是电视或网络视频。一直以来，用户收看电视的习惯都是被动接受。尤其是在电视只有很少的频道的时候，电视成为大众获取信息、休闲娱乐的最重要的媒体。用户甚至抱着渴求的心态，希望从电视中找到自己想要的内容。

作为官方发布消息最重要的媒体，电视媒体基本搭载着最优秀的制作团队，传播着新闻、时事等重要、权威而通用的内容。因此，在一般意义上，电视媒体是影响力最大、覆盖面最广、最具权威性和潮流引导力的媒体。电视的用户覆盖量、影响力都很强。

品牌软文广告可以通过电视媒体实现广覆盖度和强影响力。通过电视媒体，可以强力促进用户知晓或深入理解一个品牌，将品牌形象植入用户脑中，促成终端购买和转化。企业可以将电视媒体作为搜索引擎检索、终端销售和微博热议的引燃点，用软文广告引爆品牌认知度。

相对电视媒体来说，网络视频已经从一种补充变为占据主流的媒体传播方式。网络视频具备用户主动接受内容的特征，软文广告容易给用户留下印象、造成影响。不过相较于电视媒介自主制作内容，以及家庭被动、轻松的观看习惯，网络视频的观看状态更为复杂。而且在热播的网络视频中，有一部分是电视人制作的内容，因此网络视频的影响力相对偏弱。

报纸、杂志、新闻门户等也可以作为软文广告的原始发布点。虽然报纸整体的销量和广告收入都在逐渐萎缩，大众获取新闻的方式已经转向了互联网，但是用户通过报纸或者新闻门户获取信息的时候，报纸或新闻门户的权威性对用户的影响力相当大。

然而用户阅读新闻的时候，并不会对所有信息全部读取，更不会全盘接收，而是会对内容有所筛选。而且阅读新闻的过程本身是希望快速筛选到自己感兴趣的内容。因此，用户对报纸、杂志和新闻门户的筛选性与个性化比电视媒体更强。所以，软性植入文章发布在报纸、杂志和新闻门户上的效果，比硬性广告发布在这些媒介上的效果更好。

而且如果能够经常调整版式，让用户不能清晰辨别广告和新闻的区别，则可以增强软文广告的效果。由于覆盖范围和媒介形式的不同，报刊、杂志、新闻门户与电视相比引爆热点的能力较弱，公信力和影响力较其他媒体更强，因此，软性植入和品牌展示广告都具有一定的品牌传播效果。

10.1.3 抢占社交媒体平台

社交媒体平台也是软文的原始发布点之一。Facebook、Twitter，甚至是手机短信等媒体形式，都是人与人之间沟通的方式。人们更希望看到自己关注的人在社交软件上发表了什么。因此，网络红人、知名博主转发或者朋友口碑传播的效果远远强于硬性广告。

尽管用户专注于浏览自己关注的人的信息，但是更希望看到有趣的和与自己相关的内容。所以，网络红人、知名博主转发，以及互动式的品牌植入更有效果。例如微信上的疯狂猜图游戏植入广告，是借助社交媒体平台进行软性营销的成功案例。

社交媒体平台的品牌营销更注重的是朋友间的口碑传播性，所以内容应该足够有趣，而且能够引发互动，这样才能有效传播，并具有品牌影响力。例如杜蕾斯官方微博和微信疯狂猜图游戏等，就能够引起网友的互动。而如果在微博里插入展示类广告，在信息流中强插与用户不相关的无趣内容，或者强推淘宝产品，也不会收获好的效果。

此外，软文广告的原始发布点也可以选择广播、户外。广播总体的传播内容与电视、报纸有一些重合的地方，不过是使用人群的区别。广播的使用人群更多的是在车上的听众、老人、学生等。所以，在广播上如果针对这几类人群进行营销，其精准度相当高，而且广播的公信力较好。例如平安大地车险、交通银行理财及好视力眼贴等厂家都喜欢选择广播平台发布软文。

至于户外广告，如公交、地铁的平面广告等，由于其影响力较差，需要足够优质、大幅、大量的展现形式才能形成强品牌影响。在多数时候，企业采用少量的户外广告，只是作为品牌影响力的一部分助力，而不是最重要的具备引爆点的营销渠道。例如新浪微博和天道留学等，会在距离自己办公区很近的地方做路牌广告。户外广告也只是大众在不经意间看到的品牌形象，可能帮助企业加深消费者对品牌的认知度。所以，发布路牌广告最重要的一点是足够有吸引力，充分提升经过人群的关注度。

10.2 发布具有时效性

“天时”即软文发布的时效性，主要表现在企业对于软文广告发布时机的把握，以及对当时新闻热点的巧妙抓取上。如果最近新闻媒体在连续“炒”某个重要话题，那么企业应该快速对此做出应变，撰写一些与此话题相关的软文“跟风”，这样可以“把豆腐炒成肉”。

10.2.1 尚美巴黎与明星婚礼

法国国宝级珠宝品牌尚美巴黎（Chaumet）借 2015 年 10 月 8 日黄晓明和杨颖婚礼的东风大火了一把。婚礼前后，尚美巴黎发布了一系列软文:“Angelababy 婚礼佩戴 Chaumet 珠宝与黄晓明步入幸福殿堂”;“有一种婚礼叫 AH，有一种珠宝叫 Chaumet”;“AH 的婚礼被 Chaumet 承包了！”

在一篇报道中，尚美巴黎软文营销痕迹表露无遗。婚礼当天的 Angelababy 美得像个公主一样。在婚礼举办的过程中，加上中式传统服装，Angelababy 一共换了三次穿搭。其中一套婚纱出自迪奥(Dior)创意总监拉夫·西蒙斯之手(拉夫·西蒙斯于 2015 年 10 月 23 日离开迪奥)，这套婚纱搭配尚美巴黎珍珠钻冕和胸针。另一套由中国香港服装设计师张叔平设计，搭配尚美巴黎 Hortensia 绣球花耳环。就连与黄晓明交情匪浅的赵薇也夸赞 Angelababy 是世界上最美的女人。佩戴着尚美巴黎珠宝的 Angelababy 继续完成着自己的公主梦。

在另一篇软文中介绍尚美巴黎珠宝是 Angelababy 的最爱，包括订婚戒指、结婚戒指、皇冠，都来自尚美巴黎。为了回馈 Angelababy 对尚美巴黎的厚爱，尚美巴黎借出了收藏于巴黎总部博物馆的古董级孤品珍珠钻冕及胸针，全力打造最美新娘。

尚美巴黎不忘借此事件回顾之前明星佩戴的实例，说明明星对尚美巴黎品牌的认可度。包括周杰伦与昆凌的教堂婚礼，高圆圆与赵又廷的台北喜宴，以及全智贤、佟丽娅等女明星，都曾佩戴尚美巴黎珠宝向外界昭告人生中最幸福的时刻。

软文还以新闻报道的形式，说明尚美巴黎带给新人的幸福婚礼。在婚礼现场，Angelababy 身着白纱佩戴尚美巴黎古董钻冕及胸针，与黄晓明先生步入幸福殿堂，加冕真爱。随后，Angelababy 还精心佩戴尚美巴黎粉色绣球花耳环，与中式礼服完美搭配，显得甜美动人。

10.2.2 佳洁士让新娘露出炫白笑容

口腔护理品牌佳洁士也抓住了这个大好时机，发布了一系列软文。婚礼上的 Angelababy 露出了幸福的笑容，能够拥有炫白的笑容并不是天生的，而是来自佳洁士 3D 炫白组合的功劳。作为 Angelababy 自己代言并非常喜爱的产品，佳洁士 3D 炫白牙膏拥有看得见的 MICA 粒子，提供密集美白，泡沫丰富，能深入牙缝并有效清洁。刷完牙以后，人们能够舔得到保护层。而且，佳洁士闪耀炫白牙贴也是风靡全球的牙齿美白神器，只需半小时便能显著快速美白，持续使用 14 天，10 年的牙渍都会被洗掉，因此获得了 35 项美容大奖。这个组合也成为众多好莱坞明星的御用之选，堪称完美新娘的秘密武器。

由于产品信息的特殊性，企业不可能每天更新产品信息，而借助热点事件，掌握发布的时效性，则是大多数企业软文营销的优先选择。用户点击网站是为了获取最新的产品信息或者最近的行业动态，过时的新闻对用户没有意义。因此，软文营销的前提是内容的时效性。

《华商报》在非典前期发布了一篇名为“一个被99%的人忽视的卫生习惯”的报道。“良治洗之朗”反应迅速，紧跟步伐，在非典中期发布了“重要提示：便后清洁方式得改改”等一系列软文，主题贴切，效果极佳。“神舟三号”口服液紧跟《华商报》关于神五飞天的相关报道，发布了“太空药神舟三号唤醒人间”等软文广告，发布时机也掌握得非常好，关注度极高。

10.3

周三上午 10—12 点发最好

除了原始发布点、发布的时效性，软文发布的时间段也很重要。研究表明，一天之中，早上 10—12 点、晚上 8—10 点是用户最活跃的时间段。如果企业在这个时间段发布软文，被用户看到的概率会增加 20%，软文被分享的概率也同步提高。

10.3.1 一炮而红的荣成房产

山东荣成房产曾经发布了一则软文——“在荣成买房刍议”。“为什么在荣成买房？不是在买房，是在买健康，是在买寿命！”

整篇软文写得非常巧妙，以一个普通人的视角，讲述了在荣成买房的原因。软文把握了以情动人、以利诱人的写作原则。软文正文列出了在荣成买房的 11 个原因，包括有山有水，是适合人居住的心灵家园，能够让疲惫的心得以栖息，脱离世俗；荣成有蓝天、白云、绿水和清新的空气，在此居住可以收获健康；荣成有世界少有的温泉，可以在福山听禅，到海边漫步、垂钓；荣成是国家级无疫区，有着良好的自然环境，就像儿时的自然一般。

软文最后展示了在荣成买房后的闲适生活。荣成可以给自己一个健康、舒心、愉悦的身心，可以无理由享受人生。每天可以到海边晨练、散步、游泳，到绿道骑单车，背上背包与同伴爬山、旅游、摄影。有事时靠发达的网络处理业务，没事时伴着蛐蛐蛙鸣进入梦乡，在鸟鸣的晨曦中自然醒来。欢迎天南地北的朋友到荣成小城来做客！

荣成房产将这则软文发布在博客上，但是一直没有达到期望的效果。后来，荣成房产决定在当地门户网站荣成搜狐焦点网发布新闻，软文标题为“2015 中国最具吸引力城市排名出炉，荣成上榜”。

《2015 中国城市吸引力指数排行榜》根据中国各个城市所吸引的旅游消费规模、旅游消费新观念，以及对旅游活动价值的认知程度高低，给出了吸引力指数位居前 50 名的城市榜单。

软文还在榜单下部详细说明了城市吸引力指数的数据来源和依据。城市吸引力指数的主要评判依据是一段时期内，某个城市吸引的前来进行旅游活动的旅游者数量和消费规模，以及这些旅游者对该城市旅游消费价值的理解程度。《2015 中国城市吸引力指数排行榜》显示，吸引力指数最高的上海为 97.36。就山东城市而言，山东荣成以 88.27 名列 TOP50 榜单第 29 位。

这篇新闻引起了少量的关注和评论，但是效果远远达不到荣成房产的软文营销目标。直到公司广告营销部总监发现软文发布具有时段性，选择在周三上午 10—12 点发布软文，荣成房产才凭借软文一炮而红。“在荣成买房刍议”这篇软文在博客上的访问量达到 1.2 万次，分享量为 5321 次。荣成也成为“最具吸引力城市”的典型代表。

10.3.2 青黄不接的周三

一般文案创作者都会选择在周三发布软文，为什么呢？因为周三处于一周工作日的正中间，这个时候青黄不接，正是互联网从业者最疲惫的时刻。为了缓解工作压力并保持曝光度，这时候文案创作者会浏览并分享一些东西。

因此，有经验的文案创作者会选择将软文发布时间集中于周三上午 10—12 点，这时发布的软文推广效果最明显。企业在发布软文时，经常会发现在某一个时间段进行软文发布，被收录的比例更高，速度也比较快，但是在另一个时间段发布被收录的可能性就没有那么高。这是因为这些企业没有掌握软文发布的最佳时间。

虽然从总体而言，周三上午 10—12 点是软文发布的最佳时间段，但是不同行业、采用不同传播方式，软文发布的最佳时间也有所区别。从搜索引擎的收录角度来看，搜索引擎的收录有一个时间段。

一般情况下，搜索引擎抓取收录集中在上午，虽然下午也有收录，但是相对更少。而且有时候，即使搜索引擎抓取并收录了，也有一个更新的过程，这段时间软文不会被提前发布出来。

因此，软文发布推广也存在时间上的限制，某些企业一味看中发布的速度，要求当天撰稿当天立即发出去，其实并不是最明智的做法。企业应该选择最佳发布时间，并注意各大媒体的审核时间，采用这种方式发布软文能够达到事半功倍的效果。

10.4 从热点事件到商业热度事件

凡客诚品，由卓越网创始人陈年创办于2007年。作为近年来最具影响力的互联网时尚品牌之一，凡客诚品的发展前景一直被业界看好，更吸引了雷军的投资。凡客诚品的网络营销风生水起，利用网络宣传，凡客诚品树立了自己的品牌形象，也提升了销售业绩。

除了出色的软文营销策划，凡客诚品非常善于软文的推广，抓住热点事件进行营销，将之上升为商业热度事件。曾经有读者表示，在一个月之前，自己还从来没有想过要成为凡客诚品的顾客。因为自己从事广告行业，出于职业敏感，一直对广告产品存在一定的抵触心理。尤其是凡客诚品选择了铺天盖地的广告和软文营销策略，更让这位读者决定对该产品避而远之。可是在半个月前，该读者看了一篇采访凡客诚品CEO陈年的文章，毅然决然地成了凡客诚品的忠实用户。因为这名读者被访谈中陈年的精神和凡客诚品的理念所打动。

10.4.1 凡客诚品如何从默默无闻到风光无限

从默默无闻到风光无限，服装类B2C电子商务网站凡客诚品强大而专业的网络推广工作功勋卓著。针对品牌形象，凡客诚品的定位是“凡客诚品：由互联网成就的服饰家居时尚用品品牌”。这个定位直观地道出了凡客诚品的服务形象和核心诉求。

针对意见领袖，凡客诚品利用奥巴马访华衣着话题，在社交媒体平台发起“奥巴马访华衣着有技巧”的讨论，对自己的网站进行软性介绍。此外，行业精英、政要富商、影视体育明星、网络热门人物等，都是凡客诚品借力营销的重要对象。

针对第三方个人体验，凡客诚品网站推出“我的第一次网购衬衫经历”板块，以第三人称的视角介绍网站服务。这类软文在提升企业美誉度的同时，也引起了消费者对服务产生美好联想和购买的冲动。

针对服务质量和满意度，凡客诚品网站以“凡客诚品质量怎么样”为调查题目，对服务进行第三方满意度传播。通过对产品质量的详细介绍，凡客诚品达到了传播产品品质和服务的目的。

此外，凡客诚品也致力于服务升级。“凡客诚品启动自有品牌女装”，从开始的衬衫到后来的女装等系列服务，凡客诚品从未停下升级的脚步。更有针对企业形象进行的宣传报道，例如“凡客诚品创始人陈年：VANCL 的互联网模式”、“凡客诚品陈年：互联网开创服装品牌新市场”等。

针对服务细节创新，凡客诚品发布“凡客诚品自建物流掀起 B2C 配送大战”的报道。凡客诚品以跨界营销为契机，发布软文“完美时空携手凡客诚品——网游网购强强联手”。针对服务升级转型，发布软文“从衬衫到吊带，凡客诚品性感转身”。凡客诚品还借力名人代言：“隐形代言凡客诚品，徐静蕾转战 B2C 卖项链。”还有一些关于促销消息的报道：“VANCL 下周推超低价牛仔裤，秋冬装促销开始。”

相较于新闻通稿的公式化语言，以及新闻报道的说教式、单向灌输式，媒体访谈更有针对性，当事人能够针对热点事件进行评论，这种形式也更容易让人接受。媒体访谈将一般新闻的单向灌输转变为渗透式、感召式、互动式。企业与媒体通过访谈聊天的形式，传达出的内容和理念更具亲和力、吸引力和感染力，具备以理服人、以情动人的特点。

读者能够对媒体关于企业大篇幅的赞扬与溢美、华丽的业绩数据展示一律视而不见，却能被一篇小小的访谈打动。原因在于访谈是有血有肉的，能够让读者近距离感受到这家企业和企业中的人，而不是冰冷的新闻稿或数字。

10.4.2 雅礼联合《华商报》策划的送礼特刊

将热点事件变为商业热度事件，除了媒体访谈的帮助，企业的媒体公关也必不可少。企业进行媒体公关是一项长期的工作。凡是注重宣传的企业，都非常善于利用媒体资源。媒体公关工作主要有两个方面的重点：一是人际关系方面；二是业务合作方面。

企业发展人际关系方面的公关，能够为企业聚集一批经常关注自己的记者、编辑。这些媒体资源的存在，使得企业能够随时将自身发生的、需要宣传的信息毫无障碍地发布出去，并形成热度。从反方向来看，媒体也需要各种信息作为新闻源。如果媒体和企业关系良好，双方经常交流，记者或者编辑组稿的同时，自然而然会将自己所了解的企业信息组织到新闻稿件中。

雅礼企业信息咨询公司总裁王跃（原福建沃克浴霸 CEO）非常热衷并擅长与媒体打交道。王跃不仅为媒体出谋划策，而且经常与媒体一起策划新闻选题。王跃的做法不仅为雅礼企业信息咨询公司笼络了一批媒体资源，也为咨询案组积累了大量的媒体资讯，因此在帮助客户运作媒体时得心应手、游刃有余。

在业务合作方面，通常只要企业愿意出价，就能购买到满意的版面。但是一些精明的企业往往会通过公关工作，让宣传效果远远超过付出同等成本的其他企业。虽然要做到这一点十分困难，但一旦成功，企业的宣传效果会事半功倍。

2015 年春节前，雅礼企业信息咨询公司将自己的十几家小家电客户组织起来，包括良治洗之朗、沃克浴霸、苏泊尔、尚朋堂等，与《华商报》共同策划开展了一期“送礼就送小家电”特刊。

在特刊面市之前，报纸就“送礼送什么”、“送礼送时尚小家电”给消费者进行了一次观念引导。在特刊发出当期，报纸又采用大篇幅报道了“时尚小家电掀起送礼热潮”。而且，报纸以“时尚小家电，热力推荐榜”的形式，一一介绍十几个小家电产品，不仅帮助十几家客户节省了广告费，而且联合在一起产生的共同诉求，将“送礼”这一广告效果做了最大的展示，取得了良好的效果。

在《华商报》的“健康之约”版面，也与企业产品品牌开展了业务合作。

针对每期不同的健康话题，报纸会推荐不同的企业或产品。每次话题占到的篇幅少则两个半版，多则四个半版。话题下面的广告版则成为相关企业和产品的宣传重地。其中表现最抢眼的话题包括“儿童铅中毒”、“糖尿病”、“高血压”、“女性健康”等，报社花了几个版面分析这些话题，便于读者透彻理解。

在拓展人际关系方面，企业应该聚拢一批媒体界朋友。企业发展与媒体的人际关系，并不只是为了发布新闻或者广告。对于企业而言，双方经常交流有利于企业正确、合理、有效地了解媒体信息和运用媒体资源。某些企业也非常善于与媒体界朋友一起，探讨更加广泛的内容。

10.5 引爆朋友圈

在朋友圈里，最多的是新闻评论、养生鸡汤等软文营销。尽管现在是信息过剩的时代，但是真正能够让用户主动参与其中的内容并没有多少。事实证明，很多让用户或热血沸腾、或心痒难耐，不由自主参与其中的事件，都是经过精心策划的营销事件。那么，怎样策划并实施一起让用户心甘情愿当传播源的营销事件呢？

10.5.1 只过 1% 的生活

引爆朋友圈的内容需要源于生活，才能引发共鸣。以“对不起，我只过 1% 的生活”为例。2014 年 12 月初，微博红人“伟大的安妮”发布了“对不起，我只过 1% 的生活”组图。这条微博累计转发量达几十万次，在微信朋友圈也处于刷屏状态。这次营销成功的关键在于其源于生活，引发了读者的共鸣。因此，营销要有生活气息。

以生活为出发点的营销，由于其参与感，更容易被广泛传播和分享。在“对不起，我只过 1% 的生活”图集中，“伟大的安妮”展现了安妮从草根到女神的演变过程，条理清晰。安妮描述了一个心怀梦想的人，内心充满巨大的能量，即使面临过艰苦的抉择，经历了骇人的痛苦，仍然不改初心，感召了善良的伙伴，战胜了势力强大的敌人，继续朝着梦想迈进的故事。

通过展现自己的成长故事，“伟大的安妮”引发了粉丝的共鸣。因为每个人都有自己的故事和成长经历。当引发共鸣的因素出现时，所有有同感的粉丝都会不自觉地被触动，也更容易认同他人。

发布者的反问极具代表性，从知道母亲被查出患病那一刻起，安妮获得了大众普遍的情感认可。由于故事本身具有后续的延伸性，大众可以凭借想象，联想到一些悲剧都发生在该故事的女主角身上。这个联想的过程无疑加深了社会公众对于此事件的看法，引发评论、转发。

这件事情不再只是一个单纯的传播事件，因为其对内容、故事情节、高低层次、节奏的把控相当鲜明。女主角的成功也非常具有代表性，因为在这个行业中，真正走向成功的人只是少数，而更多的则是从无到有，从草根出发，成长为女神的过程。女主角的经历无疑满足了大众精神上的一种需求。

女主角安妮学画画，也创办自己的工作室，还开发手机应用，找他人融资，这些经历有一个共同点：虽然只有 1% 的机会，但经过坚持和努力最终也能转化为 100% 的成功。女主角的这份执着和为之在背后所经历的辛酸，激发了大众的同情和怜爱。而最终女主角收获了成功，也获得了大众的祝福。

人们在社交媒体上分享的信息来源于现实，主要是上网、旅行、看电影、听音乐等生活中的所见所闻。但是，在朋友圈中，总有一些事情被大众认为是值得分享的。为何会造成这种效果？浏览热点的内容不难发现，一些软文充分利用了朴素的情感因素，将其提取之后，赢得了大众的共鸣、崇拜、同情或欣慰，这才是这类软文被分享的真正原因。

10.5.2 少年不可欺事件

文案创作者应该放低姿态，寻求同情。以“少年不可欺”为例。2014 年 11 月 29 日，一篇名为“少年不可欺”的软文一石激起千层浪，在三天之内引发了微博、微信朋友圈的转发狂潮。这篇软文的微信阅读量很快突破 10 万次，点赞数达 4 万次。软文发布者是一个叫 NIKO 的年轻人，“少年”和“欺”两个词也引发了社会对于弱者的同情心泛滥。这是引爆传播最重要的因素。

人都有同情弱者之心。弱者之所以能够引发关注，关键在于依附强者的力量。很多好莱坞大片都讲述了中年离婚大叔独自对抗邪恶势力，最终拯救地球和全人类的故事。如果一个 19 岁的少年控诉自己被一家市值几十亿美元的视频网站欺负，基本上会得到所有人的同情。因为大众认为，即使是一个简单的点赞或转发，也是在弱势绝境中拉少年一把的行为，也为弱小的正义向强大的邪恶作斗争中贡献了自己的一丝力量。

此文抓住了大众最普遍的道德感，激起了人们的参与意识。表面上看网友是在拯救少年，其实所有人都在心里拯救着自己，鼓足勇气向强势的老师、上级或有钱人对抗。即使到目前为止大众仍然不清楚事情的真相，在大多数人眼中，正义感往往比事实更为重要。少年一声羸弱的呐喊，也让无数正义人士坚信："一个人的战斗肯定是被迫的，真理总是掌握在少数人手中。"因此，人们会选择转发并加上一句代表正义的呐喊。这就构成了席卷朋友圈的传播热潮。

然而，事实上不排除此次"少年"事件不过是一起有组织的营销事件。因为这次事件营销几乎让人无法辨别是否是营销，可见营销的高明之处。一般来说，许多案例在传播结束后，大众都能感受到其营销的目的所在。所以，"少年"事件的真实目的是什么，也许只能通过时间去检验。但是可以确定的是，仅靠一篇微信软文就引发如此多的用户关注和转发，可见放低姿态博取同情的营销方式威力巨大。

10.6 善用软文推广网站

软文的发布需要选准渠道，除了微博、微信等社交媒体，报刊、杂志、门户网站等新闻媒体，软文推广网站也是不错的选择。软文推广网站是企业进行软文发布的一个媒介和平台。企业既可以将软文的撰写、发布全部交由软文推广网站，也可以自己完成撰写，而只是将发布、推广任务交由软文推广网站。

利用软文推广网站发布软文的优势在于其专业性和省时省力。从表面上看，一些软文推广网站的撰写、发布要价不菲，但是迫切的市场需求催生了一大批软文推广网站的出现。激烈的市场竞争致使其必须通过不断完善服务，提高服务效率，保证营业额和利润来源。因此，企业将软文推广任务交给软文推广网站后，一般都能得到满意的服务。

为了吸引客户，个别软文推广网站打出“仅 99 元抢十大门户网站软文推广，均为搜索引擎新闻源网站，劲爆逆袭”、“预存充值，自助发稿，一次充值，终身会员，享受市场最低价”、“市场价 5 折限时优惠活动”等优惠条件，对企业而言十分有诱惑力，也有实实在在的好处。

10.6.1 黄花乡猕猴桃销路不用愁

湖北省宜昌市黄花乡是猕猴桃产地，无奈地处偏远，果农们一直苦于不能为自己的猕猴桃找到销路。黄花乡政府曾经在政府网站上发布了多条推广信息，但是由于受众有限，当地的猕猴桃销量仍然没有上涨趋势。果农联合会找到软文推广网站“软文界”撰写了一篇软文《黄花乡村游引爆朋友圈》，发布在搜狐首页的《三峡晚报》板块。

新闻分为两大板块，即“6 条精品线路各具特色”、“23 项子活动丰富多彩游客刷爆朋友圈”，介绍黄花乡的旅游，带动猕猴桃的销售。黄花乡的猕猴桃，吃过的都说好，还不抓紧时机过来采摘？9 月 30 日，500 多名游客走进黄花乡黄花山文化园采摘猕猴桃，体验捉泥鳅、采秋茶等农家特色项目，一起追寻乡愁。大家一路欢歌笑语，享受田园风光。

苏州也选择了软文推广网站宣传城市旅游资源。软文推广网站“软文界”为其撰写了一篇软文，发布在腾讯资讯首页。一组名为“奔跑苏州”的海报在微信朋友圈掀起了转发热潮。这是一组有着二次元风格的海报，画面中一名从漫画中走出来的少女穿过苏州园林，在城市高楼林立的大街上奔跑，创意十足。

这组作品来自设计师晁千惠，结合经典的苏州元素与时下流行的漫画元素，展现古老而充满活力的苏州情调。在晁千惠眼中，苏州一直是一座很秀美的城市，就像长相纯美的少女，永远焕发着活力与青春，拥有持久的生命力。

10.6.2 选哪一个网站发表

企业选用软文推广网站，需要掌握一定的技巧。首先，软文内容应该与发布的网站内容相一致。只有总体内容一致，才能保证风格的一致，从而受到更多的关注。有了基本的关注量，软文的推广作用才会越来越明显。

同时，一定的关注量会加大软文被转载的概率。例如站长、网站技术类软文可以选择站长站、站长网、建站中国等发布。要注意在这几个平台上发布完软文后，最好立刻把自己的软文添加到网站目录上，包括乐收网络收藏夹、新浪微博、奇客等 Web 2.0 网址分享网站。

其次，在软文推广网站发布软文后，企业不能立即把软文发布到其他网站上。

因为一般软文推广网站都会选择一些媒体平台进行软文发布。所以，企业应该等到软文被媒体收录以后，再将软文发布到其他网站上。

因为搜索引擎判断文章的原创归属时，首要的依据是权重。如果选择一个权重高的网站发布软文，也许从发布到被收录只需要耗费半小时。但是，如果企业选择将软文发布在自己的网站上，可能过了几天这篇软文也不一定会被收录。而且这时搜索引擎会认为发布在企业网站上的这篇文章并非原创，而是转载抄袭媒体平台的软文。所以，如果企业的软文还没有被收录，建议暂时不要把软文发布到其他网站上。

最后，企业可以适当放弃网站首页，转而多给软文页增加收藏。在建立博客初期，卢松松一直采取在 Web 2.0 网址分享站提交首页的方法发布软文。不过后来发现这样做并没有什么效果，而且也不实用。因为一些具有一定规模的网址导航站并不会收录一个没有名气的人的博客。因此，企业需要放弃提交网站首页的想法，转而大量地在 feerbook、奇客、爱聚集、糖果、火兔、雅蛙等 Web 2.0 分享站提交内容页。

10.7 病毒式扩散

软文借助病毒式扩散，除了可以分享个人的新创意和新想法，更可以作为一种营销手段。因为人们都处在信息爆炸的背景之下，所以企业必须借助一些手段，实现软文的病毒式扩散营销。病毒式扩散软文也更符合当下的受众需求。

不过到目前为止，并没有太多的企业将软文营销扩展至病毒式扩散营销领域。其中可能的原因包括主观上的认识不足，多媒体制作人员的缺乏，以及认为病毒式传播耗时耗力，而且投入产出比并不确定。

10.7.1 冰桶挑战不只是好玩

以 ALS（美国渐冻症协会）“冰桶挑战”为例，这次营销活动可谓是席卷全球的公益病毒。其游戏规则非常简单：凡是接受点名的参与者，可以选择将一桶冰水从头向下浇下，或者向 ALS 捐款 100 美元。而成功完成该项挑战的参与者则可以公开点名 3 个人参与挑战，这些被点名者可以从 24 小时内应战和向 ALS 捐款 100 美元中做出选择。

短短两周，冰桶挑战就风靡全美，一时在社交媒体上风头无两，包括 Facebook 创始人马克·扎克伯格、首富比尔·盖茨、微软 CEO 纳德拉、苹果 CEO 蒂姆·库克，以及各大篮球明星、社交名媛等纷纷参与进来。在中国，雷军接受挑战后，在其官方微博公布：已经向 ALS 捐款 100 美元，美国 ALS 共募得 2.57 亿美元捐款。

YouTube 高管凯文·阿洛卡谈及如何实现病毒式扩散营销，指出三个必备条件：影响力、意外性、参与性。例如吉列在中国市场推出手动剃须刀的营销案例。因为亚洲男性较多使用电动剃须刀，而不是手动的湿剃。原因之一是工作繁忙，原因之二是亚洲男性普遍毛发没有白人那么浓密，剃起来更容易。这些都是从男性本身的需求角度来看的。

然而经过多次访谈，吉列公司营销部发现，女性认为手动剃须的男人更性感，也更有好感。于是，吉列公司抓住了性感这一有趣的话题点，找到一位兼具性感和话题性的女明星——苍井空。

苍井空在自己的微博上向众网友提出了一个开放性问题："我的作曲老师胡子很长，我想送他一把剃须刀，但不知道对男人来说，手动和电动哪个更性感？"接着，吉列公司借助苍井空，以一系列参与和互动性很强的玩法，邀请众网友一起参与进来。整个营销过程都围绕着"性感剃须"这个话题点，直到最后才引入产品的电商平台。当月，吉列的手动剃须刀销量创下历史新高。

第二年，吉列公司进行了一个角色反差营销。这一次，吉列公司选择玉女明星高圆圆，借用"偷拍私房视频"的视角，引发网友疯狂转发。这则视频病毒式地横扫各大门户网站、视讯平台、新闻频道，以及微信、微博等社交媒体。最后，吉列公司在视频事件的余波中播出完整版的广告，进行二次引爆，再次刷新销量纪录。

美国电子商务顾问拉斐尔·威尔逊博士总结出了有效的病毒式营销战略的六大基本要素：（1）为读者提供有价值的产品或服务；（2）提供一种便捷的向他人传递信息的方式；（3）信息传递范围很容易实现大的规模扩散；（4）利用公共的积极性和行为；（5）利用现有的通信网络；（6）利用他人的资源传播信息。

而软文广告病毒式扩散一般遵循如下步骤：第一步，软文广告病毒式扩散方案的整体规划和设计；第二步，加入独特的创意，具备创新性；第三步，合理设计网络传播信息源和信息传播渠道，利用有效的通信网络传播信息；第四步，在易于传播的小范围内发布和推广病毒式传播的原始信息；第五步，软文广告对病毒式扩散效果的跟踪和管理。

10.7.2 诺基亚手机可以在鱼肚里待几个月

决定一篇软文是否能病毒式扩散的关键在于软文的创意，因为软文营销需要有自己的个性，而不仅仅是夺人眼球。创意是软文广告的灵魂，读者从一个平淡无奇的创意中只会看到一个平静的灵魂，不足以吸引大众分享和传播。而且，随着创意水平和用户欣赏水平的逐渐提高，用户在视觉上和情感上都出现了疲劳情绪，如果要真心感动用户，应该对活动创意人员提出更高的要求。

诺基亚曾经做了一个广告病毒营销：有一部手机被鱼吃掉了，当几个月后这条鱼被捕捉到后，发现拿出来的诺基亚手机还可以继续使用。这充分说明诺基亚手机的防水和耐用性能。创意是软文的灵魂，如果没有创意，也许企业连进入市场的机会都没有。

软文广告实现病毒式扩散的另一个要素是亲民性和情感性。最好的创意是完全站在用户的角度制作的，而不是像联想视频传播中大张旗鼓地表述该视频由联想公司赞助。这样做是欲盖弥彰。

将软文营销转化为病毒式扩散，不仅可以分享和传递大众的创意，更会促进大创意时代的繁荣和进步，让软文成为广泛传播的病毒。不过，并不是所有的软文广告都会受欢迎。因为每天各平台发布的软文和上传到 YouTube 的视频数以亿计。为了加大传播量，甚至出现了专门的“枪手”角色，负责让软文广告实现病毒式扩散。这些人宣称，如果浏览次数不到 10 万次则不收费。

可见，并不是所有的热门软文生来就具有病毒性，包括好莱坞电影公司、唱片公司及消费品公司，还有其他不同类型的初创公司，都或多或少采用过一些手段对热门视频广告“整容”。不过，这并不是 YouTube 希望看到的事。

其实，内容并不是决定一则软文广告实现病毒式传播最主要的原因。如果想让一段视频的浏览次数超过数百万次，实现大量的分享，那么优质的内容很有必要，不过并不是充分条件。如果文案创作者能遵循下面的方法制作软文广告，那么即使内容并不算最好，也能获得 10 万次的浏览。

软文广告实现病毒式扩散的首要原则是短，时长介于 15～30 秒之间最理想，或者化长为短。同时，为互动而设计，通过制作一段简单的视频，能够让他人方便地“混音”、分享。视频不能以赤裸裸的广告形式呈现出来。如果一段视频一看就是一则广告，那么观看者很可能不会分享出去。此外，企业需要在软文广告中留点悬念，不要为用户留下选择的机会，这样反而会让用户好奇。或者以“假标题”吸引用户一探究竟。如果以上几招全部失灵，那么，去请一个全球最热门的人物当软文广告的主角。

10.8 案例：软文赚的第一桶金

初入职场的简恩，人生中的第一桶金是靠写软文赚的。而且在连续三个多月的时间里，简恩靠这篇软文每天赚 1000 元。正是下面这篇软文，开启了简恩互联网的淘金生涯。不知道读者看完这篇软文后，是否看得出广告痕迹，而推广的产品又是什么？

10.8.1 简恩的追星之路

软文第一段是主人公自报家门，主人公名叫简恩，是皇家马德里队的女球迷，更是劳尔（劳尔·冈萨雷斯，西班牙职业足球运动员，前锋，曾任皇家马德里足球俱乐部和西班牙国家队双料队长，目前效力于北美足球联赛纽约宇宙队）的忠实粉丝。简恩对皇马的迷恋程度超越了一般人，经常为皇马熬夜看球。而简恩最大的梦想就是能够到马德里伯纳乌球场看一场皇马的比赛。

第二段，软文进入正题。由于太过迷恋劳尔，简恩在高中时期就给劳尔写了一封信。不过当时简恩并不会西班牙语，所以只是写了一封英文信件。在信中，简恩表达了对劳尔的感激，因为劳尔影响了自己的生活及其他的一切。

为了表明事件的真实性，简恩贴出了劳尔的地址，让球迷朋友自己写信给劳尔。几个月后，在简恩几乎快忘记这件事时，竟收到了劳尔的回信。信件来自西班牙，信封用英文写着简恩家的地址。信件内容用西班牙语写成，字体非常艺术，信件里还有皇马的全家福，以及全队的签名。当然，简恩唯一看得懂的西班牙语单词是劳尔的签名。

以收到偶像劳尔的信件为契机，软文说明了会西班牙语的重要性。令简恩感到遗憾的是，自己当时完全不会西班牙语，也看不懂那封信。为了至少看懂一些信件内容，简恩下定决心自学西班牙语。一直坚持到高三，简恩已经储备了一些西班牙语词汇。但是由于没有系统地学习语法，简恩还是对自己的西班牙语学习感到不满意。同时，简恩面临着高考的压力，不得不推迟西班牙语学习计划。简恩将自己的目标转为报考西班牙语专业。

不过事情出现了转折。简恩并没有如愿考上西班牙语专业，于是，简恩在大学期间又得自学西班牙语。随着学习的深入，简恩遇到了很多没办法克服的难题，包括缺乏练习伙伴，缺乏导师的指导和发音、语法方面的纠正，也没有语言环境。简恩甚至一度想要放弃，不过想到自己的马德里之旅，更为了看懂偶像劳尔的回信，简恩决定坚持下去。

如何坚持？软文接下来讲述了简恩学习西班牙语的方法。简恩在大学交的第一个男朋友送给简恩一套西班牙电影合集作为生日礼物。礼物是男朋友通过易贝网广交会认识的外国朋友得到的。简恩当时既感动又感激。全靠这套电影，将简恩的痛苦的西班牙语学习过程转变为轻松愉悦的学习经历。简恩挑了一部《海之声》，与男朋友一起看西班牙语字幕，十分享受。

然后，软文着力介绍简恩是怎样学习西班牙语的，以及学习到了怎样的程度。通过切换为英语字幕，简恩了解到了这部电影的大概剧情。之后，简恩像着了迷一样，用西班牙语字幕看了一遍又一遍。看到第四遍的时候，简恩惊喜地发现自己可以在一些高潮片段将对白脱口而出。然后，简恩开始有意识地跟读台词。一直到后来可以不用看字幕，直接跟随影片角色轻声朗读对白。

简恩发现自己看到第六遍的时候，无论是音调还是发音，都有模有样了，她学习西班牙语的自信心大涨。即使没有达到直接交流的程度，简恩也可以跟读电影对白，攻克了三年的心理障碍。

软文最后呈现了简恩努力后的成果。简恩花了两个多月，把男朋友送的一套影片全部看完了，不仅提高了西班牙语水平，还掌握了西班牙的国家文化。现在，简恩可以轻松地翻译劳尔的回信了。回想起来，学习西班牙语花了简恩三年多的时间。虽然坚持很重要，但是正确的方法才可以让学习事半功倍。

同时，软文贴出了偶像劳尔简单朴实的回信中文版：亲爱的简恩，你好，衷心感谢你对我们球队和我的支持。皇家马德里队爱所有的球迷。为了表示感谢，向你赠送我们全队的合照，上面有我们 25 个球员的签名。再次感谢你对皇家马德里付出的一切。劳尔·冈萨雷斯。

10.8.2 背后的动力是租金

当时，简恩只是把这篇软文发布到了豆瓣上的西班牙语学习小组里。后来，软文陆续在百度贴吧及各个外语学习论坛里被人转载，而且还被新东方论坛评为精品帖子。不过，简恩觉得软文的曝光率还不够，于是陆续潜伏到各个高校论坛的外语学院板块发帖。当时软文的曝光率已经达到了几十万，而且其中大多数附带了原文的链接。简恩美丽动人的西语学习故事几乎传遍了所有西班牙语学习网站。

其实，这只是简恩为预热"原版西班牙语电影系列套装"做的前戏。不过，这篇软文传达的真实和感动让不少人为之流下眼泪。简恩的豆瓣账号收到了许多网友的私信，大家希望与简恩一起交流经验。实际上这篇软文只花了简恩两个小时做前期推广。

至于写这篇软文的原因，是因为简恩刚刚离开学校，需要租房。但是无奈租金太贵，简恩只好与室友商量增加收入，抵掉房租。恰好室友是学外语的，两人合计在网上出售原版字幕的外语电影。两人与一家淘宝店合作，设计包装光盘，决定每套套装按照 250 元的价格出售。

产品成型后需要推广，于是就有了上面的软文，为后面推出的产品造势。只要是看了这篇软文的网友，都产生了寻找原版字幕的电影的需求。于是，网友会直接搜索“西班牙语字幕电影”、“原版西班牙语电影”、“西语字幕电影”等关键词。而简恩已经在百度知道、新浪爱问中通过“自问自答”形式进行了很多铺垫，而许多答案直接链接到简恩的网站。

然后，简恩一行开始百度竞价，购买了很多包含关键词的广告位，例如“如何学好西班牙语”、“西班牙语字幕”等长尾搜索关键词。由于当时这些词的竞争非常小，所以流量成本相当低。一天下来，可以达到 500 左右的访问量，转化率达到 4% 左右，成交 20 单。除去手续费、固定成本、推广费用，利润率维持在 150%，每天入账 3000 元左右。

后来，简恩与室友商量，将 50 部电影套餐搭配动画片套餐一同出售，总价从 250 元涨到 448 元，套餐优惠价只要 398 元。因此很多人选择了搭配套餐，无形中增加了简恩的收入。因为学西班牙语的人基本上都有一定的消费能力，一部分是准备出国的学生，另一部分是做外贸的，都愿意为自己的未来投资。在互联网上通过软文推广产品，简恩赚到了人生的第一桶金。

11

软文发出去之后的效果评估

软文营销的效果是企业最关心的问题。软文发出去之后，需要进行推广效果评估。如何评估软文营销的效果呢？企业需要从品牌认可度、销售情况、网站流量、电话咨询、网络口碑等几方面来考虑。一般而言，仅仅以软文发布之后几天网站的销售和流量是否提升作为考核依据并不合理。因为软文自身的优势在于网络口碑和推广的持续效果。

11.1 品牌认可度是否提高

软文发布后的效果评估，必须把品牌认可度是否提高作为首要的评价依据。作为品牌资产的重要组成部分，品牌认可度是衡量消费者认识和理解品牌内涵和品牌价值的标准。品牌认可度体现了企业的竞争力，甚至是核心竞争力。尤其是在产品和服务品质相差不大的大众消费品市场，消费者往往倾向于根据品牌认可度做出购买决策。

营销专家大卫·艾克提出了品牌建设的四个阶段：从品牌知名到品牌认知，进而产生品牌联想，最后形成品牌忠诚。因此，品牌建设也有一个可复制的模式，即：一个出色的品牌，前提条件是具备较高的知名度。

然后，消费者需要充分了解该品牌的内涵、个性等，而且基于这种了解所带来的情感共鸣应该是积极而正面的。最后，消费者在使用了产品，并认可了产品价值后，会选择重复购买，成为相当忠诚的消费者。

11.1.1 苹果不想要你的数据

判断品牌认可度是否提高，首先需要看差异性的体现。差异性代表品牌的不同之处，差异性指标的强弱直接与企业经营利润率相关。差异性指数越大，品牌在市场上同质化的程度越低，品牌的议价能力越高。差异性主要表现在产品特色和品牌形象两方面。

例如一则关于苹果公司的新闻。苹果的数据加密技术到底有多高级？苹果iPhone加密技术曾引得FBI（Federal Bureau of Investigation，美国联邦调查局）多次指责，因为苹果的数据加密技术太难攻破，以至于不利于警察破案。

FBI负责人詹姆斯·科米抱怨道：如果一个犯罪分子在一台iPhone上留下犯罪证据，FBI和法庭仍然不能让iPhone"开口做证"。这样一来只会让犯罪分子逍遥法外，凌驾于法律之上。就像消费者没有法院的允许不能开走自己的货车，或者打不开自己公寓的房门。不管消费者把这则报道当作严肃的治安话题，还是茶余饭后的笑料，提起苹果手机，消费者都会想起其在隐私保护方面的与众不同。

另一则新闻是，2015年2月，美国总统奥巴马在斯坦福大学举行互联网网络安全峰会，峰会吸引了来自各行各业的商界领袖参加，主要是为了探索新的方式以提高网络安全性。在会上，苹果公司CEO蒂姆·库克发表了演讲，称苹果公司在捍卫消费者隐私权的问题上表现积极主动，因为所有人都享有隐私权和安全权。蒂姆·库克还呼吁政府应该与企业联合起来，共同保护消费者的隐私权等利益。

蒂姆·库克认为，无论是保护消费者权利还是公民权利，其实保护的都是同一个群体的利益。而苹果公司可以提供的最佳保护就是通过控制自己掌握的技术，与其他企业和政府展开通力合作，采取恰当的措施，保护消费者权益。如果消费者的隐私权得不到有效保护，那么企业将失去远比金钱更有价值的东西。而科技的发展是为了让人们更好地避免隐私被泄的危险。因此，所有企业都应该正确利用科技，展开通力合作。

其实，任何一家科技公司都宣称会让自己的设备变得越来越智能，然而苹果公司却宣称，自己不仅能做到这一点，而且不需要过多地窥探用户的隐私。蒂姆·库克透露，包括美国的很多政府部门目前都采用了Apple Pay的支付服务。

不同于一般的科技公司，苹果公司在保护用户隐私方面一直不遗余力。苹果公司主要通过出售硬件、软件和服务创收，从来不会以兜售用户数据盈利。相反，谷歌、Facebook 及其他科技公司则把定位广告当作最主要的收入来源。

蒂姆·库克向用户表明，苹果公司不想要用户的数据。毫无疑问，苹果公司的这种做法是在向许多看起来免费的在线服务的“潜规则”提出挑战，其中包括谷歌和 Facebook 的服务。如果用户安装了 iOS 9，在默认情况下，iPhone 会自动加密用户的数据，至少可以做到允许用户使用 Web 广告拦截器。

11.1.2 品牌认知的支柱

判断品牌认可度是否提高，其次需要看品牌的相关性。相关性代表品牌对消费者的适合程度，直接关系到市场渗透率的高低。品牌相关性越强，代表目标人群对品牌形象和品牌所做出的承诺接受度越高，在主观上更愿意尝试。因此，品牌在相应的渠道建设上也有更多的便利。

判断品牌认可度是否提高，再次需要看消费者对品牌的尊重度。尊重度表示消费者对品牌的看法，直接关系到消费者对品牌的感受。如果消费者接触到品牌，并进行了尝试性消费，会在心中印证之前的想象，从而形成评价。此时做出的评价会进一步影响到是否重复消费和口碑传播的好坏。

判断品牌认可度是否提高，最后需要看认知度。认知度代表消费者对品牌的了解程度，直接关系到消费者体验的深度。认知度是消费者在长期接受品牌传播，同时有一定的使用该品牌的产品和服务的经验后，逐渐形成的对品牌的认识。

以上是品牌认知的四个支柱，四者相互联系、相互影响、密不可分。如果差异性高于相关性，则品牌的发展方向和空间相当正确。差异性越明显，品牌的议价能力越良好。同时相关性的存在，会使目标人群逐步认同品牌。

而且在未来保持差异性的同时，相关性也可以得到相应的增强。除了苹果公司，还有 Calvin Klein、星巴克、奥迪、红牛等，都是这方面的佼佼者。反之，如果相关性高于差异性，则品牌的独特性将逐渐消失，有可能会被其他类似品牌所替代，例如邦迪、家乐福、李锦记、夏士莲等。

如果尊重度高于认知度，那么消费者对品牌的评价会很高，会期待对该品牌有进一步的了解，认知度也因此逐步上升，品牌处于良性状态，例如费列罗、IBM、The Discovery Channel（探索频道）、林肯汽车等。反之，则表明消费者十分了解该品牌，认为该品牌没有特殊之处，例如小灵通、脑白金、巨能钙、两面针等。

11.2 销售情况怎么样

品牌认可度的提高，主要是为了提升销售情况，这才是评估软文营销效果的终极依据。因为消费者对品牌认可度高，并不代表会将其转化为实际的购买行动。不过可以确定的是，品牌认可度是提升销售情况的充分条件。

11.2.1 德国纽扣的寿命比婚姻还长

例如德国汽车品牌梅赛德斯 – 奔驰，在美国乘用车市场不断萎缩的困境下，仍然保持 33% 的需求增长量，在德国销售额第一，主要是因为其通过软文营销，塑造了奔驰汽车“世界汽车工业的鼻祖、汽车的发明者”的形象。奔驰在软文中主要向消费者展现的品牌理念是，奔驰是这个世界上资格最老的厂家，经营风格始终如一，不追求产量的扩大，而只追求生产高品质的汽车产品。

奔驰首先在社交媒体上传达德国制造是品质保证的代名词这一概念。在德国有一句俗语 :“德国纽扣的寿命比婚姻还长。”可见德国人极其注重承诺，更注重细节上的严谨。德国人的口头禅是“让我看看记事本”，绝大部分德国人都能遵守承诺，在规定好的时间完成一项事情。基本上，每一个准时的德国人都会有一本记事本，主要记录一些关于生活和工作方面的重要事情和预约时间。

德国的公共交通也很准时，只要没有意外，每一辆地铁、公交车都能按照时刻表的时间到达车站。而且政府规定，火车一旦晚点必须赔钱。2013 年，德国铁路因列车晚点或者取消，共为旅客支付了 4000 万欧元以上的损失赔偿金。

现在，德国已经进入了后工业时代，基本上一座工厂里没有一个自然人。从进料、生产、质量检查，到成品包装、货物堆栈的工序，全部由机器完成。整个车间只需要一个人进行监控，便可以完成所有的生产。而“操作工”本身也是工程师，只不过，操作工需要按下按钮和定期排错。

关于德国制造的思维，奔驰汽车通过一个真实的生活故事向消费者讲述。一位居住在法兰克福的中国人找德国同事问路，德国同事十分友好地告诉中国人，“你等一个小时来找我，我要上网查一查”。

一般而言，无非就是用 Google 找到一张地图，然后打印出来。结果一个小时之后，那位德国同事回来时，不仅打印好了地图，标记好了路线，还标记出了那些比较容易走错的地点，并且用一个塑料封皮包装得十分精致，一并交给这位中国人。最后，德国同事还用一张便笺纸写下她的电话，一同交给了这位中国人，顺口说，如果找不到路，随时可以打电话过来问。

同样是做汽车，普通的思路是，只要有四个轮子，能跑，保证基本安全，其他材料则能省就省，毕竟赚钱第一。然而德国人的思路是，如果自己是驾驶员，那么在驾驶的时候，除了四个轮子、能跑，还会需要些什么。

而且，德国的产品更新换代并不快，不过却关注每一个产品的质量和价值，小到儿童食品，从配料、生产加工到出售，都有严格的安全规定和检验。包括不允许在 3 岁以下的儿童所食用的产品中含有任何人工添加的香料、甜味剂等。而且，所有奶粉都不允许做大量广告宣传，因为所有奶粉都被视为药品监管行列，只在药店出售。此外，很多母婴产品也都被只允许在药店出售。

对于成人食品，德国的要求与儿童食品一样严格。例如巧克力，所有的德国巧克力都必须使用天然可可脂为原料加工生产。因为巧克力中的天然可可脂能够预防心血管疾病。然而很多厂家为了节省成本，选择使用人工代可可脂，这是一种会导致肾衰竭、动脉硬化的人工合成物，被德国巧克力行业明令禁止。

德国的很多护肤品牌都有自己的有机植物园，专门为生产的产品提供有机原料，以保证产品的使用安全性。对于清洁剂，由于其本身含有化学成分，德国本地生产的非工业用途化学产品，包括清洁剂、洗手液、洗洁精等，不仅具有清洁杀菌的功效，而且都采用生物降解技术，将其中的化学成分对人体的危害降至最低。

此外，德国的厨房用具（用德国锅具，只要一根蜡烛就可以做一顿佳肴）、生活用品、小家电等，都不追求价格，而追求价值；不追求外在，而追求细节；不追求广告，而追求口碑；不追求速度，而追求质量。这就是“德国纽扣的寿命比婚姻还长”的原因。

11.2.2 奔驰新闻报道的内容

一系列软文发布后，德系汽车的销量继续保持稳步增长，尤其以梅赛德斯-奔驰为代表，成为全球汽车市场的宠儿。尽管中国国内车市受到宏观经济的影响出现增幅放缓，但是奔驰在中国市场上完成了年度销售指标的75.9%，在各大豪华汽车品牌销售指标完成率榜单上位列第二。奔驰的年度销量目标是30万辆，在2015年前8个月，其销量猛增27.7%，达到22.76万辆。其中，奔驰紧凑车的销量更大幅上涨。图11-1展示了中国市场豪华汽车品牌2015年前8个月的销量完成率。

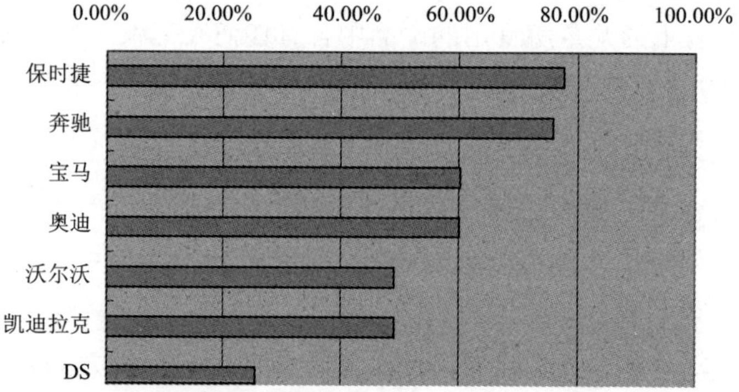

图11-1　中国市场豪华汽车品牌2015年前8个月销量完成率

同时，奔驰公司将软文营销的渠道扩展至新闻媒体。奔驰不止一次与世界知名报纸杂志合作，报道奔驰汽车工厂内严格的管理纪律和制度。在奔驰的总部斯图加特，培训技工队伍是全公司的重中之重。德国国内有超过500个培训中心，包括接受基本职业训练的技工人员，以及有经验的工程师、营销师。

奔驰的技工人员要求文化程度一般是从十年制学校毕业，并且在正式工作之前，必须接受为期两年的培训。每星期只有一天学习厂外文化，其他的六天都在厂内学习焊接、与汽车相关的基本理论，并进行实践训练。

培训结束之前，有一个结业考试，技工人员必须通过这个考试才能成为正式的奔驰员工。每个学员都只有一次重考机会，如果还是通不过就会被辞退。刚进入奔驰车间的员工一般只负责简单的辅助工作，并且在有经验的高级技工的带领下完成其他技术性的工作。

奔驰的正式员工每年都有接受再培训的机会，尤其是工程技术人员等公司的骨干力量，奔驰会为他们安排外出学习，包括设立业余学校等，平均每年有2万～3万人参加再培训活动。

除了汽车的外观和性能外，奔驰甚至会细化到它的座椅。皮面的座椅必须选用质量最好的牛皮，而且只用最结实、质量最均匀的背皮。之后，由专人负责座椅的制作、染色等程序。至于其他主要部件，奔驰的制造更是精细。

奔驰汽车的检查制度十分严格。小到一颗螺丝钉，都必须经过检查，才能安装。各组装阶段都由专门的技师负责，最后由总查签字，开出生产线。为了保证统一的质量，奔驰使用机器工人进行焊接、安装发动机和挡风玻璃等繁重的工作。

汽车出厂之前，必须通过试验场的测试，这项测试由计算机控制，做各种实验。出口到各个国家或地区时，也必须通过当地设立的奔驰汽车质量检测中心的检测。奔驰每年还会不定期地抽检上万辆汽车，保证生产的汽车耐用、舒适、安全。奔驰的每一个维修检测中心都必须设置专门的零件部，以及一定面积的零件仓库，保证随时储存一定数量的常用零件。如果有特殊的需要，必须联系德国原厂零配件部门。

系列报道见诸各大媒体后，伴随着奔驰汽车的品牌认可度名列豪华汽车品牌榜首，奔驰汽车的销量更是涨幅惊人，一举超越了捷豹路虎、雷克萨斯，进入销量排行榜前三。相较于 2014 年，2015 年奔驰汽车销量同比增长 12.9% 至 165 万辆。

在奔驰汽车惊人的销量增长背后，仍然是其高超的品质。在德系豪华汽车品牌中，奔驰汽车的品牌质量一直名列榜首，每百辆新车故障数为 104 次，远低于业内平均数 133 次。

11.3 网站流量的变化

软文发布之后，因为关键词、外链等的影响，必然会造成网站流量的变化。分析一篇软文是否带来网站流量变化，除了挖掘网站流量变化背后的原因，还需要深入到各个细分流量中，例如直接流量、付费搜索品牌词等。

11.3.1 流量的四大影响因素

首先从直接流量方面进行分析。直接流量是指用户直接在搜索框中输入网址，或者从收藏夹中访问网站的流量。然而在现实中，情况并没有这么简单。因此，所有无法获得引荐来源的流量都可以被归为直接流量的范畴，包括来自聊天工具 QQ、MSM 的流量，以及来自邮件客户端的流量。因为这种类型的流量没有来源信息，所以可以被归为直接流量。这些都是直接流量的组成部分。

然后分析可能引起直接流量变化的 3 种原因。第一种是品牌广告和软文。品牌广告和软文是造成直接流量变化的首要原因。所谓品牌广告，就是那些除了网站名称或网址外没有任何其他信息的广告。而软文主要是在链接中添加了网址、网站。

品牌广告和软文最直接的目的是让用户记住并访问企业的网站。因此，如果一个网址既简洁又好记，那么被用户直接记住的可能性较大，用户会直接根据网站地址访问网站，这就促进了直接流量的增长。但是如果面对一个较长的网址，用户通常会记住网站名称，然后通过搜索引擎来访问网站，这就与直接访问无关。

造成直接流量变化的第二种原因是热点事件。热点事件包括两个方面：正面事件和负面事件。热点事件的制造既可以是网站自己制造的病毒式营销，也可以是因某个失误被网友发现并发酵而成的。如果网站因为热点事件而被广泛关注，那么流量自然也会随之增长。

热点事件之所以能够引起直接流量变化，原因很简单。普通用户获取了某个信息，会选择将这个信息分享给朋友。当用户使用的是聊天工具QQ或者MSN时，如果在QQ群里看到带有链接的信息，并点击访问，这次访问就被记录为直接流量。

第三种原因是内部访问。内部访问是指网站或公司内部人员访问网站时产生的流量。一般情况下，网站会把来自内部IP的访问量屏蔽掉。但是如果公司并没有屏蔽，或者由于某些原因无法屏蔽时，内部访问也可以成为影响直接流量的主要原因。

网站或公司内部员工会采用何种方式访问公司的网站？基本上不会去搜索引擎搜公司名称，或者去找网站广告点击访问，而是直接输入网址访问网站，或者把网站放在收藏夹里，之后点击访问。

因为大多数浏览器都有网站提醒功能，而且内部员工每天的工作都需要频繁地访问公司的网站。所以，内部员工会选择直接输入网站域名首字母，然后选择网址访问，这是最便捷的一种方法。因此，内部员工的访问量通常属于直接流量。不过，如果网站的内部员工数量非常少，则不会对流量和指标造成太大的影响。

11.3.2 新闻稿的能见度

注重网络推广的企业每周都会策划软文进行媒体推广。由于软文的形式，通常也称之为新闻稿，而且以网络媒体发布居多。以网络软文为例，评估其效果需要看网站流量的变化，主要包括媒体能见度、搜索能见度和社会化媒体能见度三个方面。

在软文的媒体能见度方面，主要存在媒体发布展示、推荐位置展示、行业新闻展示、媒体聚合板块展示四个方面。媒体发布展示是媒体发布的入口，根据软文和媒体平台的不同，软文发布的位置也有所差异。而推荐位置展示指推荐新闻，软文越优质，被三级频道推荐的可能性越大，而且每篇软文的周边也会有推荐新闻列表。行业新闻展示指每篇新闻下方的相关新闻展示，就算一篇软文已经发布了很长时间，如果有同类软文新发布上去，则在新软文的相关新闻位置还是会展示老软文。媒体聚合板块展示的含义是，一篇云计算的软文发布为一个普通的资讯，但是在云计算这个频道可能在频首，因为这个频道专门聚合其他频道的软文。

在搜索能见度方面，主要从四大方面解析。第一，网页收录，这是最基本的。通常正规软文发布在正常媒体上都可以被收录。只是用户在搜索相关关键词时，如果可以优先找到这篇软文，则主要取决于关键词和软文的匹配程度、媒体平台的权重等，得出具体排序。第二，新闻源收录。专业人士会通过新闻源找软文，虽然直接用户少，但是新闻源代表媒体的层次和质量更高。第三，最新新闻收录。即用户搜索关键词时，能够在首页展示一周左右的新闻。有时即使网页本身排不上来，不过最新新闻会收录，起到了引流的作用。第四，图片收录。前提是软文里包含图片，图片引擎收录之后，用户可以通过点击图片访问软文。

社会化媒体能见度可以被看作软文营销的一种延伸和增值。用户经常会在新浪微博里看到某个媒体的微博，其实就是一篇新闻稿。可见很多媒体在媒体平台上发布新闻稿之后，也会在自己的微博上发布这篇软文。而且也会有其他用户将软文转载到 QQ 空间、博客、人人网等社交媒体平台，形成长期性、持续性的传播。

11.4 电话咨询量趋势

衡量一篇企业软文营销的效果，电话咨询量趋势也是不容忽视的一个方面。企业产出咨询量的多少，也是衡量其价值的重要指标。咨询量是指通过拨打客服电话或者点击在线客服进行咨询的访客数。

通常会拨打电话或者点击在线客服进行咨询的访客都是有沟通意向的客户，所以企业的咨询量越高，说明进入网站有沟通意向的访客数越多，通过在线客服达成交易的客户数量也会相应增加。

在一项关于网络用户咨询方式的调查中，有 3.4% 的用户表示喜欢主动上门咨询，而 57.4% 的用户表示倾向于通过在线客服工具咨询，8.7% 用户表示会主动打电话咨询，7.3% 的用户表示更习惯于主动填写网站相关留言内容，还有 23.2% 的用户倾向于通过其他方式咨询，如图 11-2 所示。

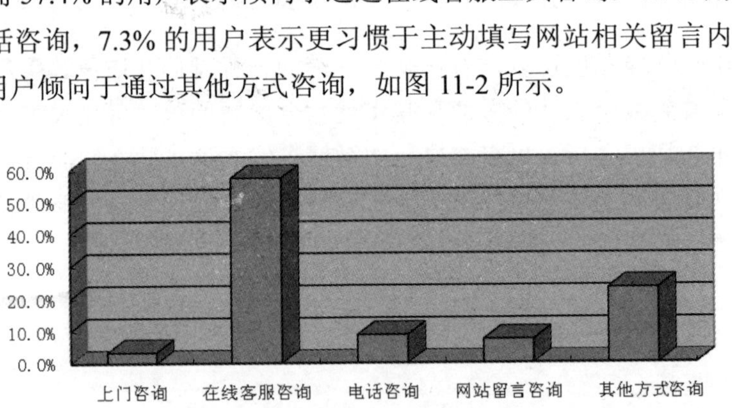

图 11-2　用户咨询方式选择统计图

11.4.1 天狐搜索营销提升 40% 电话咨询量

福建诚信航空是一家成立于 2000 年的航空公司，主要业务是代理国内各大航空公司的机票和国际机票。同时，福建诚信航空也为客户提供旅游咨询、保险、酒店等一系列服务。福建诚信航空正是靠着网络软文营销，提升了知名度和业务量。

当时，航空旅游行业掀起了一股抢占搜索引擎的风潮，各家航空公司纷纷发表软文，提升搜索引擎排名，越来越多的用户也开始使用在线预订机票和度假等产品。国内在线预订市场的现状是：发展空间巨大，市场细分程度较深，行业竞争越来越激烈。为了让公司在一众竞争对手中脱颖而出，福建诚信航空决定开展搜索营销。

福建诚信航空总裁王志诚讲述了决定开展搜索营销的初衷。王志诚是一个热爱挑战的人，对新鲜事物充满兴趣，也乐于尝试。王志诚接触互联网始于 2004 年，之后便创建了自己的旅游网站。在网站上，王志诚主要发布一些机票、旅游路线等信息，企业的网络推广业务都由他自己展开。

随着了解的深入，王志诚开始思考：如何让潜在的用户在海量的互联网资讯中准确地找到自己的旅游网站呢？为了解决这个问题，王志诚尝试过电子邮件群发、QQ 信息群发等方法，但是效果都不明显。

后来，王志诚通过市场调研发现，人们已经开始从网络上获取商业信息，网络搜索成为用户获取商业信息的一大趋势，王志诚决定全公司要适应这种变化。因为开展营销不仅仅是重视经营策略，销售信息也是营销成败的关键因素。用户掌握的信息量决定着与企业签订的合同量，而合同量决定着企业的回款量。所以，王志诚的公司一直关注用户获取信息的方式和渠道。

于是，王志诚尝试了几家知名搜索营销服务。从市场营销和市场宣传角度考虑，王志诚选择了天狐搜索。天狐搜索的市场潜力巨大，用户群较为成熟，性价比也高。天狐竞价服务是该公司用过的见效最快的网络营销方式。

王志诚介绍，短短几个月时间，公司已经在天狐搜索上保持每天十几条信息的收录榜首位置，电话咨询量也提升了近 40%，有效地促进了公司的合同量和销售额。因为搜索引擎带来的用户都是真正具有购买意向的用户，所以公司决定与天狐搜索展开长期合作。

11.4.2 为什么人们更愿意点击百度地图

如何提高企业的咨询量？从技术层面来看，企业网站应该把在线客服图标尽可能放置在较明显的位置，放置在线客服图标的位置越多、越明显，被点击的概率就会越大。企业应该放置一个较大的在线客服图标，这样可以加大被访客看到的概率，增加被点击的概率。同时注意选择一个与网站背景颜色存在一定色差的在线客服图标，这样更容易被访客看到并点击。

进入企业网站的访客越多，则点击在线客服图标的次数也越多。因此，企业应该加强网络推广，这是提高网络咨询量的一个重要环节。同时注意保持在线客服在线，以便在客户咨询时及时解决客户的问题。

百度地图正在向生活搜索化方向发展。因为有数据显示，用户通过手机端查询本地商户的比例明显高于 PC 端。在移动互联网领域，地图是主要的流量入口，不仅可以吸引大量用户，而且能获取大量用户信息，同时有高达 25% 的手机广告与地图等相关应用密切相关。

百度地图排名通过百度自身产品的高权重进行企业品牌展示。因此，百度地图相当于在百度这个搜索引擎上制作了一张企业的电子名片，通过百度这个平台，在方便客户查询的同时，也对企业起到了宣传作用。

据对百度用户的调查，百度地图频道的用户资源优于其他常用搜索频道。而且百度地图标注产品也创新地整合了线上和线下资源渠道。借助百度的品牌优势、专业技术、强大的推广平台和全程扶持，百度地图的增值潜力巨大。

目前，企业网络推广面临的问题包括：电话咨询量少，平均电话成本高；广告投放不精准，无效电话量多；广告投放的地域局限性；网站自然流量较低，搜索引擎优化效果不佳，等等。企业应该在网站首页的显著位置增加公司电话，并结合精准的软文营销方式，提高电话咨询量。

11.5 网络口碑零差评

企业发布软文是为了提升企业的口碑，因此，评估企业软文发布后的效果，也需要检验软文带来的网络口碑是否零差评，或者有明显的改善。网络口碑也被称为社会化媒体，指网络用户通过论坛、博客和视频分享等网络渠道，与其他网友共同分享的，与公司、产品或服务相关的文字和各类多媒体信息。

11.5.1 匿名性让发言更自由

网络口碑传播的第一个特性是匿名性。正因为网络的匿名性，网络用户可以以匿名或化名的方式在网络上发表自己的意见、表达自己的想法。因此，消费者也能自由地在网络上发表关于自身使用产品或服务后的评价，而不用担心隐私的泄露。

正是由于网络口碑的匿名性，所以并不能确定网络口碑是否仍然具备传统口碑的非商业性。网络口碑传播也并不一定是个人与个人之间的传播，因为口碑传播者既可能是匿名的企业内部人员，也可能是第三方代理机构、市场权威，或者意见领袖。

网络口碑形式和传播渠道都是多样的。网络口碑形式不仅仅是口头语言，也可以是文本、声音、图像与视频，而且口碑信息也可以被保存。网络用户能够通过电子邮件、网页、虚拟社区，以及即时通讯工具等多元化的传播渠道获得并分享口碑信息。

网络口碑传播的范围也比较广泛。消费者能够不受时间和空间的限制，到网上搜寻商品信息或者发表自己的意见。因此，网络口碑的传播也不再局限于由亲朋好友等熟人构成的社交圈内，网络口碑传播存在着更多的弱联结。

网络口碑传播的效率非常高。互联网的发展使得用户之间能够以不同的对应关系传递信息。用户与用户之间可以进行单对单的口碑信息传递，例如即时信息等形式；也可以进行单对多的口碑信息传递，例如通过邮件列表等形式；还可以进行多对多的口碑信息传递，例如聊天室、讨论区等形式。这样，网上口碑信息的传递方式变得更为直接，网络口碑的传递效率也大大提高。

网络口碑也具有相对可控性。不同于传统口碑，一些网络口碑信息可以人为控制。例如电子商务平台亚马逊网站的营销人员可以自主决定是否显示某个消费者的评论，而且针对消费者对商品的评论模式也做出了相关规定。这些因素会在一定程度上影响网络口碑信息接收者的行为。

11.5.2 华为如何独占鳌头

软文是营造网络口碑的利器，在软文发布后，也需要检验网络口碑是否零差评。国内手机厂商华为面对席卷全球的 2008 年金融大危机，仍然逆市增长，在全球昂首挺进。仅仅在美国，华为的业务增长率就达到了 60%。2009 年全年的营业额更是超过了 300 亿美元。

2012 年，华为的年销售额达到了惊人的 2202 亿元，超越爱立信一跃成为全球最大的电信设备供应商。从一家无背景、无资源、缺资本、只有 6 名员工的民营企业，发展成有 15 万名员工、营业额步入世界 500 强门槛的国际化大企业，华为将众多西方百年通信巨头纷纷斩落下马，更因此得名“东方幽灵”。

毫无疑问，华为是中国最成功的一家民营企业，没有之一。华为在海外 140 多个国家或地区支撑 20 多亿人打电话、上网、发短信。当华为第一次进入世界 500 强时，甚至公司里都没有一丝欣悦感，更没有人提议搞什么庆祝大典。对于每一个华为人来说，这是一个“坏消息”，因为，在华为员工心中，华为不仅仅是世界 500 强。华为的目标远不止于此。

华为的目标是：品牌口碑零差评。华为曾经发布了多篇软文，为华为造势。以“华为没有冬天”为例。2015 年 6 月，曾经的通信设备运营商之首——爱立信宣布，为了降低成本，在瑞典境内裁员 1700 人，其中在总部斯德哥尔摩裁员 1000 人左右。受欧洲经济持续低迷的影响，爱立信自 2013 年开始，就陷入了漫无止境的冬天。

然而，华为以一贯的高营收增长告诉对手、告诉客户，也告诉世界：华为没有冬天。自 2012 年年末，华为就实现了对爱立信的全面反超，成功跻身全球头号通信设备商。全球电信市场进入“微增长”的新常态，而华为在此背景下继续保持稳步前进的步伐，在全球五大通信设备商中独占鳌头。

2014 年，全年基础电信服务业收入 1.64 万亿美元，同比增长 0.7%。华为以收入同比增长 20.6% 的业绩远远领先其他通信设备商，中兴同比增长 7.99%，爱立信、阿朗和诺基亚的收入则出现了不同程度的下滑，如表 11-1 所示。

表 11-1　全球五大通信设备商 2014 年财报基本面对比

	华为	爱立信	阿郎	诺基亚	中兴通讯
收入	465	293	159	154	131
利润	45	20.3	–0.95	14.2	4.2
现金流	126	154.5	由负转正	11.7	4.05
运营方向	移动宽带、固定网络、云计算、终端	移动宽带、IP 网络、云计算	IP、云和超宽带接入	网络、地图和技术	移动宽带、固定网络、政企网、终端

注：表中数据单位为亿美元，汇率分别采用美元对人民币 6.2、欧元对美元 1.21、美元对克朗 7.79。

此外，华为还以创始人兼总裁任正非为中心人物，通过新闻媒体平台塑造其成功企业家的形象。《时代周刊》是这样评价任正非的：年过 60 岁的任正非显示出惊人的企业家才能，在 1987 年创办了华为公司，这家公司已重复当年思科、爱立信卓著的全球化大公司的历程，如今这些电信巨头已把华为视为“最危险”的竞争对手。英国《经济学人》更是直接指出：“华为的崛起，是外国跨国公司的灾难。”

为了表明华为先进而严格的管理制度，诞生于1995年的“华为之歌”也传遍了网络:“学习美国的先进技术,吸取日本的优良管理,像德国人那样一丝不苟、踏踏实实、兢兢业业。”为了建立一个基于IT的管理体系，华为与IBM、Hay Group、PwC和FhG等世界一流的管理咨询公司合作，在集成产品开发（IPD）、集成供应链（ISC）、人力资源管理、财务管理和质量控制等方面进行深刻变革，引进业界最佳实践。

任正非认为自己不是激进的管理者，而是主张通过不断的努力走向成功，不断地进步。华为的管理需要一步一步地改革，而不是一次到位的革命。所谓的变革指的是华为在管理上退一步进两步。2015年，华为将企业目标定位为：成为中国手机行业新的标杆和王者，超越小米。

曾经，外界认为任正非是口出狂言：“10年之后，世界通信行业三分天下，华为将占一分。”如今看来,这实在是一句豪言壮语。因为华为的梦想已然实现，不仅在世界上产生了巨大的影响，而且改写了全球电信业的“生存规则”。

网络口碑对消费者的认知、情感、期望、态度、行为意向和实际行为等都会产生影响。许多关于网络口碑的研究表明，相较于网络广告，网络口碑更能促进消费者对新产品的认知和接受。网络口碑对于信息搜索过程、用户态度和购买决策等都有相当大的影响力。

对于网络口碑接收者，网络口碑提升了其购买意愿。通过信息搜索过程，作为口碑接收者的消费者可以获得他人的购买经验，并加深对购买产品的认知，进而提升其对产品的购买意愿。

网络口碑能够降低用户的购买风险。理性的消费者在做出一个购买决策之前，会搜集并评估产品信息。与硬性广告相比，口碑具有较明显的非商业属性，可信度更高。所以，网络口碑能够降低消费者的购买风险，以及购买后的认知失调程度。

11.6 当广告被屏蔽时

用户越来越不希望自己每天都被无孔不入的广告所包围，也完全有机会选择与之隔离。而且事实证明，已经有越来越多的用户选择屏蔽广告，这可给市场营销人员和广告商出了一个难题。

11.6.1 近两亿人启用广告屏蔽

美国数字媒体和在线营销方案供应商 Adobe 发现，选择对广告进行屏蔽的人数达到了 1.98 亿。这个消息在营销界引起了不小的轰动。目前，广告屏蔽主要发生在桌面电脑上，然而很快各种移动设备也会趋同。

例如在苹果 iOS 9 操作系统上，用户使用 Safari 浏览器时，可以选择广告屏蔽功能。可以预期，这项功能的推出会让大量用户在自己的移动设备上对广告进行屏蔽。据调查，有 56% 的受调查对象在自己的电子设备上不同形式地使用了广告屏蔽功能。

很明显，用户越来越抵制那些低价值、高噪声的打扰式营销方式。那么，是否这些营销策略和渠道仍然是市场营销中有效的一环呢？更为重要的是，是否代表消费者更青睐软性营销呢？为此，两家企业信息咨询公司联手进行了相关独家调研，验证各种营销策略的功效，调查结果如图 11-3 所示。

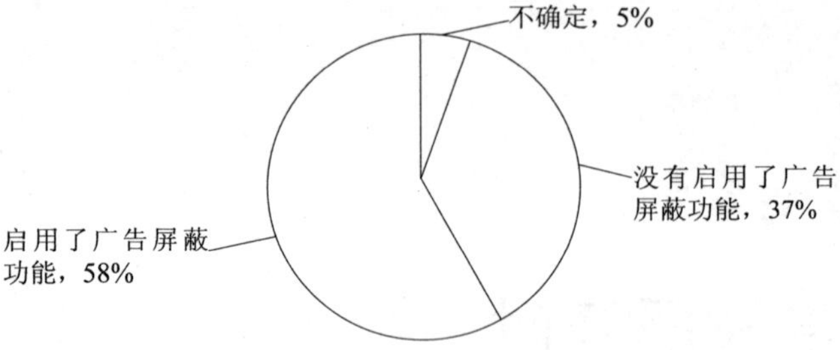

图 11-3　关于是否启用广告屏蔽功能的调查结果圆环图

调研分为两个环节：第一个环节是关于市场营销策略的功能，包括传统和数字市场营销，以及广告渠道等，在吸引用户注意、促使用户采取行动、影响消费者购买决策上的作用；第二个环节是关于不同媒介的效率，在分别投入 10 万美元的情况下，比较通过不同渠道进行营销收获的不同效果。

第一个环节：功能——有哪些可用的选择。对用户的购买决策最能产生积极影响的策略：已购买客户的评价，搜索引擎显示的结果，在线软文，传统广告，直邮营销。对用户的购买决策最能产生消极影响的策略：移动应用内置广告，展示广告，付费搜索引擎广告，电邮营销。对用户最有吸引力的广告策略：直邮营销，内容营销，搜索引擎结果展示。用户自我发现与自我教育最流行的方式：搜索引擎搜索，查看公司网站，参考其他客户的评价。最能让用户注意到的数字广告：展示广告，媒体平台广告，移动应用内置广告。对用户最具吸引力的传播渠道：传统广告，电邮营销，社交媒体广告。

注意到在线广告的用户很多，但是超过 50% 的调查对象对在线广告并不感兴趣，有的甚至将这些广告屏蔽掉。图 11-4 展示了用户对不同广告形式的屏蔽百分比。

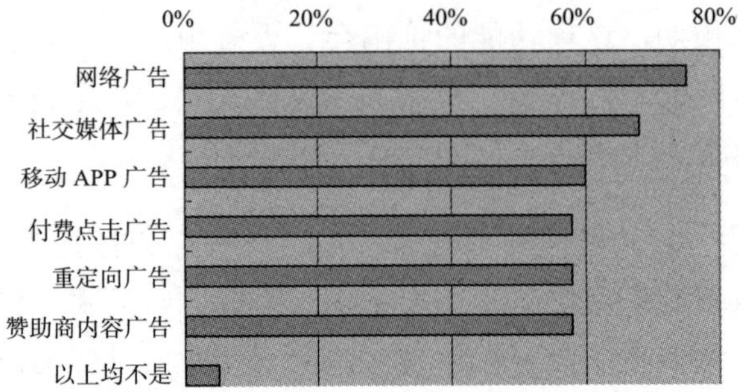

图 11-4　用户对不同广告形式的屏蔽百分比

大多数调查对象注意到了各式各样的在线广告，其中 75% 的用户在最近一个月内注意到了这些广告的存在，而且大多数调查对象也注意到了其他被问及的各种广告方式。有 53.8% 的调查对象在最近一周内并没有点击任何这些广告。有 24.4% 的调查对象在最近一周内点击过社交媒体的广告，这个数字超过了任何其他的在线广告形式。

出人意料的是，在点击量排行榜上，赞助商链接广告排到第二位，达到 18% 左右。有 16% 的调查对象会点击展示广告，这个结果代表着极有可能大多数调查对象启用了广告屏蔽功能。只有不足 10% 的调查对象会点击付费点击广告。

在对外营销和付费渠道中，对用户最具吸引力的广告形式是传统广告、电邮营销，以及社交媒体广告。相对而言，下面的几种广告方式在吸引用户注意力上并没有多少实际效果：付费广告吸引用户注意力的比例在 10% 以下；应用广告吸引用户注意力的比例是 16.5%；赞助商内容广告吸引用户注意力的比例是 18% 左右。

有 88% 以上的调查对象选择在线搜索的方式获取一家公司的信息。而且在一周之中，有 98% 的调查对象使用过在线搜索这种方式。在线搜索已经在人们的日常生活中无所不在，因此，对于有超过 88% 的调查对象使用这种方式来了解一家公司的结果，调查人员并不感到惊讶。有 85% 的调查对象会选择访问公司网站，有 81.9% 的调查对象会参考使用过该产品或服务的客户的反馈评价。

至于其他自我发现和自主教育的方法，相对于搜索而言就少得多了。有 27.5% 的调查对象会通过关注一家公司的社交媒体账号获取更多相关信息。有 10.7% 的调查对象会选择通过官网上下载的资料了解一家公司。

11.6.2 九成人一周内会阅读一篇软文

为了了解调查对象上网检索信息的频度，此次调查还涉及调查对象最近一周的上网行为，以便公司能够有针对性地开展市场营销。在最近一周内，有 93.2% 的调查对象会通过搜索获取一个产品或者一家公司的信息。

有 89% 的调查对象阅读了一篇在线软文。有 50% 以上的调查对象从公司网站下载了资料，还在相应公司网站上留下了自己的电子邮箱地址。有 28.5% 的调查对象在社交媒体上关注了一家公司。而且，下载资料的调查对象和留下电子邮箱地址的人数相当，一种可能性是用户在这些公司网站上下载资料之前，需要留下电子邮箱。

使用过该产品或服务的客户评价、在线搜索结果、在线软文等，会对大多数调查对象的购买决策产生积极影响。超过 85% 的调查对象会受到使用过该产品或服务的客户评价的积极影响。其中，45% 的调查对象因为看到其他客户评价而做出购买决策的可能性非常高，而另外的 40% 则相对较低。

有 77% 的调查对象受到了在线搜索的积极影响。其中，25.7%的调查对象因为在线搜索结果而做出购买决策的可能性非常高，而另外的 51.3% 则相对较低。有 56.7% 的调查对象受到了在线软文的积极影响。其中，9.3% 的调查对象因为在线软文的影响而做出购买决策的可能性很高，而另外的 47.4% 则相对较低。

更有趣的是，电邮营销对调查对象做出购买决策的消极影响是最大的，达到 44%。其中，21.4% 的调查对象基本上不可能去购买电邮营销中推销的产品，而剩下 22.9% 的调查对象因此进行购买的可能性也相当低。

有 42.8% 的调查对象不会因为一家公司的社交媒体软文而做出自己的购买决策，有 48.6% 的调查对象不会因为一家公司的新闻发布会而做出自己的购买决策。可见，调查对象对于这两种广告形式倾向于保持中立的态度。

在对外市场营销策略中，传统的广告方式对调查对象的购买决策起着最大的积极影响，直邮的影响紧跟其后。有 42% 的调查对象认为传统广告给自己的购买决策带来积极的影响。其中，6.2% 的调查对象受到的积极影响较大，而另外的 35.8% 则较小。直邮给超过 30% 的调查对象的购买决策带来过积极影响。其中 4.2% 的调查对象受到的积极影响较大，而另外的 27.7% 则相对较小。

然而，对调查对象的购买决策带来积极影响的传统广告和直邮，相较于其他如在线搜索、客户评价、在线软文，显得有点不值一提。客户评价给调查对象购买决策带来的积极影响相当于传统广告的两倍。在线软文给调查对象购买决策带来的积极影响相较于直邮高了 56%。通过在线搜索获取的信息给调查对象的购买决策带来的积极印象相当于传统广告的 1.8 倍。图 11-5 展示了最能影响调查对象购买决策的广告形式。

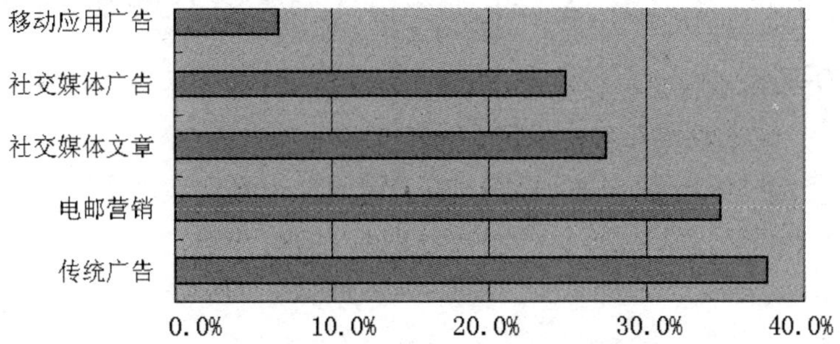

图 11-5　最能影响调查对象购买决策的广告形式

此次调查充分表明对内市场营销和第三方推荐对于用户购买决策的积极影响。同时，在对外市场营销领域，尤其是吸引用户注意力的传统广告和影响用户购买意愿的直邮，也是企业进行在线营销时应对用户广告屏蔽的策略。

有一部分广告形式会给调查对象的购买决策带来负面影响。移动应用内置广告、展示广告、付费点击广告相较于其他广告形式，带来的负面影响是最大的。而对调查对象最具吸引力的广告方式是直邮、在线内容和搜索。因为有近一半的调查对象认为，如果在搜索结果中适时地出现自己想要的结果，也会因此而做出购买决策。

11.7 案例一：线上线下，《华盛顿邮报》迎来新生命

迫于生存压力，越来越多的传统媒体、新媒体开始尝试不同形式的软广告。例如老牌媒体《福布斯》也开设了品牌专栏，专门为企业发稿提供平台。而另一个老牌媒体《华盛顿邮报》也在官网上开辟了品牌关联（Brand Connect）专区，提供给广告方和品牌主自己出产内容。

11.7.1 品牌关联专区是什么

作为一家全球性报纸，《华盛顿邮报》这种在内容上的尝试并没有先例。谈及品牌关联专区的开设，《华盛顿邮报》解释，这是一个“让广告主和邮报的读者在一个充分信任的环境下连接起来”的平台。运用品牌关联专区之后，所有品牌主的内容会与一些常规的软文共同登上官网首页，但是会用一个蓝色的注明为“赞助内容”的文字框进行标识。

《华盛顿邮报》总经理史蒂文·希尔斯解释，在品牌关联专区，企业可以自主生产内容，而且可以将内容放在网站首页。因此，报纸既要保证有钱赚，又要保证内容的公信力。根据报道这条消息的记者说，企业可以选择使用自己生产的内容，也可以由《华盛顿邮报》的广告部门提供相关服务，但是报社编辑不参与其中。

品牌关联专区服务的第一个客户是美国无线通信和互联网协会（CTIA）。软文标题为“移动激活郊区经济”，内容主要介绍一个移动应用 Mobile Main Street。在这篇软文发布后的一周，CTIA 会在品牌关联专区里通过博文、视频和图表等方式，向《华盛顿邮报》的读者展示一些与无线交流相关的内容。

除了《华盛顿邮报》，传统媒体如美国最受尊敬的杂志之一《大西洋月刊》也在增加软广告内容。而新媒体如美国的新闻聚合网站 BuzzFeed 也采用了同样的方式，用“赞助内容”或者植入广告代替传统广告。对于线上媒体来说，这是一种救赎。

不过，关于“赞助内容”或者植入广告是否是一个不错的盈利方式，业界一直存在争议。曾经，美国最受尊敬的杂志之一《大西洋月刊》遭遇了相关麻烦：其发布了一篇关于赞助方山达基教会（Church of Scientology，又称科学教，是由美国科幻小说作家 L· 罗恩 · 贺伯特创立的信仰系统，常被媒体描述为邪教组织）的软文，结果这篇软文在国际上招致广泛的批评。后来《大西洋月刊》被迫移除了这篇软文，同时拟定了一些关于赞助广告的指引条例。

而且，并不是所有形式的媒体都适用于这种方式。在内容为王的媒体行业，如果内容本身具有价值，媒体是否得到赞助并没有什么关系。其实，无论是线上媒体还是线下媒体，赞助内容和“植入广告”都是企业的软文，标准就是广告内容需要与前后文的信息有关联，而不是直接切入读者的阅读过程中。因此，如果媒体或企业能把信息整理得对读者有用，从理论上说，读者会更愿意点击阅读。

11.7.2 时间轴里的推荐故事

社交网络 Twitter 和 Facebook 做得非常好，通常将企业相关软文以“推荐推文”或者“品牌故事”等形式呈现在用户的时间轴里。而且，这些推荐的内容都会与用户关注或讨论的热门话题有关。

此外，媒体行业还可以采用杂志广告的形式。BuzzFeed 的创始人乔纳 · 佩雷蒂坚守这一方式。BuzzFeed 网站的主创团队最早开始抛弃传统的横幅标语式广告方式，而把公司的利润来源主要寄托在赞助内容上。

但是，BuzzFeed 被《野兽日报》的专栏作者、媒体评论人安德鲁·苏利文指责网站没有将软性广告与常规内容做出明确的区分。而媒体应该直接告诉读者哪些是软广告，让读者自行决定会不会阅读。不过对于这一点，业界也有人认为不作区分并没有什么不好，例如《福布斯》。

《福布斯》专门开辟了一个品牌专栏“品牌之声”（Brand Voice），除了在文章中提及品牌名字等信息，这个专栏看起来与杂志其他的栏目并没有什么区别，完完全全把广告和杂志内容融为一体。

其实，《福布斯》的做法是基于“广告本身就是内容”的认识。《福布斯》的产品总监路易斯·德沃克这样解释过开办这个栏目的动机：在媒体上，品牌营销内容与常规内容是同等的。广告打得成不成功应该看其提供的内容是否对读者有用。因此，在《福布斯》上，那些为广告主或者赞助商写的软文，形式上与其他的常规栏目无异。

作为一个单独的分类，所谓的赞助内容或者植入广告通常被市场人员定义为“品牌新闻”。例如可口可乐、英特尔等厂商可以针对用户感兴趣的内容，选择自己出产内容，而不是采取单纯的广告信息投放。

如果品牌主变成内容制造者，自己出产“品牌新闻”，那么传统媒体这个平台似乎只能沦为可有可无的地位。此外，关于赞助内容和常规内容之间是否要进行区分的问题，也值得传统媒体深入探讨。

无论媒体从业者对于“软广告”方式的接受度为何，采用线上线下方式为企业推广软文，都是目前媒体行业生存下去的一种选择。不过，拿人手短，媒体收了广告主的钱，为企业说几句好话的情况自然也就在所难免。

11.8

案例二：Keep 是怎么吸引 63 万粉丝的

王宁颇为赞赏猿题库的团结和高效。虽然猿题库“其实至今已经经历了多次转型，但每一次转型不仅快速而且成功。我现在对Keep团队也是这样要求的”。王宁旗帜鲜明地表示，“有一些员工辞职后会说前任老板的坏话，但是我从来不说，我认为前任老板是我人生的财富”。王宁的情商之高可见一斑。

王宁不仅在猿题库得到了运营事务方面的全面锻炼，还找到了后来创建Keep 的产品合伙人。2014 年 6 月，正值毕业之际，本来帅科希望王宁留下来成为猿题库的正式员工，不过听说王宁准备和猿题库的一个产品经理一起创业，便没有强留。

不过，在此之前，王宁已经经历了一次“创业”的滑铁卢。当时，王宁还是猿题库的实习生，他做了一次小样本式的创业。王宁所在的大学为了鼓励学生创业，主动为一些学生项目提供种子资金，进行创业孵化。王宁申请到了不到 10 万元的创业资金，召集了几个技术过硬的同学，开始了人生的第一次创业演练。

王宁创业小组开发的产品与今天的“超级课程表”有异曲同工之妙。心怀“年轻人改变世界”的梦想，王宁创业小组将产品研发了出来，在小范围内的使用效果也很不错。但是过了三四个月，王宁还是给这个项目判了死刑。

“想创业的人如果没有足够多的社会经验，是没有成功的可能性的。而在我们团队里，只有我一个人有相关经历，其他人只能依赖我做设计、做市场，但仅凭我一个人的力量根本不可能把团队做大做强。一支团队不可能这样搞。猿题库的经历也告诉我，我们团队没有那样的氛围，最终也发展不起来。”

从这一次失败的“创业”中，王宁明白自己欠缺的是实战经验，要想创业成功，自己必须再去学习和沉淀一段时间。于是，王宁又回到了猿题库，成为全职实习，一直干到后来创建 Keep。

25 岁的王宁从来就知道自己想要什么，而且缺乏什么就会补充什么。这一点，可以从他选择资本上看出。2014 年 11 月初，王宁和他的团队开始写第一行代码。2015 年 2 月 4 日，Keep 正式在 App Store 上线。上线后，Keep 的下载量和使用率上涨惊人。Keep 的 A 轮融资便是在上线一周内完成的。

在天使阶段，王宁便与一些投资机构展开了沟通。这些投资机构也一直在观察产品情况。看到 Keep 上线后情况很不错，这些投资机构立即决定进行投资。一开始，王宁报了 300 万美元的融资额，然而银泰资本愿意投资 500 万美元。于是，王宁拿着这个报价与正在商谈的贝塔斯曼亚洲投资基金沟通，询问其是否愿意跟投。王宁得到的回答是，“没问题，有人领我们就跟”。于是 Keep 得到两个投资机构 500 万美元的资金。

而 2015 年 8 月，自称“天使轮的钱还没花完”的 Keep 已经完成了 B 轮融资，由纪源资本领投，共融资 1000 万美元。王宁介绍，这是纪源资本有史以来投资速度最快的案子。“当天上午开的电话会议，下午人他们就从上海飞到了北京，当场达成合作协议。”

上线仅半年时间，Keep 的用户已经突破了 500 万，日均活跃用户的比例在 11% 左右。不过，王宁对 Keep 的设定是，目前着重于内容和用户需求，打造中国健身环境和氛围，而不必急着商业化。

现在，Keep 在社交平台上的软文基本上是用户亲身讲述自己的健身经历。有五个月从健身小白到有着搓衣板腹肌的达人的经验分享，有家庭主妇仅仅花一个月时间从臃肿身形塑造成热辣身材，也有身高 160cm 的年轻女白领通过锻炼拥有比高跟鞋好上百倍的完美比例。Keep 的微信公众号介绍是："体脂率低于 10% 的微信订阅号。"所以，在这个平台上展示的也都是普通人通过使用 Keep，掌握科学的锻炼方法，最终收获健美身材的经验实例。

Keep 之所以能够为估值最高的 90 后创业项目，来源于渴望通过掌握科学的健身方法，持之以恒地塑造出完美身形，享受健康生活的普通用户。而在中国市场上，健身热潮才刚刚掀起，未来发展潜力巨大。

12

移动互联网时代，软文的路该怎么走

传统的营销方式是，企业强制性地打断受众正在做的事，向受众推送广告信息。企业认为，那是渠道为王的时代。企业关心的是自己的网站能不能上头条，因此明令市场营销部门，“新闻、论坛、微博、微信、SEO等统统要做，要让我们的信息铺天盖地”。可是在移动互联网时代，“标题党、无下限”等方式的出现，让受众产生了抵触情绪。传播量的直线上升并没有转化成销售率。

12.1 没有软文不行，光有软文更不行

随着竞争的日趋激烈，不少出版物和媒体平台出现了一些“赞助内容”、“原生广告”、“软广告”，关于软广告的争论也甚嚣尘上。顾名思义，“赞助内容”指的是那些看似网友、用户的热心评论，实际上却是由广告主直接付钱制作的广告。

12.1.1 赞助内容是 BuzzFeed 的救命稻草吗

不过现在，不仅 BuzzFeed 等新兴新闻聚合网站开始采用赞助内容的广告模式，《福布斯》、《大西洋月刊》等老牌媒体也将触角伸向了软广告领域。出版界、各大媒体和广告行业等业内人士在观察之余不免议论纷纷：采用软文广告会不会对用户造成欺骗性？这种做法本身是不是不道德？还有，软文广告究竟有没有效果？

无论这些问题的答案是否定还是肯定，不可否认的是，软文广告眼下已经在各大媒体平台悄然兴起。在《华盛顿邮报》、《华尔街日报》、《纽约时报》等美国主流报刊上，企业软文也会隔三岔五地登上版面。《财富》杂志也决定不再置身事外。

仅 2014 年一年，广告主花在软文广告上的资金就达到了惊人的 24 亿美元，

相较于 2012 年跃升了 77%。同时，软文广告更被《华盛顿邮报》研究总监誉为“一场心灵的旅程”。可见软文广告已经越来越被主流媒体所接纳，并承认其拥有不可替代的地位。

据软文交易平台 Contently 公司的一篇调查，软文广告虽然得到了出版商的真诚欢迎，但消费者对它的态度并不友好。上线于 2011 年的 Contently 将自己定义为“讲故事的平台”，主要为那些需要内容服务的企业和软文自由撰稿人牵线搭桥。在 Contently 的软文写手中，有 1/6 是具有在专业机构工作经验的退役记者，一篇软文的薪酬平均达到 275 美元。不过这篇调查对于 Contently 这样一家创业公司来说并不是好结果，甚至是与 Contently 的目标背道而驰的。

在这次调查中，有 3/4 的受访者表示自己宁可看到硬性广告，也不想看到软文广告。因为一旦发现自己看得津津有味的一篇软文或一段视频原来是由某个品牌赞助的，便会认为自己像个傻瓜一样受到了欺骗，甚至会由此怀疑媒体的公信力。

有超过 50% 的受访者表示，自己不会相信软文广告的内容，不管这些软文讲的是什么。有 60% 左右的受访者认为，如果一个新闻网站上出现了软文广告，便失去了新闻媒体应有的公信力。可是，受访者仍然认为，软文广告的可信度比起《福克斯新闻》更强一点。

软文广告是否会造成理解上的歧义，以及损害公信力？对于这个问题，媒体人士和企业家统一用一句话来回答：“它已经标明是‘赞助内容’了！”媒体人士认为，以读者聪明的头脑，应该能看得出来赞助内容，也许批评人士有点矫枉过正了。因为软文广告是一种“打了标签”的推广形式，在报刊网站上，读者能够明辨什么是广告，什么是新闻报道。

12.1.2 解决之道：精准营销

曾经，在那个央视为王的强势媒体时代，能够登上央视的，都吹嘘着“每天开进央视一辆桑塔纳，开出一辆豪华奥迪”，时时不忘标榜自己“强势登录央视”，这些广告语不只是噱头，更代表了一种实力。大媒体代表着大品牌，这种品牌依赖于媒体的附着效应让企业赚得盆满钵满。

后来，互联网的兴起打碎了电视台一统天下的局面，广播、贴吧、微博、微信，用户再也不用仅靠一台电视机了解资讯了，传统媒体的渠道优势在互联网的巧取豪夺之下迅速瓦解。广告渠道开枝散叶，从线下到线上，从 B2B 到 B2C，从 C2C 到 O2O……无论是形态还是技术，甚至包括效果都在不断改变。

这个过程就像一条大河不断被分流，渠道的多样化必然导致用户的注意力被大量分散，广告效果也开始大幅缩水。“打广告的钱有一半是浪费的，但客户永远不知道是哪一半。”这个让广告大师约翰·沃纳梅克疑惑不已的魔咒，在互联网时代又一次苏醒。如果广告投放欠缺精准性、有效性和互动性，那么，广告公司将面临“哥德巴赫猜想”一样难解的谜题。

解决这个难题的方法只有一个——精准营销。无论是硬广还是软文，推广营销都面临着渠道分散的问题，这时，只有数据能解决难题。“除了上帝，任何人都必须用数据说话。”精准营销的关键是对大数据进行科学分析。

《纸牌屋》之所以叫好又叫座，就在于拍摄前投资方已经通过大数据分析了解了最受潜在观众欢迎的导演与演员。《小时代》系列总票房之所以超 10 亿元，是因为预告片上线后，就通过微博的大数据分析定位主要观众群，后续的营销活动也主要针对这部分群体展开。

互联网的兴起，带来的趋势是“去中心化”，广告业也不例外。文案创作者应该根据不同客户的产品属性，重点抓取目标人群，以最科学的方法满足广告的精准定位需求。在“互联网 +”时代，数据呈现指数式大爆炸，而在此过程中，广告要做好营销的减法，精准定位、精准创意、精准投放，才能使营销更为高效，实现投资回报率的最大化。

究竟谁会成为大赢家？而谁又将被淘汰？所有的一切都随着市场扫描仪的检查和筛选而优胜劣汰。对于营销传播机构，检验其能力好坏的重要指标无疑就是创意能力，而创意的变革不仅改变了原始资本模式，更导致大创意时代的诞生。

重返上海东方传媒集团有限公司 SMG 时，黎瑞刚说："几年之后你要么站在传统这一边慢慢沉没，要么站在裂痕中间立马死亡，要么就到一个新的平台重新成长。"在互联网浪潮中，即使拥有黎瑞刚这样的高度和格局，也不一定能够凭借更好的内容和产品力挽狂澜。因为，在互联网上，包括生产和消费内容的方式，以及原始资本运作模式都已改变。

当中国以"世界工厂"出现在世界市场时，是否大家心甘情愿守在"微笑曲线"的末端？人们没赶上工业革命的末班车，也被信息革命拉开了很远的距离，难道甘心再一次错过"创意经济"时代？与史蒂夫·乔布斯一样，以创意挑战商业霸权，大家有能力让中国从此与众不同。

12.2 媒体的转型

互联网，特别是移动互联网的革命，不仅将改变整个商业运作的方式，而且会改变整个工业及它们所推动的经济。例如大家熟知的、由腾讯公司推出的一种智能终端即时通信服务应用程序微信，即是这场革命中工具的典型代表。

不过当人们看待一场革命的同时，不应该只看到其带来工具的进步，更应该看到伴随工具进步而带来的社会生产力的提升，而社会生产力提升又会引起社会关系的变迁，最终会极大地推动社会的进步。

12.2.1 从“人找信息”到“信息找人”

以2015年暑期上映的国产电影为例，仅《捉妖记》和《大圣归来》两部影片，就打破了一个又一个国内电影历史纪录。《捉妖记》刷新的纪录中，包括华语片观影人次最多、华语电影票房新高；而《大圣归来》则斩获内地市场动画片票房总冠军和国产动画票房冠军两项大奖。

之所以能刷新国内票房纪录，除了这两部影片本身的优良制作，互联网营销的助力更是功不可没。借助网友的创意营销，持续占据网络热门话题榜，进而不断拉高电影票房。可以说，这两部电影的成功也意味着互联网时代，国产电影“线上 + 线下”这种商业模式正趋于成熟。

在传统媒体居于主导地位的年代，主要由用户生产内容，即UGC（User-generated Content，也称UCC，User-created Content），这是一种专业的内容生产模式和由点及面的中心化传播方式，这种传播方式也奠定了传统媒体的权威地位。而在这种环境中，只有专业化和职业化的人群才拥有发声的工具和渠道，其他的业余爱好者则没有发声的可能性。

后来，随着移动互联网的发展，网上内容的创作进一步被细分出专业生产内容，即PGC（Professionally-generated Content，也称PPC，Professionally-produced Content），内容生产者基本不要求领取报酬，而是出于“爱好”，义务地贡献自己的知识，形成内容。

在互联网上，从信息匮乏到信息过载几乎是弹指一挥间发生的事情。当初，百度发现在互联网上根本没有太多内容可供检索，便自己做了贴吧以充当内容源之一。后来，随着Web 2.0的兴起，关于怎样激发其用于产生内容也成为一个大难题。

最后人们发现，在网络社群参与者中，90%的人只是观赏内容，剩下的9%会进一步加入讨论，而真正积极创作新内容的只有1%，这也是所谓的1/9/90定律。不过到了后来，真正需要人们解决的问题是，如何让对用户有价值的信息在信息的洪流不被淹没，而大数据、数据挖掘、精确推荐、社会化阅读等概念也随之进入人们的视线。

面对信息过载，传播内容的重心也开始从生产转向消费。而更优质的消费内容，其本质是要实现从“人找信息”到“信息找人”的转变。而立足于未来，互联网也将全面进入社会化信息时代，在这个时代，所有的价值信息都应该实现交互，从被动进入主动，最后再回归被动，这也是内容消费的过程。被动是常态，也是人的本性之所在。

那么怎样才能更好地进行内容消费？如何实现被动即可获取所需的高质量的内容？从海量的软文、节目、电影中筛选出相关的部分内容，并将其推荐给用户，这是互联网下一个发展阶段能够实现的，而这一切也许会通过群体智慧来解决。也就是说，答案并不来自计算机，而是来自被连接了的大脑。

12.2.2 外部大脑的大创意

处在新形势下，创意的来源不再局限于广告公司，而是最普遍的群众。然而最受冲击的却是广告公司，几乎都面临着转型。包括一些传统的4A公司在内，都经受着创意饭碗能不能端稳的考验。于是，一些广告公司率先改革，从过去一个创意总监带领几十个人的大团队，演变成一个创意总监带领4、5个人的小团队，同时结合“外部大脑”的优势，实现小、快、灵的服务，这就是变化。

而社交网络的兴起，其中以Facebook和Twitter为代表，在某种程度上也带动了社会关系的变迁。因此，比起一种软件应用，它们更像是基础设施，或者按照更互联网化的说法，它们提供了一个内容生产、传播和消费的平台。而回头看一看，在互联网上，关于高质量内容的生产、消费等环节，又有哪一个与传统媒体相关呢？

人民网副总裁唐维红认为，传统媒体已经无法与新媒体比速度，所以只能往深度方面打造。也许，人们会看到，报纸会越来越厚，转向调查性报道。报纸不再是单方面的信息输出，记者需要成为综合型人才，既能报道，又能互动。

在移动互联网时代，传统媒体是否还有立足之地？这是一个值得思考的问题。传统互联网、移动互联网、大数据时代，一个一个的新变化让传统媒体措手不及。由于传播理念、渠道、方式等方面发生的深刻变革，与新媒体相比，在信息传播的“时效性”、“互动性”等方面，传统媒体都存在着“短板”，也限制了传统媒体的转型和发展。

从新闻信息传播过程看传统媒体面临的形势变化和威胁，如图12-1所示。

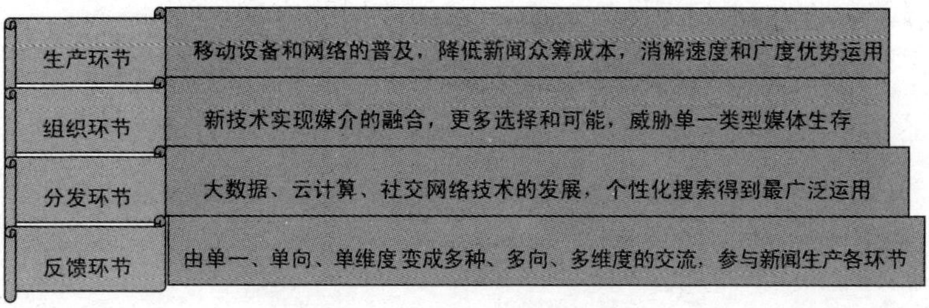

图12-1　传统媒体面临的威胁

而与互联网 36% 的广告增量相比，广播的广告增量仅为 3.4%，说明传统媒体在广告收益上与互联网的差距不在一个数量级上。而仅从媒介经营的角度看，传统媒体必须与网络融合，同时向网络方向转型。

传统媒体的转型需要满足受众的多元需求，把“受众”变为“用户”，把自己的定义从“权威发布者”变为“信息提供者”。另外，网络话语的背后实则是各种各样的利益诉求，因此，传统媒体还需要承担起社会责任，坚持“境界”与“责任”的融合，守住媒体的“道德操守”。

在传统媒体环境下，美联社、路透社等国际知名的新闻机构都以速度作为绝杀武器，一些“百年大报”更是记者遍天下，点多面广，无所不报、无所不道。不过，在新媒体环境下，受众成了“无处不在”的一群人，那么如果与新媒体比速度和广度，传统媒体必输无疑。

那么，传统媒体能够抓住的最后一根稻草是什么呢？也许只有一个词——标准，有且只有新闻机构的严格流程才能保证“标准”。例如从马航 MH370 事件发生后，不到 10 小时，就出现了十余条重大谣言，最终都由传统媒体核实后辟谣。所以，在新媒体时代，受众缺乏的不是信息，而是“标准”的信息。

找到定位之后，还需要在准度与速度之间找到平衡，这就要引入流程再造环节。传统的新闻机构生产流程：找到线索→由报社或编辑部委派采访任务→记者采访→成稿→编辑、签发、送审——见报、上网。研究这个流程，发现可以优化的环节，例如记者采访留下的碎片化信息，是否可以进行二次加工并发布。

此外，让用户参与流程再造。向用户展示新闻产生的流程，邀请用户提供线索、参与采访、发表观点，实现新闻众筹模式。媒体能否在移动互联网时代实现新发展，也许取决于其是否转型，以及转型的方式。

12.3 内容为王有没有过时

“内容为王”成立的条件是：只有以更优质的内容获得更多的受众接受，才能增加媒体发行量，从而扩大影响力和市场占有率，这样才能卖出更多、更高价的广告。“内容为王”这种媒体商业模式的核心是，用内容吸引用户，再以用户量来卖广告，而广告价值的标尺就是发行量或收视率。

所以“内容为王”的实质主要是进行生产环节的质量控制，抓住最上游的起点和最关键的卖点。在传统媒体环境下，这种模式无疑是正确而成功的。不过，随着新媒体时代的到来，包括媒体的生态环境、受众的阅读习惯，以及内容的生产机制和信息的流通渠道等，都已经发生了翻天覆地的变化。

12.3.1 好内容不一定卖得出好价钱

在移动互联网时代，到底“内容为王”有没有过时？不妨从以下几个角度思考。

第一，是否内容优质就意味着能被更多受众接受？在传统媒体时代，优质内容具有稀缺性，而且读者获取内容的渠道有限，获取优质内容更要付出高成本。因此，受众对优质内容的接受度更高，受众也愿意为优质内容付出更多的时间和金钱。

然而现在，也许这个逻辑存在的基础已经被彻底颠覆了。因为这是一个信息大爆炸的年代，不可避免地出现信息过载，而优质内容的价值也随之急剧降低。与此同时，大量同质化内容的出现，使之前的优质内容很容易被替代。也就是说，如果媒体不能让自己的内容做到绝对的独家和不可替代，那么“内容为王”是否具有价值则值得商榷。

第二，随着互联网和移动新媒体的出现，人们获取内容的渠道大大增加，付出的成本也随之降低，不用再去订报纸，也不用去报亭，而只需打开新闻网站，登录微博、微信，或者下载一个 APP，就可以满足获取资讯的需求。

由于用户阅读习惯和传播渠道的改变，渠道与终端的价值因此不断提升，而内容的价值却在下降。因为如果没有渠道与终端优势，即使再优质的内容，可能也不能为读者所看到；而占据渠道和终端优势的内容，即使本身并不具有高质量，也会受众更多、传播更广。

对于受众来说，其真正需要的内容不一定是越优质越好。因为对于读者来说，获取资讯并不是看这条资讯内容好不好，而是看通过哪一个渠道能够最便捷、最容易、最低成本地获取资讯，因此，浏览一下微博、看一看某一门户网站推送的基本信息，对于读者来说已经足够了。如果不是因为特殊的需求，读者一般并不会查看全部软文内容，研究每一个字眼。

这就是在新的环境下人们对于阅读需求的变化：快速、轻松、简易。如果读者只需要 80 分的内容，则不需要得到 100 分的内容，“内容为王”也需要一定的前提，更需要读者有这个需求。

因此，真正决定人们选择哪种方式的是读者的需求，以及读者获取内容的习惯。而且，以“内容为王”，也就是推送优质的内容，并不一定意味着具有高价值。换句话说，好内容不一定卖得出好价钱。

因为媒体卖的不是内容，而是品牌价值和影响力，吸引广告主投放的因素，首要的考量就是影响力和名号，以及影响的受众。而优质内容实则是构建品牌价值和影响力的要素之一，反过来不一定成立。从这里就可以看到渠道和平台的重要性。

因为这是一个大创意时代。大创意时代的来临，意味着创意的来源更广泛，对创意的要求也更高。因为之前只需要满足确定的几个媒体类型，然而现在，则需要对接各种媒体接口，满足各种类型的媒体和人群的需要。其中既包括传统的平面、电视，又包括微博、微信等社会化媒体，还有自媒体等方面的需求。而且，所有的创意都需要进行整合式营销，将活动、广告与公关等连接在一起，并且通过创意，吸引用户积极地去分享、转发和参与进来。只有这样的创意才是这个市场真正需要的。

因此，在当今时代，定义一个好创意，不仅需要有广告的效果，还需要有公关和活动的效果，同时活动要求具备参与性，PR（Page Rank，网页级别）层面要有话题性，使一个市场行动能够带来连锁的多轮次的传播。

12.3.2 不宣称一件事，而是去证明一件事

就像世界顶级 4A 广告公司 DDB 全球 CEO 查克·布莱梅尔所说的，以前品牌到达消费者的目的是把品牌故事告诉消费者，现在，企业不仅要到达一个消费者，还要能够让他把这个品牌故事告诉其他人。所以到达本身已经不是目的，分享和参与才是真正的目的。

当乔布斯和营销总监迈克·默瑞为即将问世的 Mac 拟定宣传标语时，乔布斯表示，如果广告的侧重点在产品的性能、效益、内存等方面，毫无疑问，产品成功推出的机会渺茫。因此，唯一的机会是诉诸感受。正是 Mac 的这群忠实粉丝，形成了最初的“Mac 教派”。

而谷歌也在技术产品领域不断追求提供给用户全新的体验和惊喜，而且还将这种特立独行注入品牌的方方面面，以完善其独特的形象故事：为员工提供免费的相当于五星级标准的午餐；准许员工随意布置自己的工位，还可以带着宠物上班；只用花非常少的钱就可以让孩子进入条件优越的谷歌托儿所；坚持与众不同的“不作恶”理念。当谷歌不断拓展粉丝的想象力时，粉丝自然会产生更多的想象力，与此同时还有对品牌的认同感和归属感。

谷歌有一条重要的传播原则：不宣称一件事，而是去证明一件事。在谷歌官方博客上，有一篇关于招聘的文章没有通过审核而被要求修改，原因是文章中使用了“年轻而伟大的公司”来形容谷歌。

审核人员的意见是，在招聘中可以以一些实例证明谷歌是年轻而伟大的公司，但不能这样直接宣称。去证明一件事而不是宣称一件事，其实是在无形中对用户进行一种心理暗示，而且这是一种很有效的心理暗示。

而德国汽车巨头宝马也加入了这场创意引进中，在推出的 BMW 3 系旅行车广告中，专门推出了一个“BMW 故事”板块，以不同身份人物的口吻，讲述自己与宝马的连接。马克斯·雷斯波克是一名宝马退休工程师，退休后常常开车载家人一起度假。可是每次都没办法把女儿的小三轮车轻松地放进自己的宝马 325i 后备箱。

于是，马克斯·雷斯波克将 E30 进行改造，现在，这辆车已经成了一辆具有更大储物空间的轿车。马克斯·雷斯波克因此可以带着家人游览很多地方。三年后，BMW 3 系旅行车诞生了。

除了专业人士，还有平面摄影师讲述自己驾驶着宝马穿越冰山、攀登雪峰、追求梦想和远方的经历，以及 6 岁的艾利的奇思妙想：BMW 专门推出了一张设计图，一款有 42 个轮子和 19 个引擎的 BMW 概念车，名字是 4219Eli。宝马这款广告的主题是“梦想，与悦同行”。最后还有一个板块是“祝愿”——“在星空上写下祝愿，与好友分享”。

在新媒体时代，媒体的传播不再仅仅是承载内容的那一段话，而是全方位、多介质的整合传播，最终需要达到一个综合性的传播效果。媒介融合已经成为现实状态。所谓“媒介融合”，是指“从硬件、渠道、软件、服务等方面实现媒体产业边界的模糊化，即用最佳的渠道和终端把最好的内容传送给受众，实现信息资源的最优化配置”。

因此，优质内容必须要有优秀的平台和渠道的传播运营，否则，优质内容能够发挥出的价值就相当有限，而获得影响力和知名度也相当困难，其商业价值也不会太高。对于处在新环境下的媒体，超群的运营能力不可或缺。

12.4 SEO还能撑多久

2015年10月，世界首富易主的消息传遍各大媒体。一时间，世人都希望掀起这位新晋世界首富的神秘面纱。这位世界首富是Inditex集团的创始人，而Inditex集团是服饰品牌Zara、Bershka、Pull&Bear的母公司。这位世界首富的名字是阿曼西奥·奥特加，来自西班牙，之前长期位居福布斯世界富豪榜单第二位。阿曼西奥·奥特加从一贫如洗到腰缠万贯……这一切消息，都是通过搜索引擎得知的。

12.4.1 热血传奇开启的搜索引擎热

在中国，最早的SEO起源于21世纪初期。当时盛大出品的角色扮演网络游戏《热血传奇》风头正劲，私服经营者随之迎来了自己的春天。然而由于国家对私服这种网络盗版行为采取了政策等方面的限制，私服推广只能以网吧和搜索引擎为基地。

由此，人们渐渐意识到了搜索引擎的意义和作用。随后，淘宝、京东等电商平台的有声有色更让人们认识到互联网搜索的价值。此时，SEO突然大火，SEOer也应运而生，成为一个新兴职业。

在此之后，虽然并不是所有企业的成功都依赖SEO、百度和Google，但是人们发现，充分利用 SEO 的企业都走得不错。58 同城 70% 的流量来自 SEO，并最终让自己成功上市；美丽说 60% 以上的流量来自百度；hao123 稳赚 20 亿元也全凭 SEO。

曾经，众企业为了避免因自己的 SEO 做得太好而“激怒”了百度这个大金主，不得不在百度投放了大量的 SEM 广告。短短十年，SEO 便成就了一大批传奇公司，而且这批公司已经成为中国互联网行业的中坚力量。

科技和经济的发展带来生产力进步的同时，也导致无数工作种类和工作机会的消逝。从第一次工业革命开始，雷达监听员、灯夫、工厂朗读员、总机接线员等慢慢消失了。而移动互联网时代的来临，对于 SEOer 来说也许并不是什么好消息。

当前，已经有两个方面技术的发展向百度、Google 等传统搜索引擎发起了挑战。一是社交媒体平台的兴起。社交媒体平台让企业营销从点对面的单边营销升级为点对点的互动式营销。对企业来说，重要的不是展示产品信息，而是吸引用户主动传播产品品牌。这个过程是从一个点发起，传递给 N 个点，再由 N 个点辐射到 $N \times N$ 个点的链式传播。此时，SEO 的传播效果也许已经让位于社会化媒体了。

二是移动互联网的兴起。移动客户端的发展让移动互联网成为大趋势。人们对移动应用 APP 的追捧让以提升页面排行为目的的 SEO 丧失了存在的意义，因为内容的输出和生产都在移动应用端，而移动应用端的内容无法输出。

在传统 PC 时代，企业为了获得更多的品牌展示机会，刺激产品预订和品牌转化，需要 SEO 的力量。因为用户已经养成了使用搜索引擎进行搜索的习惯，即使用户知道网站域名和名称，还是会通过选择“百度一下”，进而访问企业官网。

在 PC 时代，用户输入关键词后得出的搜索结果往往太多，信息繁杂，用户无从选择。这时，企业需要借助 SEO 让自己的品牌在搜索结果中排名靠前，得到更多的曝光，这样才能从一众竞争对手中脱颖而出。好酒也怕巷子深，企业要做大做强必须要做 SEO。SEO 要做到多大的程度？只需要比竞争对手好一点就足够了。

12.4.2 Google 的 APP 索引走得并不好

进入移动互联网时代，众多方面的改变似乎让 SEO 不再被需要。

一是用户搜索习惯的改变，搜索引擎已经不再是流量入口。在移动互联网时代，用户的搜索对象从网页转移到一个个移动应用上。即使 Google 向移动化转型也并不容易。

虽然 Google 设立的 APP 索引囊括了移动 APP 内的数据，目前已经吸引了 15% 的 Android 用户使用该应用，但是其增长比例已经封顶。同时由于苹果公司的限制，iOS APP 也成为 APP 索引检索黑洞。所以，应用内搜索只不过是一场美梦而已。表 12-1 列出了 2014 年 6 月国内旅游类 APP 运营商总下载量榜单（Android 系统）。

表 12-1 2014 年 6 月国内旅游类 APP 运营商总下载量榜单（Android 系统）

排 名	运营商	总下载量（万次）	APP 数量
1	去哪儿网	12380.8	6
2	携程旅行网	10653.4	4
3	北京活力天汇	9124.8	3
4	杭州泛城科技	8227.9	1
5	小桔科技	6942.9	1
6	同程网	3758.3	5
7	蚂蜂窝旅行网	3485.8	6
8	艺龙旅行网	3234.4	2

随着 APP 类型的扩展和向纵深方向发展，搜索引擎的搜索功能已经被弱化。搜索将向着个性化、精准化方向发展，一次搜索只匹配一个结果，这是使用 APP 将实现的未来。当人们想去澳大利亚旅游时，上携程网和去哪儿搜索注意事项；当人们查看附近有没有美食时，有大众点评网和美团；当人们聊天时，登录微博、微信就可以了；如果想了解新闻，打开网易新闻客户端和搜狐新闻。以前由搜索引擎解决的需求已经被 APP 所取代。

二是移动手机客户端的发展削弱了搜索引擎的使用率。移动端浏览器显示的推荐网站和用户搜索习惯弱化了搜索引擎的存在价值。在浏览器中，用户只需点击即可直达 APP，甚至可以不必见到搜索引擎。

三是用户搜索习惯向纵深方向发展。垂直型网站的出现让百度等平行式搜索让位于垂直化搜索，然而垂直化搜索很难进行 SEO 化。人们购物首选淘宝、京东，团购选择美团、糯米网，求职登录 58 同城、智联招聘。而且垂直类网站很难进行 SEO 化，即使 SEO 做得很好，也没有流量导入。

四是社交媒体平台对搜索引擎的替代。这是一个“无产品不社交”的时代，网友进行产品推荐在社交网络的发展中举足轻重。口碑评价成为购物信息搜索的可靠替代，微博、微信带动了微商的火热。

社交媒体平台的转化率及对用户购买行为的影响远远高于搜索引擎。消费者得到了朋友圈信息的有效刺激后，甚至不考虑价格因素，在第一时间访问网站、了解商品、进行购买。这时，企业甚至不需要SEO，而只需要维护与老客户的关系，让老客户影响潜在客户便可以了。

无论何时何地，每个人都能依靠“病毒式传播”和“六度空间理论”（又称小世界效应，人们与世界上的任何一个陌生人之间的间隔不会超过 6 个人）的传播方式经营自己的“媒体”，信息的传播速度和规模也实现了无限制的放大化。六度空间在社交媒体平台真正地应验了。

社交媒体平台的销售已经开始了。微商一年流水实现了惊人的 500 亿元，微商黑马思埠集团一个月的流水达 20 亿元。电商行业多家企业使用微博、微信作为风险预警，而社交媒体平台的用户讨论相较于百度搜索在风险预警上的反应更加迅捷。如果 SEO 主打的页面排名重要性大不如前，那么 SEO 增加外链和软文曝光又有何意义？

12.5 软文公关 VS 客户群

维基百科勒令公关公司维基公关停止有偿词条编辑服务，这是维基向公关软文和水军的第一次正面宣战。从名字上来看，维基公关与维基百科似乎同属一家公司，然而两家公司没有丝毫联系。维基公关网站底部明确写着："This website is not associated with Wikipedia in any way（此网站与维基百科没有一丝一毫的关系）."

12.5.1 公关公司付费词条编辑服务

维基公关是一家成立于 2010 年的公关公司，由达利斯·费舍尔和乔丹·弗兰奇创立，总部位于美国德克萨斯州。不过，维基公关的业务与维基百科有着千丝万缕的联系。维基公关一直为企业和个人提供付费创建、维护和优化维基百科词条目录的服务。在维基公关的官网上写着："维基百科将不再成为你的问题"，还介绍到这是"一个包括 45 名维基百科编辑和管理员的团队"，为客户提供建立、维护符合维基社区要求的词条相关服务。

维基公关宣称自己雇佣了维基百科的核心权力群体——维基百科管理员，这让所有人瞠目结舌。然而从调查结果来看，并没有任何迹象表明有维基百科管理员参与其中。据维基百科词条上对维基公关的介绍，全球著名的传媒集团美国 Viacom 公司和美国最大的旅游服务网站 Priceline 都是其客户。

有趣的是，正是 Viacom 公司 CEO 萨姆纳·雷石东提出了“内容为王”这一概念。维基公关是怎样为包括 Viacom 公司在内的客户提供服务的呢？维基公关为企业和个人提供创建词条服务的收费标准为 500～1000 美元。

词条创建工作完成后的每一个月，维基公关都会收取 50 美元的维护费。与此同时，维基公关也承诺，会定期根据公司动态及时更新词条。一旦发现词条被删除，维基公关会立即重新帮助客户创建词条。

如果维基公关服务的客户达不到维基百科词条收录标准，例如知名度上的欠缺，维基公关会负责为客户生成一些文章。据一位维基公关客户介绍：“他们最后帮我们写了七篇报道，有人来联系我们，给我们发了几个采访问题，然后我找我们的 CEO 进行回答，他们就创建了关于我们的报道和词条。”

12.5.2 维基公关浮出水面

维基公关看中的正是维基百科在知识资讯方面的权威性和影响力，以及“维基式”的编辑框架。不过，对于自己的词条被公关的现实，维基百科不可能坐视不理。维基公关最早浮出水面，是源于维基百科收录的 CyberSafe 公司的词条。

维基百科发现，CyberSafe 公司根本达不到维基百科词条收录的知名度标准，而且编辑该词条的账户似乎来自同一用户的马甲（同一用户在主 ID 账号之外开通了其他多个 ID）。发现这一反常情况，维基百科对此展开了为期一年的调查。

结果发现，马甲账号超过了 300 个，还有接近 100 个账号存疑，所有的账号属于 50 多人，意味着平均一人拥有至少 6 个马甲账号。这些账号在维基百科上共进行了接近 1000 次词条创建或编辑。

而调查得出的所有信息都直指一家公关公司——维基公关。维基公关已经形成了一个马甲网络，而且是迄今为止维基百科最大的马甲网络。另一个唯一能与维基公关规模比肩的公关公司，是正在接受调查的斑比粉 101。目前，这个马甲网络已经被确认为马甲账号的共有250个，此外还有超过200个存疑账号。

面对公关公司的软文和水军，维基百科决定展开行动。但是，在这场独立保卫战中，维基百科不得不解决，也是最难解决的一个问题是，如何明确划分广告与公关性质的内容？维基百科的词条创建必须符合知名度标准，所以，只要词条主体被一定的新闻媒体报道，就可以为其创建一个维基百科词条。

CyberSafe公司的词条目录编辑账户存在的水军问题之所以能被发现，原因在于维基百科明确地知道CyberSafe并不是一家具有较高知名度的公司，然而在删除此词条时，维基百科却收到了很多用户的辩护。这一反常现象引起了维基百科的怀疑，进而展开调查。

对于不知名的小公司，维基百科也许能很容易地察觉并展开调查。但是对于一些本身已经被众多新闻机构报道的大公司，即使包含来自水军的公关软文和宣传，维基百科也不能做出清晰的判断。

这些颇具知名度的公司完全可以聘请网络水军，在符合维基百科要求的情况下对词条进行编辑，达到软文公关和宣传的目的。即使账号被删，也可以重新注册。可见，对于维基百科而言，要彻底摆脱公关软文和宣传并不是一件简单的事。

无论是对于媒体平台还是科技公司，付费软文推广都是一条生财的捷径。然而，越来越多的互联网公司已经意识到了软文推广并没有那么一劳永逸。于是，微软叫停浏览器付费软文推广计划，苹果公司限制广告商获取用户隐私。

种种措施都是为了维护好不容易建立起来的客户群。也许比起软文带来的经济利益，企业也不得不考虑人们对于软文的态度。如果用户要求公关软文绕道而行，那么企业没有理由与公众的愿望背道而驰。尤其是对于一些非营利的知识性平台，其艰苦卓绝的发展史很可能让公关软文都败下阵来。

12.6 案例一：变形金刚饿了也喝伊利舒化奶

在《变形金刚3》中，似乎中国品牌的植入比金刚们的表现更抢眼。观众们尤其忘不了影片中华裔演员郑肯喊出的那句“让我先喝完舒化奶再跟你说”。包括伊利舒化奶、美特斯·邦威T恤、TCL、联想等中国品牌，都曾出现在《变形金刚3》中，这是企业软文营销的代表作。

究竟国产品牌是如何与《变形金刚》达成合作的？协商过程有多难？与植入中国电影的花费相比怎么样？其实，一家饮料品牌曾经提出了“让大黄蜂喝牛奶”，以及“让牛奶成为金刚们的能量来源”的要求，不过最后都被导演迈克尔·贝拒绝了。

12.6.1 好莱坞主动接洽

《变形金刚3》是国产品牌首次大规模植入好莱坞大片。而且，与网友想象的国产品牌主动向《变形金刚3》“献媚”不同，其实双方的合作由好莱坞主动。据美国植入广告和道具代理商NMA公司中国区域首席代表刘思汝介绍，2010年年初，她创立的影工场成为《变形金刚3》在中国区的代理。

于是，影工场开始在中国地区为《变形金刚3》寻找广告植入合作伙伴。在初期，影工场并没有大规模地公开宣传正在为《变形金刚3》寻求广告植入，因此，很多企业都不知道这个消息。更多的是影工场主动联系企业，当时共向9家左右的企业提案，后来确定了4家行业领军企业。

休闲服饰品牌美特斯·邦威植入《变形金刚2》，开了中国品牌与好莱坞大片合作的先河。所以，到了2010年年底《变形金刚3》剧本出来后，刘思汝第一个想到的也是美特斯·邦威。服装比较容易植入，再加上之前双方有过合作，所以第二次合作一拍即合。对于伊利品牌的植入，刘思汝解释，伊利品牌重视市场营销活动，在奥运会、世博会等大型事件中都积极参与，所以进行广告植入比较合适。

在影片中，男主角希亚·拉博夫一直穿着带有美特斯·邦威大Logo的T恤走来走去。此外，品牌植入并不是只靠金钱这一衡量因素，包括品牌调性、知名度、推广实力等都缺一不可。

曾经的“三聚氰胺事件”让许多中国观众对国产乳业品牌植入《变形金刚3》颇有微词，甚至一些网友认为伊利是“有钱使得鬼推磨”。对此，刘思汝解释说，派拉蒙影业选择影片植入伙伴的考量因素有三：一是品牌的知名度，所以应该是行业领军企业；二是企业的市场营销企划能力；三是品牌形象与影片故事理念的契合度。没有这三点作为基础，其他一切都免谈。

12.6.2 影工场为植入品牌把关

影工场为好莱坞大片植入品牌严格把关。首先，影工场会对品牌做一个深入调查和严格审核，将挑选出来的符合条件的品牌的相关资料制作成一份报告，一起提交给《变形金刚3》制片方。而《变形金刚3》制片方会从该品牌的美誉度、知名度等方面进行全方位的考察和基本了解，并做出最后决定。

例如伊利品牌的植入，制片方认为，伊利本身是奥运会与世博会的供应商，所以质量可靠，而且在后续营销上也有实力，能够配合影片到各地进行推广。此外，导演对伊利最终的植入方式做了一个很幽默的处理，电影的首个笑点就是这场戏。因为电影本身承担的东西不应该太多，这是一个娱乐载体，是夏天的快乐。

而且，好莱坞大片寻找合作伙伴，更重要的因素是品牌是否与故事相契合。之前有一家中国车企，希望在影片中增加汽车人的角色，而且要有一个大大的品牌Logo放在汽车人的胸前。这样的要求相当于让整个电影团队重新编排剧本，根本不可能。导演迈克尔·贝当场就以一句“我又不是给你拍广告的，这不可能”予以拒绝。而TCL厂商方面原本希望成为一个正面人物，无奈根据剧情需要，接受了导演让其变成反派的安排，成为霸天虎一方的激光鸟。

更为困难的是协商过程，整个沟通时间长达一年半，影工场用了1768封邮件才搞定制片方。这是一个反复的彼此说服的过程。整个植入运作过程长达18个月，双方就合作意向、细节、产品和场景选择、拍摄沟通、后期制作、最终效果的验证等方面进行全方位的接洽，力求考虑周全。广告商对自己的品牌植入要求细致，而制片方也有自己的原则，由于在文化、沟通、时差上存在障碍，需要影工场工作得极其谨慎和认真。

在《变形金刚3》中植入的中国品牌，伊利舒化奶独占鳌头，不仅在影片开头出现，而且还配有台词。然而，其实这个协商过程并没有想象的那么曲折。与其他品牌相比，伊利并没有耗费更多的工夫，一切都要看导演的意思。

12.7 案例二：神一般的链家是如何起飞的

2015年，地产圈的热点词有且只有一个——链家。链家动作频频，势头凶猛。先是以诙谐可爱的卡通图像海报进行全面广告轰炸，然后巧妙地选择地铁、链家门店、soho中心、街头巷尾进行线上线下全渠道宣传。接着，链家牵头召开一场场重量级发布会。链家还不时放大招，举办“9·9购房节”，携手滴滴专车，让利购房者，唯恐有漏网之鱼。

12.7.1 万科是否变成了链家的代工商

在链家一夜爆红的背后，软文推广也功不可没。正是软文将宣传语“买房，就上链家网”变成了现实，让链家网家喻户晓。其中，最令人拍案叫绝的软文是《当万科沦为富士康，链家就是苹果》。软文大胆提出了一个假设：万科是否变成了链家的代工商，二者之间的关系，是否将如富士康和苹果的关系？这篇软文的阅读量也随着争议声节节攀升。

不过，链家地产背后的真英雄——销售精英的努力无可非议。如果让这些销售精英讲述自己的故事，绝对是链家最好的软文。链家地产所有的高业绩销售精英组成了一个专门的“精英社”，所有员工都以进“精英社”为荣。

基本上能够进入“精英社”的销售人员，其税后年收入都能达到40万元。

比起链家的规模，更重要的是，链家地产店均效益相当于行业平均水平的 3 倍。而链家创始人兼董事长左晖认为，效率指标才是衡量链家成功的标准。

北京的住房数量，住房的异同点，每栋楼每套房子的楼层数、户型，对每一个链家销售精英来说都是必备的知识。在鱼龙混杂的二手房市场，某些看起来相当刁钻的问题，链家地产的经纪人都能准确回答。

目前，北京存量房为 650 万套，可以归纳为 12 万种户型。为了弄清楚北京存量房，链家地产提前几年就进行了真实大摸底。链家地产品牌中心总监徐东华介绍，住房数量是每一个经纪人挨个数出来的，尽管看上去很耗时间，但是结果既可靠又精确。

对于链家地产的销售精英来说，二手房源是经纪生意的核心资源。房源包括业主委托和经纪人自己开拓的新房源。由于业主委托的主要是共享房源，因此，有效资源是靠经纪人一步一步从所管辖的楼盘中跑出来的。只要是经纪人自己开拓出的新房源，即使是由同事带领客户完成交易的，该经纪人也能得到 10%～40% 的佣金分成。

而之前很长一段时间，房源获得的方式主要是电话销售，由经纪人给整个小区的业主打一遍电话，由卖方决定是否出售或转让，这样成功的概率较小，不过很多新手仍然会选择尝试。但是这种锲而不舍的精神也引来了一些民众的反击。由于不胜其扰，文化人王小山曾在 2012 年年末发起“人肉左晖”的行动，因为平均每天都会接到链家地产业务员的电话，王小山决定征集其董事长左晖的电话号码，并在此公布，希望有任何推销产品的人能够每日致电推销。

12.7.2 销售精英如何防跳单

不过，以体力取胜的竞争只能是短期策略，长期策略还是要靠脑力，需要感情投资。链家地产的资深经纪人大多擅长此道。例如已经在链家做了五年经纪人的杨清，便在服务片区内积攒了一大批业主资源，每逢节假日，杨清都会发短信问候，这样业主在卖房时总能第一时间想到她。在北京，为了买一套城区二手房，业主多半要卖出一套房，这样就成了“连环单”。在杨清的客户群中，有六七成属于“连环单”。

为了防止跳单（“跳中介”，个别客户为了逃避支付中介费，避开中介私自签订买卖合同），链家经纪人各有奇招，因此，在链家跳单很难。

在链家朝阳常营片区，经纪人曾与一对买房人过了招，在带看前后短短一个半小时，买家接连出了“三招”：第一招，女买家借口上厕所，将自己的名片留在了业主的洗手间；第二招，在带看后的一个小时后，当时已是晚上十点，买家重新摸黑找到房子，希望与业主联系；而最大的招式是两个买房人仅与业主攀谈了 15 分钟，便得知了女主人的籍贯、公司名、所属部门、工作年限等个人信息，结果第二天直接找到了女主人。

为了防止类似情况发生，链家的经纪人在带看环节需要客户签一份具有法律效力的“看房确认书”，一旦被证实逃单，客户需要按照条款赔偿链家房款的 2.2%。杨清说：“只要有业主的委托信息出售表和客户签的看房确认书，逃单的风险就小很多。”

然而，最有效的防范措施是得到房主的信任，说服其接受链家的委托。杨清并不担心跳单。因为大额资金私人交易如果不委托第三方服务，很可能遭遇损失。房主没有理由为了帮助买家省钱，主动承担风险。

在链家，经纪人被分为 11 个等级，收入由无责任底薪、提成和福利保险三部分构成。考核期以相邻两个月为一个周期，如果普通经纪人希望提升一级，则需要通过连续三个周期，每周期实现 3 万元以上的“业绩”。当然，如果业绩不佳，经纪人的职位也可能下降，甚至被辞退。

“能者多劳，多劳者多得”是链家坚持的理念，为员工提供一个相对公平、宽广的舞台。作为其中的佼佼者，刘佳从见习经纪人起步，一路由经纪人、高级经纪人、店长做到区域经理，于 2012 年正式进入“精英社”，其税后年收入达到了 40 万元。

在这个群英荟萃的“精英社”里，凡是能进入的链家员工，都是区域经理中全年业绩排名前 15 名、门店经理中全年总业绩排名前 200 名、租赁部分中业绩排名前 20 名，以及总业绩排名前 250 名的经纪人。而那些租赁业绩综合分数排名前 30 名的经纪人也可以加入“精英社”。此外，还有全年无一级以上投诉和过失、企业价值观等也会被纳入考核范围。

链家地产成立于 2001 年，到目前为止，已经形成了覆盖全国 17 座城市、门店超 3500 家、旗下经纪人 5 万名以上、2015 年交易额达 4000 亿元的综合性房地产服务公司。神一般的链家起飞的助力，除了精准的市场推广战略，还有一个个辛勤的链家销售精英书写的动人故事，这是链家撰写的最美的企业软文。

12.8 软文走的新路子

刷一刷微博、微信订阅号，逛一逛贴吧、论坛，用户突然发现软文越来越多。一篇比较当红女星身材的软文，到了后半段成了推销美容面霜的广告；一则财经资讯成了创业公司的专题报道。其中有一部分是自媒体编辑撰写的，这类软文通常把营销目的隐藏在小清新文风下；也有一部分是厂家提供的，这类软文标着显著的“品牌”二字。

12.8.1 更广的盈利渠道

业界不得不佩服软文的适应能力和生命力，能够扎根于任何环境中，甚至比环境本身的适应性更强。对于自媒体而言，这是好事一桩，从正面说明了自媒体们创造了被众多品牌认可的价值。尽管人们对这个价值的看法不一，但是，无论它是丰富了传统模式的企业报道，还是娱乐了单调的文案人生活，能挣钱才是硬道理，有了钱才能活下去。

不时听见厂商抱怨，想在微博上发篇软文价格也太贵了吧，行情几时能降下来就好了。至于为什么要在自媒体上发软文，厂商这样解释：其实自媒体发的软文并不见得有多大的传播性，可是这个群体又是企业不可或缺的传播渠道。

但是自媒体软文发布的价格上涨，并不意味着传播效果也得到相应提高。

相反，很多平台发布的软文质量参差不齐，传播效果也大打折扣。所谓的“独家观点”，只是把企业的新闻稿掐头去尾，加个吸睛的标题而已，逻辑和文笔其实很一般。

而且，自媒体依赖于软文盈利的模式，与当初传统媒体的盈利模式如出一辙。很多人认为，正是传统媒体对软文的坐视不管才让其走向衰亡。如今，如果自媒体仍然延续这种方式，是否只是历史的重演？但是也不应该是简单的重复。

自媒体的盈利渠道远远比传统媒体更广，除了硬性广告、软文，还可以制作视频、发表纸质作品、会员制、商品拍卖等。然而，在这个谁都戒不掉软文，人们都依赖软文模式盈利的情境下，文案创作者应该仔细探究一下自媒体上的软文怎么做。

业内人士认为，软文的广告形式越明显，其实对于媒体公信力的损害越小，因为表明营销目的比隐藏目的的欺骗更易让人接受。但是这句话成立的前提是，这些软文被放在广告版面。一旦软文被放在新闻版面，便会伤害媒体的公信力。

然而，自媒体的大众属性决定了其从一开始便没有设置广告版面，消费者关注的是有趣有料的内容，而不是企业广告。如果消费者发现预期中的内容版面被连续替换成带有“品牌”标识的软文，那些对植入广告容忍度很低的网络用户就会轻易地抛弃这个订阅账号，甚至是这个自媒体平台。

12.8.2　自媒体的深度战略

自媒体并不强调用户的广度，而是注重对有限的用户发挥无限的影响力，因此，一个微信公众号订阅人数很少有超过几十万的，相反可以深入挖掘影响几万人。自媒体只有通过一定的内容、观点与风格，才能获得用户的喜爱。微信自媒体的订阅用户在这里期待的不是新闻，而是文章所传达的观点和风格。所以自媒体运营专员有义务去维护这种风格。

但是软文与自媒体追求深度的风格格格不入，很难想象一篇涉及“品牌”的文章会受到用户的欢迎。在区分软文与真正的文章这方面，用户已经练就了一双火眼金睛，所以，在自媒体平台，软文并不能做得太明显。无论是自媒体平台，还是厂家的品牌，花钱发一篇没人看的明显软文，绝对不会给品牌加分。

从媒体平台角度可以将一篇文章分为“软文”和“硬文（新闻）”，但是从用户角度，一篇文章通常被简单地分为好文章和坏文章。撰写一篇好文章从来都不容易，撰写一篇隐藏营销目的还讨人喜欢的好文章更是难上加难。

因此，自媒体只能在顺应用户口味的前提下，有选择性地发布软文。而且，自媒体平台需要挑剔话题、选择观点，并要求自由度。采用这种方式比直接上传一篇篇厂家提供的品牌软文更耗时耗力，也在无形中拉长了资金回收期。但是采用这种方法，资金回收的时间会更长久，甚至能从用户端回收资金。

广告业曾经被断言“如今已臻于完美，难再有进步”。人们似乎已经把软文看作一种广告的突破。作为生命力最强的一种广告形式，其实企业和广告公司真正需要做的不是在自媒体平台上发布一篇篇软文，而是向自媒体人的脑袋里植入一个个观点，尽管这个过程可能需要多花上几倍的时间和精力。自媒体的修炼和积淀是一场孤独的长跑，有些太过急迫的软文则是一种骚扰。

反侵权盗版声明